二十一世纪普通高等院校实用规划教材·经济管理系列

ERP 沙盘模拟实验教程

徐　峰　陈丰照　主　编

肖味味　李　成　副主编

清华大学出版社

北　京

内 容 简 介

本书理论联系实际，过程与实践相结合，在理论讲解的基础上，以 ERP 操作的各功能模块为主线，阐述了 ERP 沙盘的实战流程，步骤清晰，可操作性强。

本书从基本理论知识的介绍、沙盘模拟实战的过程、工具的开发与使用、实验过程与结果的分析评价方法等多个角度进行编写，融合作者多年在 ERP 沙盘教学与竞赛中积累的经验和心得，集实用性和知识性于一体，有助于读者全面理解和掌握 ERP 沙盘模拟的过程，并介绍了“创业之星”软件的操作方法，最后还提供了运营手册与实验报告范本。

本书可作为本科和高职高专等各类开设 ERP 沙盘实训课程的院校的教材或参考书，也可作为比赛的工具书、指导书，以及各类社会培训的辅导资料。

图书在版编目(CIP)数据

ERP 沙盘模拟实验教程/徐峰，陈丰照主编. —北京：清华大学出版社，2016(2019. 1重印)
(二十一世纪普通高等院校实用规划教材·经济管理系列)
ISBN 978-7-302-44279-0

Ⅰ. ①E… Ⅱ. ①徐… ②陈… Ⅲ. ①企业管理—计算机管理系统—高等学校—教材 Ⅳ. ①F270.7

中国版本图书馆 CIP 数据核字(2016)第 164316 号

责任编辑：梁媛媛
封面设计：刘孝琼
版式设计：杨玉兰
责任校对：王 晖
责任印制：沈 露
出版发行：清华大学出版社
网 址：http://www.tup.com.cn, http://www.wqbook.com
地 址：北京清华大学学研大厦 A 座 邮 编：100084
社 总 机：010-62770175 邮 购：010-62786544
投稿与读者服务：010-62776969, c-service@tup.tsinghua.edu.cn
质量反馈：010-62772015, zhiliang@tup.tsinghua.edu.cn
课件下载：http://www.tup.com.cn, 010-62791865
印 装 者：三河市君旺印务有限公司
经 销：全国新华书店
开 本：185mm×230mm 印 张：15.75 字 数：338 千字
(附 VCD 1 张)
版 次：2016 年 7 月第 1 版 印 次：2019 年 1 月第 2 次印刷
定 价：40.00 元

产品编号：066980-01

前　言

ERP 沙盘模拟实验是通过仿真模拟手段，把企业经营所处的内、外部环境抽象为一系列的规则，由学生组成互相竞争的模拟企业，在分析市场、制定战略、组织生产、整体营销和财务结算等一系列活动中体会企业经营运作的全过程，让学生感受到真实的市场环境，从而激发其学习兴趣，加深对专业知识的理解。ERP 沙盘模拟实验是一门典型的综合性、实验性课程，它完全不同于传统的授课方式，具有很强的参与性、互动性、实战性、竞争性、体验性等特征。

本书充分研究企业生产过程，深入分析了市场对 ERP 从业人员的技能需求，并在此基础上由浅入深地设计教学内容，符合学生学习规律。本书理论联系实际，既有丰富的理论介绍，又有贴近实战的沙盘演练，增强了学生学习的娱乐性。本书的编者均具有多年从事 ERP 沙盘模拟教学的经验及参与各类 ERP 沙盘闯中竞赛的经历，兼具很强的理论水平与丰富的实践经验。

本书的具体特色如下。

(1) 融角色扮演、案例分析于一体，涉及整体战略、产品研发、生产能力规划与排程、物料需求计划、资金需求规划、市场与销售、财务经济指标分析等多个方面，让学生在分析市场、制定战略、组织生产、整体营销和财务结算等一系列活动中体会企业经营运作的过程，并深刻理解 ERP 的管理思想，领悟科学的管理规律，提升管理能力。

(2) 把模拟企业作为课程的主体，把企业运营所处的内外部环境抽象为市场与经营规则，由受训者组成数个相互竞争的管理团队，共同面对变化的市场竞争环境，参与到企业模拟运营的全过程当中。

(3) “创业之星”软件的操作流程旨在帮助学生在虚拟商业社会中完成企业注册创建、运营、管理等所有决策的过程，在实践中学习创业，体验创业，开展创业。通过实训，可以有效地将所学知识转化为实际动手能力，提升学生的综合素质，增强学生的就业与创业能力。

本书由徐峰、陈丰照任主编，负责总纂、定稿；肖味味、李成任副主编；范以定、张宇、吴璟、朱瑶、陈文文任参编。具体分工如下：第 1、2、3 章由徐峰、范以定编写；第 4、5、6 章由陈丰照、吴璟编写；第 7、8、9 章由肖味味、张宇编写；第 10、11 章由李成、朱瑶编写；第 12、13 章由吴璟、陈文文编写。

此外，本书获得“江苏高校品牌专业”建设工程资助；同时被指定为“江苏高校品牌专业”教材，“财务管理、会计学、金融工程”等系列专用教材。

本书在编写过程中，借鉴和参阅了其他与 ERP 沙盘模拟课程相关的教材，在此对文献的作者表示感谢。由于作者水平所限，疏漏之处在所难免，敬请读者批评指正。

编　者

目　录

第 1 章　ERP 沙盘的原理 1
1.1　沙盘的起源 1
1.2　企业管理概述 1
1.2.1　企业的概念 1
1.2.2　企业环境 2
1.2.3　企业组织七要素分析 3
1.2.4　企业管理决策 4
1.3　沙盘模拟经营决策 5
1.3.1　企业沙盘模拟决策简介 5
1.3.2　企业沙盘模拟决策的理论知识准备 6
1.3.3　企业沙盘模拟决策课程的特色 7
1.3.4　企业沙盘模拟决策课程的价值分析 8
1.4　ERP 概述及理论的形成阶段 10
1.4.1　ERP 概述 10
1.4.2　ERP 理论的形成阶段 11
第 2 章　企业战略管理 21
2.1　企业战略的定义 21
2.2　企业战略的特点 22
2.3　战略管理的作用 23
2.4　战略管理要素 24
2.5　战略管理的过程 25
2.6　实用战略管理分析工具 28
2.6.1　波特五力分析模型 28
2.6.2　其他战略管理分析工具 31
第 3 章　企业财务管理 35
3.1　财务管理理论 35
3.1.1　财务管理的特点 35
3.1.2　财务管理的内容 35
3.1.3　财务管理的目标 36
3.1.4　财务管理的价值观念 37
3.2　筹资管理 37
3.2.1　筹资管理概述 37
3.2.2　借入资金的筹集 38
3.3　流动资产管理 40
3.3.1　现金管理 40
3.3.2　应收账款 41
3.3.3　存货管理 42
3.4　收入与利润管理 42
3.4.1　收入管理 42
3.4.2　利润管理 43
第 4 章　生产运作管理 44
4.1　生产运作管理概述 44
4.1.1　生产运作管理的基本概念 44
4.1.2　生产运作管理的内容 44
4.1.3　生产的分类 45
4.1.4　生产运作管理在企业管理中的地位 46
4.2　新产品开发 47
4.2.1　新产品概述 47
4.2.2　新产品开发的策略 47
4.2.3　新产品开发的程序和内容 48

4.3 生产计划......48
4.3.1 生产计划概述......48
4.3.2 生产计划的内容......50
4.3.3 生产能力计划......50
4.4 供应链管理......51
4.4.1 供应链管理概述......51
4.4.2 采购管理......52
4.4.3 库存管理......54
4.5 生产运作管理新模式......55
4.5.1 准时化生产方式......55
4.5.2 精益生产方式......57

第5章 市场营销管理......59

5.1 市场营销总论......59
5.1.1 市场的概念......59
5.1.2 市场营销的概念......59
5.1.3 市场营销的过程......59
5.2 市场营销环境分析......61
5.2.1 市场营销环境分析概述......61
5.2.2 市场营销环境分析的方法和步骤......62
5.3 营销策略......64
5.3.1 产品策略......64
5.3.2 价格策略......65
5.3.3 营销渠道策略......66
5.3.4 促销策略......67
5.3.5 广告策略......67
5.4 营销战略......68
5.4.1 目标营销战略......68
5.4.2 市场竞争战略......71

第6章 竞争情报分析......73

6.1 竞争情报分析的基本概念......73
6.1.1 信息、知识和情报......73
6.1.2 竞争情报的概念......73
6.1.3 竞争情报的产生背景......74
6.1.4 竞争情报的研究对象......75
6.1.5 竞争情报的基本特征......76
6.1.6 竞争情报与相关概念的比较......76
6.2 竞争情报的处理方法......78
6.2.1 竞争情报的收集方法......78
6.2.2 竞争情报的分析方法......79
6.2.3 企业竞争情报实施的一般流程......81
6.3 竞争情报系统......81
6.3.1 竞争情报系统的概念......81
6.3.2 竞争情报系统的功能和作用......82

第7章 模拟企业概况......84

7.1 模拟企业简介......84
7.1.1 企业的财务状况......84
7.1.2 企业的经营成果......85
7.2 企业管理机构设置与分工......86
7.3 选择战略......88

第8章 模拟竞争规则......89

8.1 企业经营的本质......89
8.1.1 企业生存......89
8.1.2 企业盈利......90
8.2 市场规则......90
8.2.1 市场开发与市场准入......90

8.2.2 销售会议与订单争取......91
8.3 企业运营规则......93
8.3.1 厂房购买、出售与租赁......94
8.3.2 生产线购买、转产与维修、出售......94
8.3.3 产品生产......95
8.3.4 原材料采购......95
8.3.5 产品研发与国际认证体系......95
8.3.6 融资贷款与贴现......96
第9章 ERP物理沙盘实战......98
9.1 初始状态设定......98
9.1.1 流动资产52M......98
9.1.2 固定资产53M......99
9.1.3 负债41M......99
9.2 起始年......100
9.2.1 起始年的作用......100
9.2.2 企业运营流程......100
9.3 商业情报......105
9.3.1 读懂市场预测......105
9.3.2 竞争对手分析......106
9.4 一年又是一年......106
9.4.1 计划......106
9.4.2 内部流程及控制......107
9.4.3 反思与总结......109
第10章 ERP电子沙盘实战......110
10.1 “创业者”电子沙盘介绍......110
10.2 电子沙盘与物理沙盘的关系......111
10.3 电子沙盘经营过程......112
10.3.1 学生端登录系统......112
10.3.2 年初任务......114
10.3.3 每季度运行流程......116
10.3.4 当年结束......121
10.3.5 特殊运行任务......121
10.3.6 其他运行规则......123
10.4 赛后评分......124
第11章 Excel模型的开发和使用......126
11.1 Excel模型的概念及作用......126
11.2 生产部门模型的建立......126
11.3 财务部门模型的建立......128
11.4 Excel模型在沙盘中的实际运用......130
11.4.1 赛前模拟制定决策......130
11.4.2 在竞争中取得优势......132
第12章 企业评价......133
12.1 市场占有率分析......133
12.1.1 广告投入产出分析......133
12.1.2 市场占有率分析......134
12.2 透过财务看经营......135
12.2.1 财务分析的基本方法......135
12.2.2 五力分析......136
12.2.3 成本结构变化分析......140
12.2.4 产品盈利分析......142
12.2.5 杜邦分析——挖掘影响利润原因的工具......143
12.2.6 资金周转分析——筹集资金的依据......145
12.2.7 资金使用效果分析——资金利用的优劣评判......147
12.3 企业综合评价......147
12.3.1 企业决胜......148
12.3.2 平衡计分卡......148

第 13 章　创业之星操作实践 149

13.1　软件安装 149
13.2　进入软件 151
13.3　注册新用户 151
13.4　经营决策 153
13.4.1　公司内部界面 153
13.4.2　选择角色 154
13.4.3　经营第一步(产品设计) 155
13.4.4　经营第二步(产品研发) 155
13.4.5　经营第三步(原料采购) 156
13.4.6　经营第四步(厂房购置) 157
13.4.7　经营第五步(设备购置) 158
13.4.8　经营第六步(资质认证) 158
13.4.9　经营第七步(市场开发) 159
13.4.10　经营第八步(广告宣传) 160
13.4.11　经营第九步(招聘生产工人) 160
13.4.12　经营第十步(招聘销售人员) 161
13.4.13　经营第十一步(签订劳动合同) 162
13.4.14　经营第十二步(生产制造) 163
13.4.15　经营第十三步(产品报价) 165
13.4.16　经营第十四步(订单交付) 166
13.4.17　其他操作 166
13.5　数据查询 171
13.5.1　研发部 171
13.5.2　生产部 172
13.5.3　市场部 174
13.5.4　销售部 178
13.5.5　人力资源部 182
13.5.6　财务部 184
13.5.7　总经理 187
13.6　常见问题 201
13.6.1　登录问题 201
13.6.2　注册问题 202

附录 203

参考文献 241

第 1 章　ERP 沙盘的原理

1.1　沙盘的起源

提到“沙盘”，人们很容易联想到战争年代的军事作战指挥沙盘。而“沙盘”一词正是源于军事学，即通过采用各种模型来模拟战场的地形及武器装备的部署情况，并结合战略与战术的变化进行推演。在军事上，沙盘可以清晰地模拟出真实的地形地貌，摆脱了通过实兵演习的巨大成本和各因素的限制，在重大战役中得到普遍的运用。

【知识链接】

应用沙盘研究作战在我国有着悠久的历史。《史记·秦始皇本纪》中记载：“以水银为百川大海，相饥灌输，上具天文，下具地理。”秦在布置灭六国时，秦始皇亲自堆制沙盘研究各国的地理形势，在李斯的辅佐下，派大将王翦进行统一战争。后来，秦始皇在修建陵墓时，还在墓中建造了一个大型的地形模型作为殉葬品。

因为沙盘的使用价值高，所以第一次世界大战以后，在军事上得到了广泛的应用。第二次世界大战中，德军每次组织重大战役，都预先在沙盘上予以模拟演练。后来随着电子计算机技术的发展，出现了电脑模拟战场情况的新技术，促使沙盘向自动化、多样化方向发展。

日常生活中，人们更常见的是房地产开发商销售楼盘时的小区规划布局沙盘，它可以为购房者清晰地模拟小区布局，不必让购房者亲临现场，就能对其所关注的位置了然于胸，从而制定相关决策。

1.2　企业管理概述

1.2.1　企业的概念

什么是企业，国内外至今还没有一个统一的表述。一般认为，企业是依法设立的以营利为目的、从事商品的生产经营和服务活动的独立核算的经济组织。

通常，一个企业一般要具备以下要素。

(1) 拥有一定数量、一定技术水平的生产设备和资金。

(2) 具有开展一定生产规模和经营活动的场所。

(3) 具有一定技能、一定数量的生产者和管理者。

(4) 从事商品的生产、流通等经济活动。

(5) 自主经营、独立核算，具有法人地位。

(6) 生产经营活动的目的是获取利润。

【知识链接】

关于企业经营活动的目的究竟是什么，“财务管理”等课程中已有很多论述。著名管理学大师彼得·德鲁克有这样的论述：“……关于企业的目的，只有一个正确有效的定义——‘创造顾客’。市场不是由上帝、大自然或经济力量创造的，而是由企业家创造的。企业家必须设法满足顾客的需求，而在他们满足顾客需求之前，顾客也需要感觉到这种需求。就像饥荒时渴求食物一样，不能满足的需求可能主宰了顾客的生活，在他清醒的每一刻，这种需求都盘旋在他的脑海中。但是，在企业家采取行动满足这些需求之后，顾客才真的存在，市场也才真的诞生，否则之前的需求都只是理论上的需求。顾客可能根本没有察觉到这样的需求，也可能在企业家采取行动——通过广告、推销或发明新东西，创造需求之前，需求根本不存在。每次都是企业的行动创造了‘顾客’。”(引自《管理的实践》)

1.2.2 企业环境

企业所处的环境包括内部环境和外部环境。

1. 企业内部环境

企业内部环境是指企业内部的物质、文化环境的总和，包括企业资源、企业能力、企业文化等因素，也称为企业内部条件，即组织内部的一种共享价值体系。

企业内部环境是有利于保证企业正常运行并实现企业利润目标的内部条件与内部氛围的总和，由企业家精神、企业物质基础、企业组织机构和企业文化构成，四者相互联系、相互影响、相互作用，形成一个有机整体。企业内部环境分析可以从企业内部管理、市场营销能力、企业财务和其他内部因素等几个方面进行，具体参见以后各章节。

2. 企业外部环境

外部环境是对企业绩效起潜在影响的外部机构，可分为一般环境与具体环境。

一般环境包括组织外的一切，如经济因素、政治条件、社会背景及技术因素，还包括

能影响企业但联系尚不清楚的条件，如技术的发展。企业管理者通常将更多的注意力放在具体环境上。具体坏境是与企业直接相关的那部分环境，由对企业产生积极或消极影响的关键顾客或要素构成。具体环境对每一个企业而言是不同的，并随着条件的改变而改变。具体环境要素主要包括供应商、顾客、竞争者、政府机构及公共压力等。

企业外部环境的主要要素如下。

(1) 经济环境。它包括利率、通胀率、可支配收入的变动等，是一般环境中能够影响企业组织管理实践的一些因素。

(2) 政治环境。它包括一个企业在其经营的所在国的总体稳定性及政府首脑对工商企业的作用所持的具体态度。

(3) 社会环境。管理层必须使其经营适应所在社会变化中的社会预期。管理必须是变化的，如企业提供的产品和服务，以及它们的内部政策都必须做相应的改变。

(4) 技术条件。当今生产技术日新月异，在过去的几十年中，最迅速的变化也许就是发生在技术领域中的。

(5) 供应商。除了原材料、设备的提供者之外，广义的供应商还包括财政及劳动投入的供给者。管理层寻求以尽可能低的成本保证所需投入的持续稳定供应，因为很多投入存在着不确定性，所以管理层还必须尽最大努力来保证输入流的持续稳定。

(6) 顾客。企业是为满足顾客需要而存在的。显然，对一个企业而言，顾客代表着潜在的不确定性，其需求偏好会改变他们对企业产品和服务的需求。

(7) 竞争者。所有的企业，甚至是垄断的企业，都有一个或更多个竞争者。任何企业的管理层都不能忽视自己的竞争者，否则会付出惨重的代价。

(8) 政府机构。政府是任何一个企业都不请自来的投资者，当企业盈利时，需要缴纳税收。此外，政府的政策导向也会给企业的生产经营决策带来重大的影响。

(9) 社会公众。社会公众会对企业形成一定的压力，除了对产品的需求等之外，在环境保护等方面，可能会对企业提出更高的要求。

1.2.3 企业组织七要素分析

企业组织七要素分析法是麦肯锡顾问公司研究中心设计的，它通过总结一些成功企业的共同特点，给出了企业组织七要素模型，又称“7S”模型，如图1-1所示。该模型指出企业在发展过程中必须全面地考虑各方面的情况，包括结构(Structure)、制度(Systems)、风格(Style)、人员(Staff)、技能(Skills)、战略(Strategy)、共同价值观(Shared Values)。其中战略、结构和制度被认为是企业成功的硬件，风格、人员、技能和共同价值观被认为是企业成功经营的“软件”。

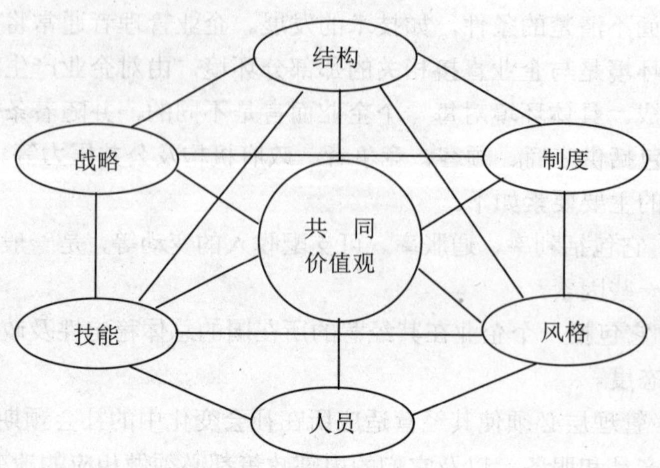

图 1-1 麦肯锡“7S”模型

1.2.4 企业管理决策

巴纳德最早在组织的研究中正式提出了决策的概念。“个人的行为从原则上可以分为有意识的、经过计算和思考的行为，以及无意识的、自动的、反应的、由现在或过去的内外情况产生的行为。一般来讲，前面一类行为的先导过程，不管是什么过程，最后都可以归结为‘决策’。同时，与决策有关的显然有两点：要达到的目的和需采用的方法”([美]C.I.巴纳德. 经理人员的职能[M]. 北京：中国社会科学出版社，1997.)。西蒙则明确指出，决策的特征是“在任何时候，都存在着大量(实际)可能的备选方案，一个人可能选取其中任何一个方案，通过某种过程，这些大量的备选方案，被缩减为实际采用的一个方案了”([美]H.西蒙：《管理行为：管理组织决策过程的研究[M]. 北京：北京经济学院出版社，1988.)。

1. 决策的概念

决策是指为了达到一定的目标，提出解决问题和实现目标的各种可行方案，依据评定准则和标准，在多种备选方案中，选择一个方案进行分析、判断并付诸实施的管理过程。

2. 决策的种类

依据各种不同的划分标准，决策可以分为多种类型。

1) 战略决策、管理决策与业务决策

战略决策是指对涉及组织目标、战略规划的重大事项进行的决策活动，是对有关组织全局性的、长期性的，关系到组织生存和发展的根本问题进行的决策，具有全局性、长期性和战略性的特点。在沙盘模拟经营决策中，市场的开拓、新产品的研发、扩展生产能力

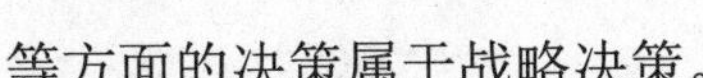

等方面的决策属于战略决策。

管理决策是指对组织的人力、物力、信息、财力资源进行合理配置，以及对组织机构加以改变的决策。这种决策具有局部性、中期性与战术性的特点，是管理中的主要决策。管理决策必须纳入战略决策的轨道，为组织实现战略目标服务。在沙盘模拟经营决策中，资金分配、年度广告投放等属于管理决策。

业务决策是涉及组织中的一般管理，属于处理日常业务的具体决策活动，具有烦琐性、短期性与日常性的特点。在沙盘模拟经营决策中，材料的采购、生产线的安排等属于业务决策。

2) 程序化决策与非程序化决策

程序化决策是指能够运用常规的方法解决重复性问题以达到目标的决策。程序化决策使管理工作趋于简化和便利，可降低管理成本，简化决策过程，缩短决策时间，也使方案的执行较为容易。同时，由于程序化决策的特点，有利于使用计算机等一些辅助工具进行决策。

非程序化决策是指为解决偶然出现的、一次性或很少重复发生的问题做出的决策。当管理者面临突发性的问题或新出现的问题时，并没有经验性、常规性的解决方法可循，而是需要一种应变式的反应。

此外，决策还可以根据其他标准进行分类，例如，根据能否预知未来的各种环境条件，可以将决策分为确定型决策、风险型决策和不确定型决策等。

1.3　沙盘模拟经营决策

1.3.1　企业沙盘模拟决策简介

企业沙盘模拟为学生提供了一个模拟的企业运营环境，参加学习的人员分成若干个小组，每个小组由 4～6 人组成一个虚拟的公司。各家公司起点相同，面临的外部环境相同，是同行业中的竞争对手。虚拟公司与其他公司(小组)展开激烈的竞争，在 4～6 年的模拟经营过程中，参与者做出各种决策，如产品研发、市场开拓、生产线投资、资金筹集等，推动着企业的生存和发展。

小组中的成员进行着不同的角色扮演，分别担任总经理、财务总监、运营总监、营销总监等，亲身体验一个企业运作的完整流程，亲自操作企业资金流、物流、信息流并协同工作，理解企业实际运作中各个部门的协同工作。

1.3.2 企业沙盘模拟决策的理论知识准备

在企业沙盘模拟决策中，需要运用到的理论知识如下。

1. 战略管理

成功的企业都有着明确的企业战略，包括产品战略、市场战略、竞争战略及财务管理战略。战略管理是企业确定使命，并在宏观层次上充分考虑企业内外的人、财、物及信息等资源，根据企业内外环境设定企业的战略目标，并围绕此目标设计阶段性目标及各阶段目标的执行与实现策略，同时依靠企业内外部力量将目标与策略付诸实施，以及确定战略目标实现的动态管理控制过程。

沙盘模拟中的战略管理，要求学生学会用战略的眼光看待企业的业务和经营，保证业务与战略的一致，在经营的过程中更多地获取战略性成功而非机会性成功。

2. 营销管理

市场营销是企业用价值不断满足客户需求的过程。营销管理是在市场预测与调研的基础上，识别客户的需求或尚未满足的需求，并通过产品研发、定价、促销等手段，促进产品销售，达到提高企业竞争力的管理活动。

沙盘模拟中，通过模拟几年的市场竞争后，学生将学会如何分析市场、定位目标市场、制定营销战略，并有效实施销售计划，实现企业的战略目标。

3. 生产运作管理

生产动作管理是指对企业提供产品或服务的系统进行设计、运作、评价和改进的管理活动。

沙盘模拟中的生产运作管理，包括采购管理、生产管理、质量管理，要求学生充分利用所学知识，使生产运作与战略管理、营销管理、财务管理的目标协同一致。

4. 财务管理

财务管理是组织企业财务活动、处理财务关系的经济管理工作，涉及企业筹资、投资、经营活动、利润分配等环节。

在沙盘模拟过程中，学生将清晰地掌握资产负债表、利润表，学会预测现金需求，合理选择筹资方式，并深刻理解现金流对企业的重要性。

5. 信息与情报管理

企业处于竞争的环境中，如果想发展自己并战胜对手，必须学会对信息与情报的收集与分析。

值得说明的是，每一项独立的决策可能都是容易做出的，然而当它们综合在一起时，将产生许多不同的方案。因此，在沙盘模拟经营决策的操作中，每一家起点都完全相同的虚拟公司，经过几年的运营之后，其结果可能是迥然不同的——有的公司发展壮大了，企业规模、市场占有率很高，同时实现了很高的盈利；有的公司可能只是惨淡维持，甚至不能坚持到最后就已经破产出局。

1.3.3 企业沙盘模拟决策课程的特色

1. 以学生为主，改变了传统的教学方式，增强了学习的主动性

企业沙盘模拟决策为实战模拟，让学生从沙盘模拟中深刻理解学习的知识，在模拟训练中，能直观地看见各部门间的运作和相互依赖的关系，深刻体验企业竞争策略对各部门及整体经营结果的影响。无论经营模拟的结果是获利还是破产，其亲身经历和实战心得，都将大大提升学生自身的策略规划和决策能力。企业沙盘模拟决策课程将理论知识和实战模拟完整、有机地结合在一起，不仅让学生学会如何创造企业的竞争优势，如何发展竞争策略，如何制订制胜的经营计划，更能使学生在课程中经历数年的公司运作后，看见长期和短期决策后果，深刻体验如何在市场竞争中脱颖而出，建立成功的企业。

本课程在教学过程中，学生是主体，学生通过学习并运用管理技能，亲自掌控模拟企业的经营决策。教师根据需要，可以进行必要的引导、适时的启发，或者对陷入经营困境的企业提出建议，并对核心问题进行解析。

2. 增强学习兴趣，强化学习动机

管理课程一般都以“案例+理论”为主，比较枯燥，而且很难把这些理论迅速掌握并应用到实际工作中。但是，通过模拟沙盘进行培训会增强娱乐性，使枯燥的课程变得生动有趣。通过游戏性的模拟可以激发参与者的竞争热情，让他们有学习的动机——获胜。

通过分组讨论、集中研讨、角色扮演、情景演练、案例分析、教师点评等多种教学手段，将企业经营决策的理论和方法与实际模拟操作紧密结合，使学生在游戏般的操作中感受到完整的决策体验，增强了学生的学习意识，充分调动了学习的积极性，强化了学习的动机，并加深了对企业经营管理理论与方法的理解与深度记忆，确保学习效果。

3. 体验实战，在参与中学习，在实战中提升

沙盘模拟培训方式是让学生通过“做”来“学”。参与者以切实的方式体会深奥的商业思想——学生看到并触摸到商业运作方式。体验式学习使参与者学会收集信息并在将来应用于实践。

学生分成具有相互竞争的模拟企业进行角色扮演，在亲身实战中学习企业经营管理的相关知识，并在此基础上增强学生的管理能力和技能，从而提升企业经营管理的实践能力。

4. 完善知识体系，学会团队合作

原来的教学模式是以学科、专业为基础的单一化教学模式，而沙盘模拟是对企业经营管理的全面展现，使学生能够在战略管理、营销管理、生产运营管理、财务管理等方面得到全面的学习和感受，建立资源整合的理念，强化细节管理。

沙盘模拟是互动的。当参与者对游戏过程中产生的不同观点进行分析时，需要不停地进行对话。除了学习商业规则和财务术语外，参与者还增强了自己的沟通技能，并学会了如何以团队的方式工作。

1.3.4 企业沙盘模拟决策课程的价值分析

1. 完善管理学科实践教学体系，实现由感性到理性的飞跃

目前，管理学各专业学生的培养，存在着一些共性问题，即随着社会经济的发展和竞争意识的强化，市场对管理类从业人员的知识结构、实践能力和综合素质提出了更高的要求，要求学生具备较强的理论联系实际、工作适应能力和动手实践能力，而传统的教学环节(如认识实习等)又因为企业不愿意接收学生实习等客观因素，越来越难以达到实践教学的效果。

因此，建立一个体系完备、模拟仿真的实验教学体系越来越重要。沙盘模拟实验作为企业经营管理仿真实验，引入到原有的实验教学体系后，有效地解决了上述矛盾，完善了管理学科的实践教学体系。管理学科实践教学体系如图 1-2 所示。

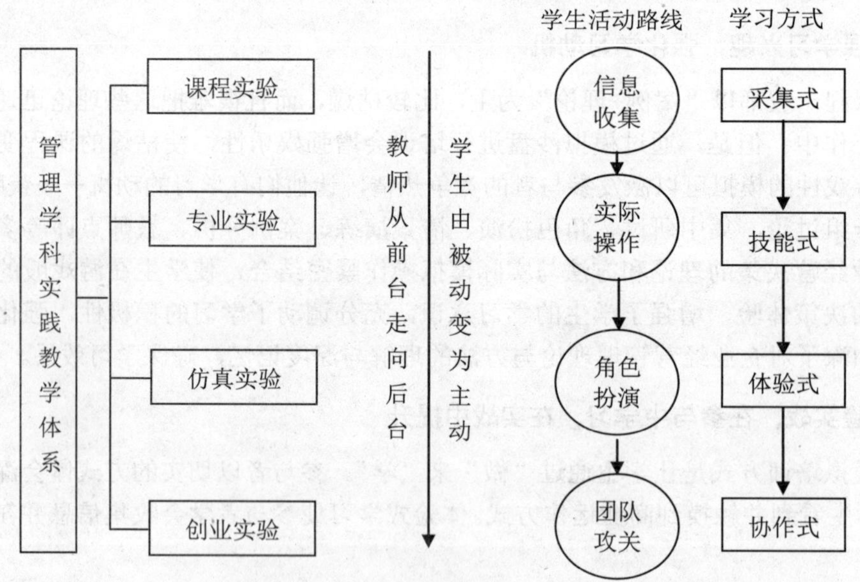

图 1-2 管理学科实践教学体系

在沙盘模拟实践过程中，学生经历了一个从理论到实践再到理论的上升过程，把自己亲身经历的宝贵经验转化为全面的理论模型，每一次基于现场的案例分析及基于数据分析的企业诊断，都会使学生达到磨炼其商业决策敏感度，提升决策能力及长期规划能力的目的。

2. 拓展知识体系，提升管理技能

传统教育划分了多个专业方向，专业壁垒禁锢了学习者的发展空间和思维方式，而沙盘模拟是对企业经营管理全方位的展现。通过学习，可以在以下方面受益。

(1) 提高决策能力，从整体上理解公司的经营机制及各种决策对公司经营产生的后果，培养经营者全局视野。

(2) 掌握制定决策的各种方法和技巧，提高经营决策能力。

(3) 理解市场导向基础上的战略管理，理解公司战略如何有效地落实与执行。

(4) 理解外部信息的重要作用，提高利用信息进行预测和决策的能力。

(5) 认识各种决策与经营策略的市场效果，演练企业在不同发展联合体的各种经营手法。

(6) 培养统观全局和系统思考的能力，建立公司高管团队的共识力，加强沟通技能。

(7) 培养控制企业风险的能力。

(8) 加强企业竞争情报的收集意识，强化市场竞争观念。

(9) 学会使用各种分析工具，能够诊断企业经营状态。

(10) 建立精细化管理模式。

3. 全面提高学生的综合素质

(1) 树立共赢理念。市场竞争是激烈的，也是不可避免的，但竞争并不意味着你死我活。寻求与合作伙伴之间的双赢、共赢才是企业发展的长久之道。这就要求在市场分析、竞争对手分析上做足文章，只有在竞争中寻求合作，企业才会有无限的发展机遇。

(2) 全局观念与团队合作。只有每一个角色都以企业总体最优为出发点，各司其职，相互协作，企业才能赢得竞争，实现目标。

(3) 个性与职业定位。在沙盘模拟过程中，有的公司积极进取、敢冒风险，有的公司稳扎稳打，还有的则不知所措。每个个体的特征都会显现出来。虽然个性特点与胜任角色有一定的关联度，但在现实中，更多的是需要大家“干一行，爱一行”。

(4) 感悟人生。在市场的残酷竞争与企业经营的风险面前，是“轻言放弃”还是“坚持到底”，这不仅是一个企业可能面临的问题，更是需要在人生中不断抉择的问题。经营自己的人生与经营一个企业具有一定的相通性。

4. 看得见，摸得着

剥开经营理念的复杂外表，直探经营本质。企业结构和管理的操作全部展示在模拟沙盘上，将复杂、抽象的经营管理理论以最直观的方式让学生体验和学习，完整生动的视觉享受将极为有效地激发学生的学习兴趣，增强学习效果。课程结束后，可以使学生对所学的内容理解更透，记忆更深。

5. 想得到，做得到

把平日工作中尚存疑问的决策带到课程中印证，在几天的课程中模拟几年的企业全面经营管理。学生有充足的自由来尝试企业经营的重大决策，并且能够直接看到结果，在现实工作中他们可能在相当长的时间里都不会有这样的体验机会。

1.4 ERP概述及理论的形成阶段

1.4.1 ERP概述

1. ERP的概念

ERP(Enterprise Resource Planning，企业资源计划系统)，是指建立在信息技术基础上，以系统化的管理思想，为企业决策层及员工提供决策运行手段的管理平台。ERP系统集信息技术与先进的管理思想于一身，成为现代企业的运行模式，反映时代对企业合理调配资源、最大化地创造社会财富的要求，成为企业在信息时代生存、发展的基石。

下面我们从管理思想、软件产品、管理系统三个层次给出它的定义。

(1) ERP是由美国著名的计算机技术咨询和评估集团Garter Group Inc.提出的一整套企业管理系统体系标准，其实质是在MRPII(Manufacturing Resources Planning，制造资源计划)的基础上进一步发展而成的面向供应链(Supply Chain)的管理思想。

(2) ERP 是综合应用了客户机/服务器体系、关系数据库结构、面向对象技术、图形用户界面、第四代语言(4GL)、网络通信等信息产业成果，以ERP管理思想为灵魂的软件产品。

(3) ERP是整合企业管理理念、业务流程、基础数据、人力物力、计算机硬件和软件于一体的企业资源管理系统。

2. ERP与企业资源的关系

厂房、生产线、加工设备、检测设备、运输工具等都是企业的硬件资源，人力、管理、信誉、融资能力、组织结构、员工的劳动热情等都是企业的软件资源。企业运行发展中，这些资源相互作用，形成企业进行生产活动、完成客户订单、创造社会财富、实现企业价值的基础，反映企业在竞争发展中的地位。

ERP 系统的管理对象便是上述各种资源及生产要素，通过 ERP 的使用，使企业的生产过程能及时、高质量地完成客户的订单，最大限度地发挥这些资源的作用，并根据客户订单及生产状况做出调整资源的决策。

3. 调整运用企业资源

企业发展的重要标志便是合理调整和运用上述资源，在没有 ERP 这样的现代化管理工具时，企业资源状况及调整方向不清楚，要做调整安排是很困难的，调整过程也会比较漫长，企业的组织结构只能是金字塔形的，部门间的协作交流相对较弱，资源的运行难以把握和调整。而信息技术的发展，特别是针对企业资源进行管理而设计的 ERP 系统正是针对这些问题设计的，其成功推行的结果必然使企业能更好地运用资源。

4. 信息技术对资源管理的作用

计算机技术特别是数据库技术的发展为企业建立管理信息系统，甚至对改变管理思想起着不可估量的作用，管理思想的发展与信息技术的发展是互成因果的环路。实践证明，信息技术已在企业的管理层面扮演着越来越重要的角色。

1.4.2　ERP 理论的形成阶段

信息技术最初在管理上的运用是十分简单的，主要是记录一些数据，方便查询和汇总，而现在发展到建立在全球 Internet 基础上的跨国家、跨企业的运行体系，如图 1-3 所示，具体可分为如下阶段。

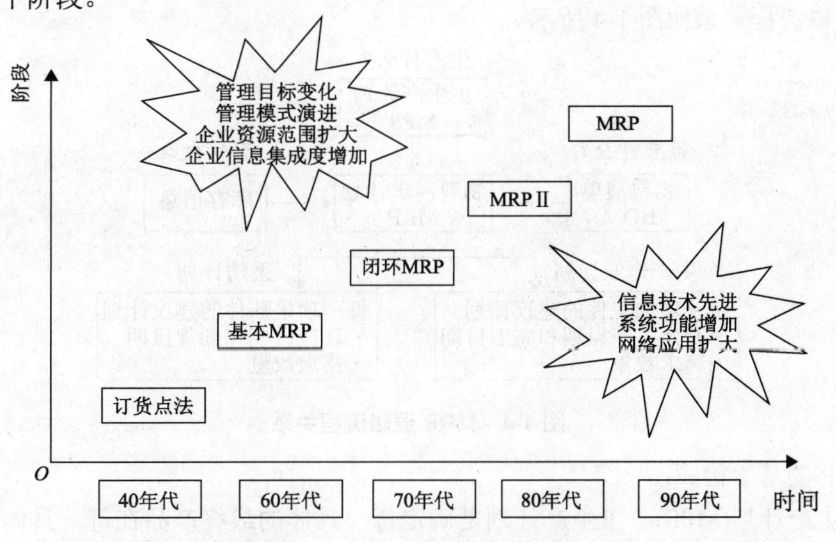

图 1-3　ERP 理论的形成阶段

1. 订货点法

20 世纪 40 年代初期，西方经济学家通过对库存物料随时间推移而被使用和消耗的规律的研究，提出了订货点的方法和理论，当时计算机系统还没有出现。企业控制物料的需求通常采用控制库存物品数量的方法，为需求的每种物料设置一个最大库存量和安全库存量。

2. 基本 MRP

1) 基本 MRP 的原理

按需求的来源不同，企业内部的物料可分为独立需求和相关需求两种类型。独立需求是指需求量和需求时间由企业外部的需求决定，如客户订购的产品、售后维修需要的备品备件等。相关需求是指根据物料之间的结构组成关系由独立需求的物料所产生的需求，如半成品、零部件、原材料等的需求。

MRP 的基本任务是：①从最终产品的生产计划(独立需求)导出相关物料(原材料、零部件等)的需求量和需求时间(相关需求)；②根据物料的需求时间和生产(订货)周期来确定其开始生产(订货)的时间。

MRP 的基本内容是编制零件的生产计划和采购计划。然而，要正确编制零件计划，首先必须落实产品的生产进度计划，用 MRP II 的术语就是主生产计划(Master Production Schedule，MPS)，这是 MRP 展开的依据。MRP 还需要知道产品的零件结构，即物料清单(Bill Of Material，BOM)，才能把主生产计划展开成零件计划；同时，必须知道库存数量才能准确计算出零件的采购数量。

因此，基本 MRP 的依据是①主生产计划(MPS)；②物料清单(BOM)；③库存信息。它们之间的逻辑流程关系如图 1-4 所示。

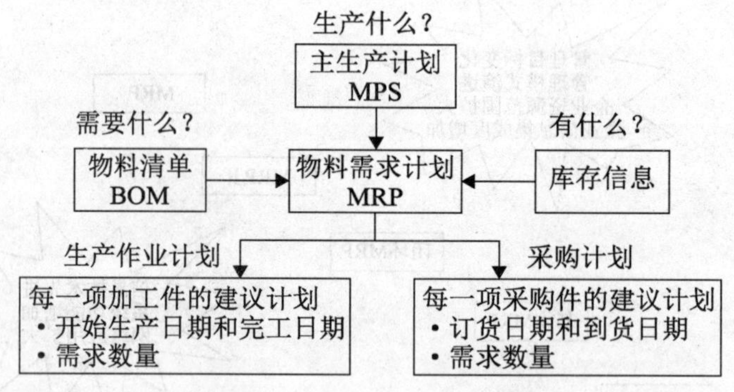

图 1-4 MRP 逻辑流程关系

2) MRP 的基本构成

(1) 主生产计划(MPS)。主生产计划是确定每一具体的最终产品在每一具体时间段内生产数量的计划。这里的最终产品是指对于企业来说最终完成、要出厂的完成品，它要具体

到产品的品种、型号。这里的具体时间段，通常是以周为单位，在有些情况下，也可以是日、旬、月。主生产计划详细规定生产什么、什么时段应该产出，它是独立需求计划。主生产计划根据客户合同和市场预测，把经营计划或生产大纲中的产品系列具体化，使之成为展开物料需求计划的主要依据，起到了从综合计划向具体计划过渡的承上启下的作用。

(2) 产品结构与物料清单(BOM)。MRP 系统要正确计算出物料需求，特别是相关需求的时间和数量，首先要使系统能够知道企业所制造的产品结构和所有要用到的物料。产品结构列出构成成品或配件的所有部件、组件、零件等的组成、装配关系和数量要求。它是 MRP 产品拆零的基础。举例来说，图 1-5 是一个大大简化了的自行车的产品结构图，它大体反映了自行车的构成。

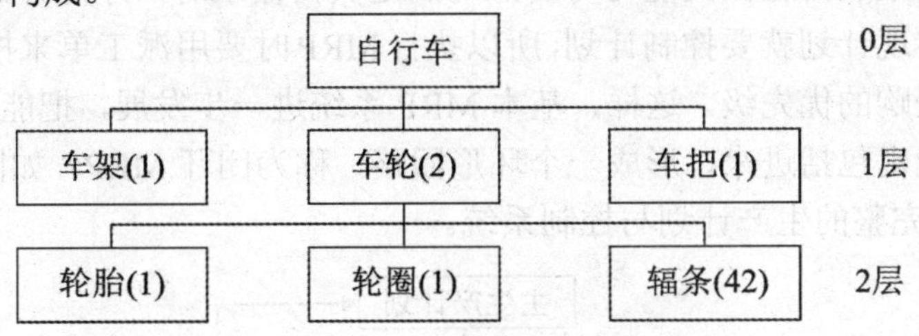

图 1-5　自行车产品结构

(3) 库存信息。库存信息数据库保存了企业所有产品、零部件、在制品、原材料等的存在状态。在 MRP 系统中，将产品、零部件、在制品、原材料甚至工装工具等统称为“物料”或“项目”。为便于计算机识别，必须对物料进行编码。物料编码是 MRP 系统识别物料的唯一标识，可统计以下相关数据。

① 现有库存量：是指在企业仓库中实际存放的物料的可用库存数量。

② 计划收到量(在途量)：是指根据正在执行中的采购订单或生产订单，在未来某个时段物料将要入库或将要完成的数量。

③ 分配量：是指尚保存在仓库中但已被分配掉的物料数量。

④ 提前期：是指执行某项任务由开始到完成所消耗的时间。

⑤ 订购(生产)批量：在某个时段内向供应商订购或要求生产部门生产某种物料的数量。

⑥ 安全库存量：知识为了预防需求或供应方面的不可预测的波动，在仓库中经常应保持最低库存数量作为安全库存量。

根据以上各个数值，可以计算出某项物料的净需求量，其计算公式如下。

净需求量=毛需求量+已分配量-计划收到量-现有库存量

3. 闭环 MRP

MRP 能根据有关数据计算出相关物料需求的准确时间与数量，但它还不够完善，其主要缺陷是没有考虑到生产企业现有的生产能力和采购的有关条件的约束。因此，计算出来的物料需求的日期有可能因设备和工时的不足而没有能力生产，或者因原料的不足而无法生产。同时，它也缺乏根据计划实施情况的反馈信息进行调整的功能。

正是为了解决以上问题，MRP 系统在 20 世纪 70 年代发展为闭环 MRP 系统。闭环 MRP 系统除了物料需求计划外，还将生产能力需求计划、车间作业计划和采购作业计划也全部纳入 MRP，形成一个封闭的系统。

1) 闭环 MRP 的原理与结构

MRP 系统的正常运行，需要有一个现实可行的主生产计划。它除了要反映市场需求和合同订单以外，还必须满足企业的生产能力约束条件。因此，除了要编制资源需求计划外，我们还要制订能力需求计划(Capacity Requirement Planning，CRP)，同各个工作中心的能力进行平衡。只有在采取措施做到能力与资源均满足负荷需求时，才能开始执行计划。

因为要保证实现计划就要控制计划，所以执行 MRP 时要用派工单来控制加工的优先级，用采购单来控制采购的优先级。这样，基本 MRP 系统进一步发展，把能力需求计划的执行及控制计划的功能也包括进来，形成一个环形回路，称为闭环 MRP，如图 1-6 所示。因此，闭环 MRP 是一个完整的生产计划与控制系统。

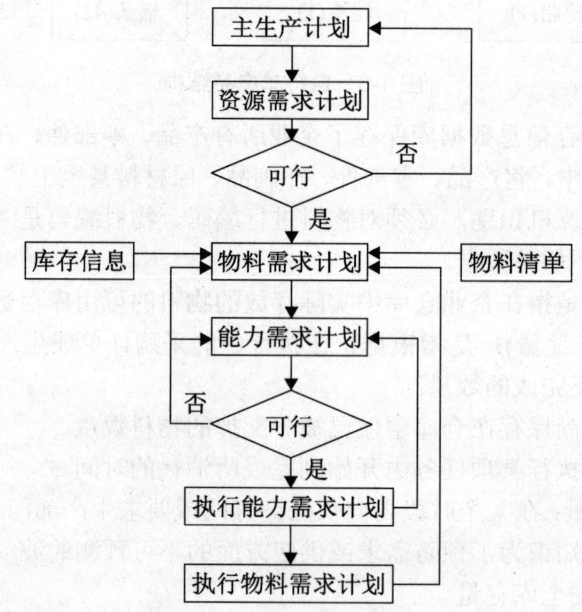

图 1-6　闭环 MRP 逻辑流程

2) 能力需求计划(CRP)

(1) 资源需求计划与能力需求计划。在闭环 MRP 系统中，把关键工作中心的负荷平衡称为资源需求计划，或称为粗能力计划，它的计划对象为独立需求件，主要面向的是主生产计划；把全部工作中心的负荷平衡称为能力需求计划，或称为详细能力计划，它的计划对象为相关需求件，主要面向的是车间。因为 MRP 和 MPS 之间存在内在的联系，所以资

源需求计划与能力需求计划之间也是一脉相承的，且后者正是在前者的基础上进行计算的。

(2) 能力需求计划的依据。①工作中心：是各种生产或加工能力单元和成本计算单元的统称。对工作中心都统一用工时来量化其能力的大小。②工作日历：是用于编制计划的特殊形式的日历，是由普通日历除去每周双休日、假日、停工和其他不生产的日子，并将日期表示为顺序形式而形成的。③工艺路线：是一种反映制造某项“物料”加工方法及加工次序的文件，用于说明加工和装配的工序顺序、每道工序使用的工作中心、各项时间定额、外协工序的时间和费用等。④由 MRP 输出的零部件作业计划。

(3) 能力需求计划的计算逻辑。闭环 MRP 的基本目标是满足客户和市场的需求，因此在编制计划时，总是先不考虑能力约束而优先保证计划需求，然后再进行能力计划。经过多次反复运算，调整核实，才转入下一个阶段。能力需求计划的运算过程就是把物料需求计划订单换算成能力需求数量，生成能力需求报表，这个过程可用图 1-7 来表示。

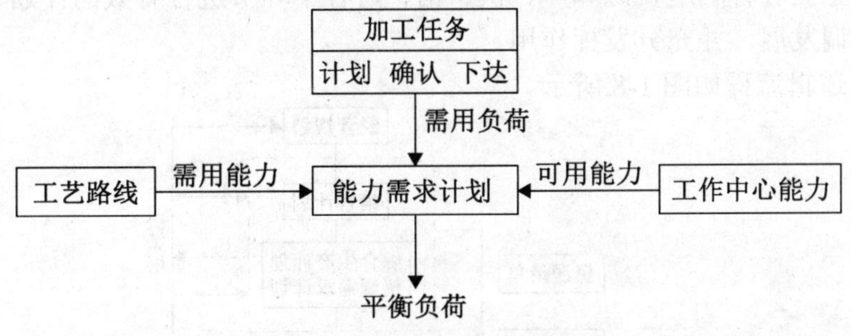

图 1-7　能力需求报表生成过程

当然，在计划时段中也有可能出现能力需求超负荷或低负荷的情况。闭环 MRP 能力计划通常是通过报表的形式向计划人员报告，但是并不进行能力负荷的自动平衡，这个工作由计划人员人工完成。

3) 现场作业控制

各工作中心能力与负荷需求基本平衡后，接下来就要集中解决如何具体地组织生产活动，使各种资源既能合理利用又能按期完成各项订单任务，并将客观生产活动进行的状况及时反馈到系统中，以便根据实际情况进行调整与控制，这就是现场作业控制。它的工作内容一般包括以下 4 个方面。

(1) 车间订单下达：订单下达是核实 MRP 生成的计划订单，并转换为下达订单。

(2) 作业排序：是指从工作中心的角度控制加工工件的作业顺序或作业优先级。

(3) 投入产出控制：是一种监控作业流(正在作业的车间订单)通过工作中心的技术方法。利用投入/产出报告，可以分析生产中存在的问题，采取相应的措施。

(4) 作业信息反馈：主要是跟踪作业订单在制造过程中的运动，收集各种资源消耗的实际数据，更新库存余额并完成 MRP 的闭环。

4. MRP Ⅱ

闭环 MRP 系统的出现，使生产活动方面的各子系统得到了统一。但这还不够，因为在企业的管理中，生产管理只是一个方面，它所涉及的仅仅是物流，而与物流密切相关的还有资金流。这在许多企业中是由财务人员另行管理的，因此可能导致数据的重复输入与存储，甚至造成数据的不一致。

于是，在 20 世纪 80 年代，人们把生产、财务、销售、工程技术、采购等各个子系统集成为一个一体化的系统，并称为制造资源计划(Manufacturing Resource Planning)系统，英文缩写还是 MRP，为了区别物流需求计划(亦缩写为 MRP)而记为 MRP Ⅱ。

1) MRPⅡ的原理与逻辑

MRPⅡ的基本思想就是把企业作为一个有机整体，从整体最优的角度出发，通过运用科学的方法对企业各种制造资源和产、供、销、财各个环节进行有效的计划、组织和控制，使它们得以协调发展，并充分发挥作用。

MRPⅡ的逻辑流程如图 1-8 所示。

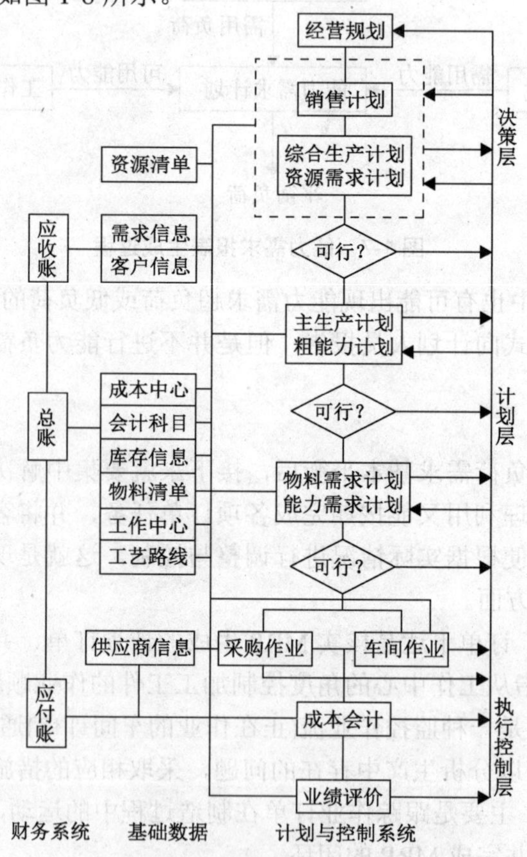

图 1-8 MRPⅡ的逻辑流程

在流程图的右侧是计划与控制的流程，包括决策层、计划层和执行控制层，可以理解为经营计划管理的流程。中间是基础数据，要储存在计算机系统的数据库中，并且反复调用。这些数据信息的集成，把企业各个部门的业务沟通起来，可以理解为计算机数据库系统。左侧是主要的财务系统，这里只列出应收账、总账和应付账。各个连线表明信息的流向及相互之间的集成关系。

2) MRPⅡ管理模式的特点

MRPⅡ的特点可以从以下几个方面来说明，每一项特点都含有管理模式的变革和人员素质或行为变革两方面，这些特点是相辅相成的。

(1) 计划的一贯性与可行性。MRPⅡ是一种计划主导型管理模式，计划层次从宏观到微观、从战略到技术、由粗到细逐层优化，但始终保证与企业经营战略目标一致。它把计划管理统一起来，计划编制工作集中在厂级职能部门，车间班组只能执行计划、调度和反馈信息。计划下达前反复验证和平衡生产能力，并根据反馈信息及时调整，处理好供需矛盾，保证计划的一贯性、有效性和可执行性。

(2) 管理的系统性。MRPⅡ是一项系统工程，它把企业所有与生产经营相关部门的工作联结成一个整体，各部门都从系统整体出发做好本职工作，每个员工都知道自己的工作质量同其他职能的关系。这只有在“一个计划”下才能成为系统，条块分割、各行其是的局面应被团队精神所取代。

(3) 数据共享性。MRPⅡ是一种制造企业管理信息系统，企业各部门都依据同一数据信息进行管理，任何一种数据变动都能及时反映给所有部门，做到数据共享。在统一的数据库支持下，按照规范化的处理程序进行管理和决策，改变了过去那种信息不通、情况不明、盲目决策、相互矛盾的现象。

(4) 动态应变性。MRPⅡ是一个闭环系统，它要求跟踪、控制和反馈瞬息万变的实际情况，管理人员可随时根据企业内外环境条件的变化迅速做出响应，及时调整决策，保证生产正常进行。它可以及时掌握各种动态信息，保持较短的生产周期，因而有较强的应变能力。

(5) 模拟预见性。MRPⅡ具有模拟功能，它可以解决“如果怎样……将会怎样”的问题，可以预见在相当长的计划期内可能发生的问题，并事先采取措施消除隐患，而不是等问题发生后再花几倍的精力去处理。这将使管理人员从忙碌的事务堆里解脱出来，致力于实质性的分析研究，提供多个可行方案供领导决策。

(6) 物流、资金流的统一。MRPⅡ包含了成本会计和财务功能，可以由生产活动直接产生财务数据，把实物形态的物料流动直接转换为价值形态的资金流动，保证生产和财务数据一致。财务部门及时得到资金信息用于控制成本，通过资金流动状况反映物料和经营情况，随时分析企业的经济效益，参与决策，指导和控制经营和生产活动。

以上几个方面的特点表明，MRP II是一个比较完整的生产经营管理计划体系，是实现制造业企业整体效益的有效管理模式。

5. ERP

进入 20 世纪 90 年代，随着市场竞争的进一步加剧，企业竞争空间与范围的进一步扩大，MRP II主要面向企业内部资源全面计划管理的思想逐步发展为怎样有效利用和管理整体资源的管理思想，ERP——企业资源计划也就随之产生。ERP 是在 MRP II的基础上扩展了管理范围，给出了新的结构。

1) ERP 同 MRP II的主要区别

(1) 在资源管理范围方面的差别。MRP II主要侧重对企业内部人、财、物等资源的管理。而 ERP 系统在 MRP II的基础上扩展了管理范围，把客户需求和企业内部的制造活动及供应商的制造资源整合在一起，形成企业一个完整的供应链并对供应链上的所有环节(如订单、采购、库存、计划、生产制造、质量控制、运输、分销、服务与维护、财务管理、人事管理、实验室管理、项目管理、配方管理等)进行有效管理。

(2) 在生产方式管理方面的差别。MRP II系统把企业归类为几种典型的生产方式进行管理，如重复制造、批量生产、按订单生产等，对每一种类型都有一套管理标准。而在 20 世纪 80 年代末、90 年代初期，为了紧跟市场的变化，多品种、小批量生产以及看板式生产等则是企业主要采用的生产方式，由单一的生产方式向混合型生产发展，而 ERP 恰好能很好地支持和管理混合型制造环境，满足了企业的这种多元化经营需求。

(3) 在管理功能方面的差别。ERP 除了具有 MRP II系统的制造、分销、财务管理功能外，还增加了支持整个供应链上物料流通体系中供、产、需各个环节之间的运输管理和仓库管理；支持生产保障体系的质量管理、实验室管理、设备维修和备品备件管理；支持对工作流(业务处理流程)的管理。

(4) 在事务处理控制方面的差别。MRP II是通过计划的及时滚动来控制整个生产过程的，其实时性较差，一般只能实现事中控制。而 ERP 系统支持在线分析处理 OLAP(Online Analytical Processing)、售后服务即质量反馈，强调企业的事前控制能力，它可以将设计、制造、销售、运输等通过集成来并行地进行各种相关的作业，为企业提供了对质量、应变性、客户满意度、绩效等关键问题的实时分析能力。

此外，在 MRP II中，财务系统只是一个信息的归结者，它的功能是将供、产、销中的数量信息转变为价值信息，是物流的价值反映。而 ERP 系统则将财务计划和价值控制功能集成到了整个供应链上。

(5) 在跨国(或地区)经营事务处理方面的差别。现在企业的发展，使得企业内部各个组织单元之间、企业与外部的业务单元之间的协调变得越来越多、越来越重要，ERP 系统应用完整的组织架构，从而可以支持跨国经营的多国家(或地区)、多工厂等应用需求。

(6) 在计算机信息处理技术方面的差别。随着 IT 技术的飞速发展，网络通信技术的应用，使得 ERP 系统得以实现对整个供应链信息进行集成管理。ERP 系统采用客户/服务器(C/S)体系结构和分布式数据处理技术，支持 Internet/Intranet/Extranet、电子商务(E-business、E-commerce)、电子数据交换(EDI)；此外，还能实现在不同平台上的互操作。

2) ERP 系统的管理思想

ERP 的核心管理思想就是实现对整个供应链的有效管理，主要体现在以下三个方面。

(1) 体现对整个供应链资源进行管理的思想。现代企业的竞争已经不是单一企业与单一企业间的竞争，而是一个企业的供应链与另一个企业的供应链之间的竞争，即企业不但要依靠自己的资源，还必须把经营过程中的有关各方(如供应商、制造工厂、分销网络、客户等)纳入一个紧密的供应链中，才能在市场上获得竞争优势。ERP 系统正是适应了这一市场竞争的需要，实现了对整个企业供应链的管理。

(2) 体现精益生产、同步工程和敏捷制造的思想。ERP 系统支持混合型生产方式的管理，其管理思想表现在两个方面：一是“精益生产(Lean Production，LP)”的思想，即企业把客户、销售代理商、供应商、协作单位纳入生产体系，同他们建立起利益共享的合作伙伴关系，进而组成一个企业的供应链；二是“敏捷制造(Agile Manufacturing，AM)”的思想。当市场上出现新的机会，而企业的基本合作伙伴不能满足新产品开发生产的要求时，企业组织一个由特定的供应商和销售渠道组成的短期或一次性供应链，形成“虚拟工厂”，把供应和协作单位看成是企业的一个组成部分，运用“同步工程”组织生产，用最短的时间将新产品打入市场，时刻保持产品的高质量、多样化和灵活性，这即是“敏捷制造”的核心思想。

(3) 体现事先计划与事中控制的思想。ERP 系统中的计划体系主要包括：主生产计划、物流需求计划、能力计划、采购计划、销售执行计划、利润计划、财务预算和人力资源计划等，而且这些计划功能与价值控制功能已完全集成到整个供应链系统中。ERP 系统通过定义事务处理相关的会计核算科目与核算方式，在事务处理发生的同时自动生成会计核算分录，保证了资金流与物流的同步记录和数据的一致性，从而实现了根据财务资金现状追溯资金的来龙去脉，并进一步追溯所发生的相关业务活动，便于实现事中控制和实时做出决策。

3) ERP 能够给企业带来的效益

事实上，ERP 所能带来的巨大效益对很多企业都具有相当大的诱惑力。据美国生产与库存控制学会(APICS)统计，使用一个 MRPⅡ/ERP 系统，平均可以为企业带来如下经济效益。

(1) 库存下降 30%～50%。这是人们说得最多的效益。因为它可使一般用户的库存投资减少 1.4～1.5 倍，库存周转率提高 50%。

(2) 延期交货减少 80%。当库存减少并稳定时，用户服务的水平就提高了，从而使使用 ERP/MRPⅡ的企业的准时交货率平均提高 55%，误期率平均降低 35%，这就使销售部门的信誉大大提高。

(3) 采购提前期缩短 50%。采购人员有了及时准确的生产计划信息，从而能集中精力进行价值分析、货源选择，研究谈判策略，了解生产问题，缩短了采购时间并节省了采购费用。

(4) 停工待料减少 60%。由于零件需求的透明度提高了，计划也作了改进，能够做到及时与准确，零件也能以更合理的速度准时到达，因此生产线上的停工待料现象将会大大减少。

(5) 制造成本降低 12%。由于库存费用的下降，劳力的节约，采购费用的节省等一系列人、财、物的效应，必然会引起生产成本的降低。

(6) 管理水平提高，管理人员减少 10%，生产能力提高 10%～15%。

由以上的数字可以看出，ERP 在全世界掀起了一场关于管理思想和管理技术的革命。这一新的管理方法和管理手段正在以一种人们无法想象的速度在中国的企业中如火如荼地被应用和发展起来，它无疑给在市场经济大潮中奋力搏击的众多企业注入了新的血液。

第 2 章　企业战略管理

【知识链接】

"战略"一词的希腊语是 strategos，意思是"将军指挥军队的艺术"，原是一个军事术语，是指战争全局的筹划和指导原则；后用于其他领域，泛指重大的、带全局性或决定全局的谋划。

20 世纪 60 年代，战略思想开始运用于商业领域，并与达尔文"物竞天择"的生物进化思想共同成为战略管理学科的两大思想源流。

2.1　企业战略的定义

在商业背景下，战略是实现和引导企业潜力、实现企业目标、应对日益复杂和不断变化的外部环境的核心概念。企业管理者要对企业的经营业绩负责，同时还需要向企业所有者及其他利益相关者提供财务报告。在此背景下，企业战略可以提供一套合理而科学的方法和工具，用于分析和管理企业与其所处环境之间的关系。

20 世纪 80 年代以后，明茨伯格以其独特的认识归纳总结了"战略"的五个定义：计划(Plan)、计谋(Ploy)、模式(Pattern)、定位(Position)和观念(Perspective)。

1. 战略是一种计划

大多数人认为战略是一种计划，代表着用各种各样精心构建的行动或一套准则来处理各种情况。战略包含两个特点：①战略是在企业经营活动之前制定的，战略先于行动；②战略是有意识、有目的地开发和制订的计划。在企业的管理领域中，战略计划与其他计划不同，它是关于企业长远发展方向和范围的计划，适用时限长。战略确定了企业的发展方向(如巩固目前的地位、开发新产品等)和范围(如行业、地域等)，战略涉及企业的全局，是一种统一的、综合的、一体化的计划，其目的是实现企业的基本目标。

2. 战略是一种计谋

战略也是一种计谋，是要在竞争中赢得竞争对手，或令竞争对手处于不利地位及受到威胁的智谋，这种计谋是有准备和意图的。例如，当企业知道竞争对手正在制订一项计划来提高市场份额时，企业就应准备增加投资去研发更新、更尖端的产品，从而增加自身的竞争力。

3. 战略是一种模式

将战略定义为计划是不充分的，它还应包括由计划导致的行为，即战略是一种模式，是一系列行动的模式或行为模式，或者是与企业的行为相一致的模式。“一系列行动”是指企业为实现基本目的而进行竞争、分配资源、建立优势等的决策与执行活动。

4. 战略是一种定位

将战略作为一种定位，涉及企业如何适应所处环境的问题。定位包括相对于其他企业的市场定位，如生产或销售什么类型的产品或服务，如何分配内部资源以保持企业的竞争优势。战略问题是确定自己在市场中的位置，并据此正确配置资源，以形成可以持续的竞争优势。

5. 战略是一种观念

战略不仅仅包含既定的定位，还包括感知世界的一种认识方式。这个角度指出了战略观念通过个人的期望和行为而形成共享，变成企业共同的期望和行为。这是一种集体主义的概念——个体通过共同的思考方式或行动团结起来。

上述五种定义反映了人们从不同的角度对战略特征的解释和认识，它们的重要性程度并没有差异。了解这些不同的定义，有助于对战略进行全面理解。

2.2 企业战略的特点

1. 战略管理具有全局性

企业的战略管理是以企业的全局为对象，根据企业总体发展的需要而制定的。它所管理的是企业的总体活动，所追求的是企业的总体效果。虽然这种管理也包括企业的局部活动，但是这些局部活动是作为总体活动的有机组成在战略管理中出现的。战略管理不是强调企业某一事业部或某一职能部门的重要性，而是通过制定企业的使命、目标和战略来协调企业各部门自身的表现。这样也就使战略管理具有综合性和系统性的特点。

2. 战略管理的主体是企业的高层管理人员

战略决策涉及一个企业活动的各个方面，虽然它也需要企业上、下层管理者和全体员工的参与和支持，但企业的最高层管理人员介入战略决策是非常重要的。这不仅是因为他们能够统观企业全局，了解企业的全面情况，而且更重要的是他们具有对战略实施所需资

源进行分配的权力。

3. 战略管理涉及企业大量资源的配置问题

企业的资源包括人力资源、实体财产和资金，或者在企业内部进行调整，或者从企业外部进行筹集。在任何一种情况下，战略决策都需要在相当长的一段时间内致力于一系列的活动，而实施这些活动需要有大量的资源作为保证。因此，这就需要为保证战略目标的实现，对企业的资源进行统筹规划，合理配置。

4. 战略管理从时间上来说具有长远性

战略管理中的战略决策是对企业未来较长时期内，就企业如何生存和发展等进行统筹规划。虽然这种决策以企业外部环境和内部条件的当前情况为出发点，并且对企业当前的生产经营活动有指导、限制作用，但是这一切都是为了更长远的发展，是长期发展的起步。因此，战略管理也是面向未来的管理。在迅速变化的竞争性环境中，企业要取得成功必须对未来的变化采取预应性的态势，这就需要企业做出长期性的战略规划。

5. 战略管理需要考虑企业外部环境中的诸多因素

企业存在于一个开放的系统中，通常受不能由企业自身控制的因素所影响。因此在未来竞争的环境中，企业要使自己占据有利地位并取得竞争优势，就必须考虑与其相关的因素，包括竞争者、顾客、资金供给者、政府等外部因素，以使企业的行为适应不断变化中的外部力量，使企业能够继续生存下去。

2.3 战略管理的作用

1. 重视对经营环境的研究

战略管理将企业的成长和发展纳入了变化的环境之中，管理工作以未来的环境变化趋势作为决策的基础，这就使企业管理者更重视对经营环境的研究，以正确确定公司的发展方向，选择公司合适的经营领域或产品——市场领域，从而能更好地把握外部环境所提供的机会，增强企业经营活动对外部环境的适应性，使二者能够更好地结合。

2. 重视战略的实施

战略管理不只是停留在战略分析及战略制定上，还将战略的实施作为其管理的一部分，这就使企业的战略在日常生产经营活动中，能根据环境的变化对战略不断地进行评价和修改，使企业战略得到不断完善，也使战略管理本身得到不断的完善。

3. 日常的经营与计划控制、近期目标与长远目标结合在一起

战略管理把规划出的战略付诸实施，而战略的实施又同日常的经营计划控制结合在一起，这就把近期目标(或作业性目标)与长远目标(战略性目标)结合了起来，把总体战略目标同局部战术目标统一了起来，从而可以调动各级管理人员参与战略管理的积极性，有利于充分利用企业的各种资源并提高协同效果。

4. 重视战略的评价与更新

战略管理不只是计划“我们正走向何处”，还计划如何淘汰陈旧过时的东西，以“计划是否继续有效”为指导重视战略的评价与更新，这就使企业管理者能不断地在新的起点上对外界环境和企业战略进行连续性探索，增强创新意识。

2.4 战略管理要素

战略管理，主要是指战略制定和战略实施的过程。一般说来，战略管理包含四个关键要素：战略分析(了解组织所处的环境和相对竞争地位)；战略选择(战略制定、评价和选择)；战略实施(采取措施发挥战略作用)；战略评价和调整(检验战略的有效性)。

1. 战略分析

战略分析的主要目的是评价影响企业目前和今后发展的关键因素，并确定在战略选择步骤中的具体影响因素。战略分析包括三个主要方面：

(1) 确定企业的使命和目标，它们是企业战略制定和评估的依据。

(2) 外部环境分析。战略分析要了解企业所处的环境(包括宏观、微观环境)正在发生哪些变化，这些变化将给企业带来更多的机会还是更多的威胁。

(3) 内部条件分析。战略分析还要了解企业自身所处的相对地位，具有哪些资源以及战略能力；还需要了解与企业有关的利益和相关者的利益期望，在战略制定、评价和实施过程中，这些利益相关者会有哪些反应，这些反应又会对组织行为产生怎样的影响和制约。

2. 战略选择

战略分析阶段明确了“企业目前状况”，战略选择阶段所要回答的问题是“企业走向何处”。战略选择同样包括三个方面的内容。

(1) 制定战略选择方案。在制定战略过程中，当然是可供选择的方案越多越好。企业可以从对整体目标的保障，对中下层管理人员积极性的发挥，以及企业各部门战略方案的协调等多个角度考虑，选择自上而下、自下而上或上下结合的方法来制定战略方案。

(2) 评估战略备选方案。评估备选方案通常使用两个标准：一是考虑选择的战略是否发挥了企业的优势，克服了劣势，是否利用了机会，将威胁削弱到最低程度；二是考虑选择的战略能否被企业利益相关者所接受。需要指出的是，实际上并不存在最佳的选择标准，管理层和利益相关团体的价值观和期望在很大程度上影响着战略的选择。此外，对战略的评估最终还要落实到战略收益、风险和可行性分析的财务指标上。

(3) 选择战略。即最终的战略决策，确定准备实施的战略。最终的战略选择可以考虑以下几种方法：根据企业目标选择战略；聘请外部机构；提交上级管理部门审批。

3. 战略实施

战略实施就是将战略转化为行动，它主要涉及以下一些问题。

(1) 如何在企业内部各部门和各层次间分配及使用现有的资源。

(2) 为了实现企业目标，还需要获得哪些外部资源以及如何使用。

(3) 为了实现既定的战略目标，需要对组织结构做哪些调整。

(4) 如何处理可能出现的利益再分配与企业文化的适应问题，如何进行企业文化管理，以保证企业战略的成功实施等。

4. 战略评价与调整

战略评价就是通过评价企业的经营业绩，审视战略的科学性和有效性。战略调整就是根据企业情况的发展变化，即参照实际的经营事实、变化的经营环境、新的思维和新的机会，及时对所制定的战略进行调整，以保证战略对企业经营管理进行指导的有效性。

企业战略管理的实践表明，战略制定固然重要，战略实施同样重要。一方面，一个良好的战略仅是战略成功的前提，有效的企业战略实施才是企业战略目标顺利实现的保证。另一方面，如果企业没能制定出完善的战略，但是在战略实施中，能够克服原有战略的不足之处，最终也有可能导致战略的完善与成功。当然，对于一个不完善的战略选择，如果在实施中又不能将其扭转到正确的轨道上，就只有失败的结果。

2.5 战略管理的过程

战略管理的过程一般包括九个步骤，如图 2-1 所示。

1. 确定组织当前的宗旨、目标和战略

确定公司的宗旨旨在促使管理当局仔细确定公司的产品和服务范围。对“我们到底从事的是什么事业”的理解关系到公司的指导方针。

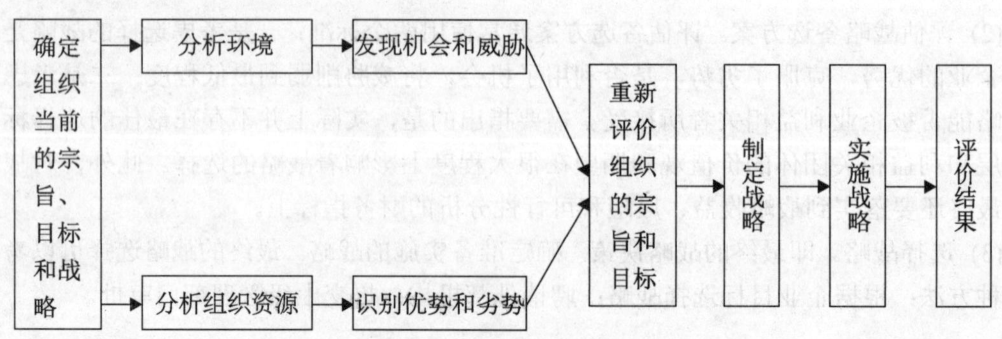

图 2-1　战略管理的过程

【知识链接】

一些学者指出，美国铁路公司之所以不景气是因为他们错误地理解了自己所从事的事业。在 20 世纪三四十年代，如果铁路公司认识到他们从事的是运输事业，而不仅仅是铁路事业，那么他们的命运也许会完全不同。

当然，管理当局还必须搞清楚组织的目标以及当前所实施的战略的性质，并对其进行全面而客观的评估。

2. 分析环境

环境分析是战略管理过程的关键环节和要素。组织环境在很大程度上规定了管理当局可能的选择。成功的战略大多是那些与环境相适应的战略。

【知识链接】

松下电器是家庭娱乐系统的主要生产商，自 20 世纪 80 年代中期开始，在微型化方面出现了技术突破，同时家庭小型化趋势使得对大功率、高度紧凑的音响系统的需求剧增。松下家庭音响系统战略的成功，就是因为松下及早地认识到环境中正在发生的技术变化和社会变化。

管理当局应认真分析公司所处的环境，了解市场竞争的焦点，了解政府法律、法规对组织可能产生的影响，以及公司所在地的劳动供给状况等。其中，环境分析的重点是把握环境的变化和发展趋势。

3. 发现机会和威胁

分析了环境之后，管理当局需要评估环境中哪些机会可以利用，以及组织可能面临的威胁。机会和威胁都是环境的特征。威胁会阻碍组织目标的实现，而机会则相反。

在分析机会和威胁时，以下因素是关键：竞争者行为、消费者行为、供应商行为和劳

动力供应。技术进步、经济因素、法律政治因素以及社会变迁等一般环境虽不对组织构成直接威胁，但作为一种长期计划，管理者在制定战略时也必须慎重考虑。分析机会和威胁还必须考虑压力集团、利益集团、自然资源以及有潜力的竞争领域。

4. 分析组织资源

这一分析将视角转移到组织内部：组织内的雇员拥有什么样的技巧和能力，组织的现金状况如何，在开发新产品方面是否一直很成功，公众对组织及其产品或服务质量的评价怎样等。

这一环节的分析能使管理当局认识到，无论多么强大的组织，都会在资源和能力方面受到某种限制。

5. 识别优势和劣势

管理者可以通过各种各样的报告来获得有关企业内部优势和劣势的信息。优势是组织可以开发利用以实现组织目标的积极的内部特征，是组织与众不同的能力，即决定作为组织竞争武器的特殊技能和资源。劣势则是抑制或约束组织目标实现的内部特征。管理者应从如下方面评价组织的优势和劣势：市场、财务、产品、研究与发展。内部分析同样也要考虑组织的结构、管理能力和管理质量，以及人力资源、组织文化的特征等。

6. 重新评价组织的宗旨和目标

按照 SWOT 分析和识别组织机会的要求，管理当局应重新评价公司的宗旨和目标(关于 SWOT 分析的理论知识，详见本书第 5 章)。

7. 制定战略

战略需要分别在公司层、事业层和职能层设立。在这一环节组织将寻求组织的恰当定位，以便获得领先于竞争对手的相对优势。

8. 实施战略

无论战略制定得多么有效，如果不能恰当地实施，仍不可能保证组织的成功。另外，在战略实施的过程中，最高管理层的领导能力固然重要，但中层和基层管理者执行计划的主动性也同样重要。管理当局需要通过招聘、选拔、处罚、调换、提升乃至解雇职员以确保组织战略目标的实现。

9. 评价结果

战略管理过程的最后一步是评价结果：战略的效果如何？需要做哪些调整？这涉及控制过程。

2.6 实用战略管理分析工具

2.6.1 波特五力分析模型

五力分析模型(Five Forces Model)(竞争力模型)是迈克尔·波特(Michael Porter's)提出的，对企业战略制定产生了全球性的深远影响，用于竞争战略的分析，可以有效地分析竞争环境。五力分别是：供应商的议价能力、购买者的议价能力、潜在竞争者进入的能力、替代品的替代能力、行业内竞争者现在的竞争能力。五种力量的不同组合变化，最终影响行业利润潜力的变化。

1. 波特五力分析模型详解

五力分析模型将大量不同的因素汇集在一个简便的模型中，以此分析一个行业的基本竞争态势，五力分析模型确定了竞争的五种主要来源。一个可行战略的提出首先应该包括确认并评价这五种力量，不同力量的特性和重要性因行业和公司的不同而变化，如图 2-2 所示。

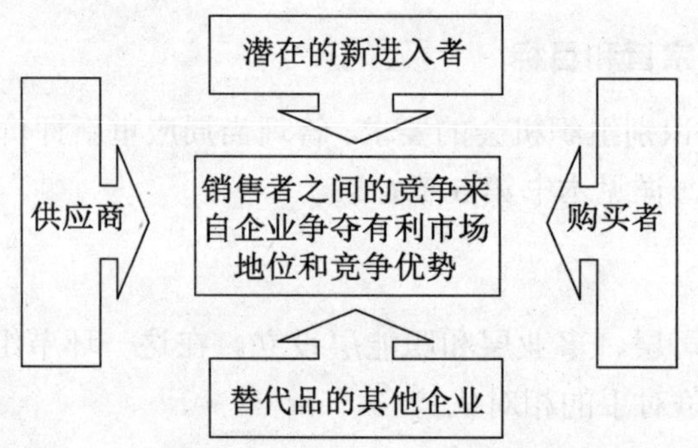

图 2-2 波特五力分析模型

1) 供应商的议价能力

供方主要通过提高投入要素价格与降低单位价值质量的能力，来影响行业中现有企业的盈利能力与产品竞争力。供方力量的强弱主要取决于他们所提供给买主的是什么投入要素，当供方所提供的投入要素的价值构成了买主产品总成本的较大比例、对买主产品生产过程非常重要、或者严重影响买主产品的质量时，供方对于买主的潜在讨价还价力量就大大增强。一般来说，满足如下条件的供方集团会具有比较强大的议价能力。

(1) 供方行业为一些具有稳固市场地位而不受市场剧烈竞争困挠的企业所控制，其产品

的买主很多，以致于每一单个买主都不可能成为供方的重要客户。

(2) 供方各企业的产品各具有一定特色，以至于买主难以转换或转换成本太高，或者很难找到可与供方企业产品相竞争的替代品。

(3) 供方能够方便地实行前向联合或一体化，而买主难以进行后向联合或一体化。

2) 购买者的议价能力

购买者主要通过压价与要求提供较高的产品或服务质量的能力，来影响行业中现有企业的盈利能力。一般来说，满足如下条件的购买者可能具有较强的议价能力。

(1) 购买者的总数较少，而每个购买者的购买量较大，占了卖方销售量的很大比例。

(2) 卖方行业由大量相对来说规模较小的企业所组成。

(3) 购买者所购买的产品是一种标准化产品，同时向多个卖主购买产品在经济上也完全可行。

(4) 购买者有能力实现后向一体化，而卖主不可能实现前向一体化。

3) 新进入者的威胁

新进入者在给行业带来新生产能力、新资源的同时，也希望在已被现有企业瓜分完毕的市场中赢得一席之地，这就有可能会与现有企业发生原材料与市场份额的竞争，最终导致行业中现有企业盈利水平降低，严重时还有可能危及这些企业的生存。

竞争性进入威胁的严重程度取决于两方面因素，即进入新领域的障碍大小与预期现有企业对于进入者的反应情况。进入障碍主要包括规模经济、产品差异、资本需要、转换成本、销售渠道开拓、政府行为与政策、自然资源等方面，其中有些障碍是很难借助复制或仿造的方式来突破的。预期现有企业对进入者的反应情况，主要是采取报复行动的可能性大小，这主要取决于有关厂商的财力情况、固定资产规模、行业增长速度等。新企业进入一个行业的可能性大小，取决于进入者主观估计进入所能带来的潜在利益、所需花费的代价与所要承担的风险这三者的相对大小情况。

4) 替代品的威胁

两个处于同行业或不同行业中的企业，可能会由于所生产的产品是互为替代品，而在它们之间产生相互竞争行为，这种源自于替代品的竞争会以各种形式影响行业中现有企业的竞争战略。①现有企业产品售价以及获利潜力的提高，将由于存在着能被用户方便接受的替代品而受到限制；②由于替代品生产者的侵入，使得现有企业必须提高产品质量、或者降低售价、或者使其产品更具有特色，否则其销量与利润增长的目标就有可能受挫；③源自替代品生产者的竞争强度，受产品买主转换成本高低的影响。总之，替代品价格越低、质量越好、用户转换成本越低，其所能产生的竞争压力就越强。这种来自替代品生产者的竞争压力的强度，可以通过具体考察替代品销售增长率、替代品厂家生产能力与盈利扩张情况来加以描述。

5) 同业竞争者的竞争程度

大部分行业中的企业，相互之间的利益都是紧密联系在一起的，作为企业整体战略一部分的各企业竞争战略，其目标都在于使自己的企业获相对于竞争对手的优势，因此在实施中就必然会产生冲突与对抗现象，这些冲突与对抗就构成了现有企业之间的竞争。现有企业之间的竞争常常表现在价格、广告、产品介绍、售后服务等方面，其竞争强度与许多因素有关。

一般来说，出现下述情况将意味着行业中现有企业之间竞争的加剧：①行业进入障碍较低，势均力敌的竞争对手较多，竞争参与者范围广泛；②市场趋于成熟，产品需求增长缓慢；③竞争者企图采用降价等手段促销；④竞争者提供几乎相同的产品或服务，用户转换成本很低；⑤一个战略行动如果取得成功，其收入会相当可观；⑥行业外部实力强大的公司在接收了行业中实力薄弱的企业后，发起进攻性行动，结果使得刚被接收的企业成为市场的主要竞争者；⑦退出障碍较高，即退出竞争要比继续参与竞争代价更高。

根据上面对于五种竞争力量的讨论，企业可以采取尽可能地将自身的经营与竞争力量隔绝开来、努力从自身利益需要出发影响行业竞争规则、先占领有利的市场地位再发起进攻性竞争行动等手段来对付这五种竞争力量，以增强自己的市场地位与竞争实力。

2. 波特五力分析模型与一般战略的关系

波特五力分析模型与一般战略的关系如表 2-1 所示。

表 2-1　波特五力分析模型与一般战略的关系

波特五力	波特五力模型与一般战略的关系		
	成本领先战略	产品差异化战略	集中战略
进入障碍	具备杀价能力以阻止潜在对手的进入	培育顾客忠诚度以挫伤潜在进入者的心	能过集中战略建立核心能力以阻止潜在对手的进入
买方砍价能力	具备向大买家出更低价格的能力	因为选择范围小而削弱了大买家的谈判能力	因为没有选择范围使大买家丧失谈判能力
供方砍价能力	更好地抑制大卖家的砍价能力	更好地将供方的涨价部分转嫁给顾客方	进货量低，供方的砍价能力就高，但集中差异化的公司能更好地将供方的涨价部分转嫁出去
替代品的威胁	能够利用低利抵御替代品	顾客习惯于一种独特的产品或服务，因而降低了替代品的威胁	特殊的产品和核心能力能够防止替代品的威胁
行为内对干的竞争	能更好地进行价格竞争	品牌忠诚度能使顾客不理睬你的竞争对手	竞争对手无法满足集中差异化顾客的需求

3. 波特五力分析模型的缺陷

实际上，关于波特五力分析模型的实践运用一直存在许多争论。目前，较为一致的看法是：该模型更多的是一种理论思考工具，而非可以实际操作的战略工具。

该模型的理论是建立在以下三个假定基础之上的。

(1) 制定战略者可以了解整个行业的信息，显然现实中是难以做到的。

(2) 同行业之间只有竞争关系，没有合作关系。但现实中，企业之间存在多种合作关系，不一定是你死我活的竞争关系。

(3) 行业的规模是固定的，因此只有通过夺取对手的份额来占有更大的资源和市场。但现实中，企业之间往往不是通过吃掉对手而是与对手共同做大行业的蛋糕来获取更大的资源和市场。同时，市场可以通过不断的开发和创新来增大容量。

因此，要将波特五力分析模型有效地用于实践操作，以上在现实中并不存在的三项假设就会使操作者要么束手无策，要么头绪万千。

波特五力分析模型的意义在于，五种竞争力量的抗争中蕴含着三类成功的战略思想，那就是大家熟知的——成本领先战略、差异化战略、集中战略。

2.6.2　其他战略管理分析工具

1. 安迪·格鲁夫的六力分析模型

六力分析的概念是英特尔前总裁安迪·格鲁夫(Andrew S. Grove)以波特的五力分析架构为出发点，重新探讨并定义了产业竞争的六种影响力。他认为影响产业竞争态势的因素如下。

(1) 现存竞争者的影响力、活力、能力。

(2) 供货商的影响力、活力、能力。

(3) 客户的影响力、活力、能力。

(4) 潜在竞争者的影响力、活力、能力。

(5) 产品或服务的替代方式。

(6) 协力业者的力量。此影响力是安迪·格鲁夫自波特五力分析中衍生出来的第六力。

协力业者是指与自身企业具有相互支持与互补关系的其他企业。在互补关系中，该公司的产品与另一家公司的产品互相配合使用，可得到更好的使用效果。协力业者间的利益通常互相一致，也可称为通路伙伴，彼此间产品相互支持，并拥有共同的利益。但任何新技术、新方法或新科技的出现，都可能改变协力业者间的平衡共生关系，使得通路伙伴从此形同陌路。

2. 新 7S 原则

新 7S 原则由美国管理大师达·维尼(Richard A. D'Avenvi)提出，强调的是企业能否打破现状、抓住主动权和建立一系列暂时的优势。

7S 是在企业内各个方面之间创造静态的战略搭配，新 7S 模型强调的则是以对长期动态战略互动的了解为基础，达到四个主要目标：一是破坏现状；二是创造暂时的优势；三是掌握先机；四是维持优势。

新 7S 原则的经营思维架构具体如下。

(1) 更高的股东满意度(Stockholder satisfaction)。这里的“股东”是一个十分广泛的概念，即客户的概念，包括过去企业最重视的股东、市场导向管理中迅速得到重视的顾客以及近几年人本管理的主角——员工。

(2) 战略预测(Strategic soothsaying)。要做到客户满意，公司就必须用到战略预测。只有了解了市场和技术的未来演变，才有可能看清下一个优势会出现在哪里，从而率先创造出新的机会。

(3) 速度定位(Speed)。在如今超强竞争环境下，成功与否在于能否创造出一系列的暂时优势，因此公司快速从一个优势转移到另一个优势的能力非常重要。速度让公司可以捕捉需求、设法破坏现状、瓦解竞争对手的优势，并在竞争对手采取行动之前创造出新的优势。

(4) 出其不意的定位(Surprise)。经营者们要做的工作，是探寻价值创新的道路，而很少去控制和管理现有的业务运作。

(5) 改变竞争规则(Shifting the rules against the competition)。改变竞争规则可以打破产业中既有的观念和标准模式。亦步亦趋，是被动应战，常常取不到好的效果。

(6) 告示战略意图(Signaling strategic intent)。向公众及产业内同行公布你的战略意图和未来行动，有助于告诫竞争对手，不要侵入你的市场领域；同时，还可以在顾客中有效地形成“占位效应”，即有购买意图的顾客会等待告示公司的该种产品研制生产出来后再购买，而不去购买市场上已有的其他公司的同类产品。

(7) 同时的、一连串的战略出击(Simultaneous and sequential strategic thrusts)。仅有静态的能力，或是仅有优良的资源都是不够的，资源需要有效地加以运用。公司战略成功的关键在于将知识和能力妥善运用，以一连串的行动夺取胜利，并将优势迅速移到不同的市场。

新 7S 模型是建立在企业处于一种优势迅速崛起并迅速消失的超强竞争环境下，为了建立起永恒的竞争优势，企业通过一连串短暂的行动来建立一系列暂时的竞争优势，而每个行动又是结合竞争对手及自身的特点来策划与评判的。

新 7S 原则强调的是企业能否打破现状、抓住主动权和建立一系列暂时的优势。其中，前两个 S，即更高客户满意度和战略预测，在于建立一种愿景，打破市场现状。它包括确立目标、制定企业打破现状的战略、找出企业打破某一市场所必需的核心能力。接下来的两个 S 是速度和出其不意，二者着眼于多种关键能力，可用来采取一系列行动以打破现状。最后三个 S，即改变竞争规则、宣示战略意图和同时发起持续不断的策略冲击，主要是超强竞争环境中打破市场现状的战术和行动。

新 7S 模型是以破坏性的快速制胜方式来表现的，它分为三个部分，如图 2-3 所示。

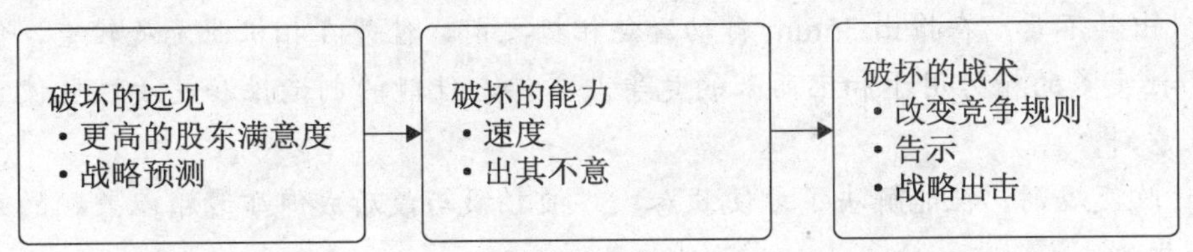

图 2-3　新 7S 模型

【案例】

相机业的情形很好地说明了随着时间的推移，如何运用不同的新 7S 原则来打破行业的现状。

第一阶段是宝丽来(Polaroid)和柯达(Kodak)在即时成像市场所展开的竞争。柯达作为世界首家综合摄影公司，开发了业余摄影爱好者市场。由于控制了胶卷的生产和冲印，柯达稳稳地控制了美国市场，使国内外的竞争者都难以动摇其地位。柯达胶卷的质量始终领先竞争对手。它一方面利用廉价相机来销售更多胶卷，另一方面还利用新 7S 原则赢得对宝丽来的竞争优势。

宝丽来通过开发即时成像相机在技术上赢得了优势，使公司的销售额从 1947 年到 1979 年年递增 25%。宝丽来不断发展即时成像这一基础创新成果，开发出即时彩色摄影技术和 SX-70 系统等新的功能，从而推动了公司的成长。不过，柯达在 1976 年仍然控制着大约 85%的照相机市场。

1976 年，柯达向宝丽来宣战，宣布推出自己的即时成像相机。两家公司在即时成像技术上展开了一场硬碰硬的竞争。但这场竞争的最大结果是推出了 24 小时胶卷冲洗技术，削弱了即时成像技术的优势。虽然在与宝丽来公司的诉讼中柯达失去了即时成像相机的生产和销售权，但是柯达出众的胶卷质量加上更为方便的优质照相技术，使其比即时成像摄影赢得了多得多的业余爱好者。柯达在市场份额争夺战中击败了宝丽来。

柯达相对宝丽来的优势却不足以抗衡日本的竞争对手。佳能和另外几家日本公司在新兴的 35mm 自动变焦相机市场成功地向柯达发起了进攻，而佳能正是利用新 7S 原则建立了对柯达的优势。

S-1：更高客户满意度。柯达的不断创新虽然提高了质量、降低了售价，但是佳能 35mm 相机不仅保持了自动变焦和装卷便利等性能，而且还有超群的图片质量，从而使柯达相形见绌。

S-2：战略预测。柯达在把 35mm 相机由供专业人士使用变成简便经济的大众化相机过程中，未能预见到技术所起的作用。

S-3：速度。佳能迅速推出新品种，始终保持领先柯达一步。

S-4：出其不意。在推出 35mm 自动变焦相机之前，佳能在相机业无足轻重，使柯达疏于防备而把更多的精力用于和宝丽来的竞争。另外，佳能的创造性和灵活性也使它的攻势更加出人意料。

S-5：改变规则。佳能解决了方便装卷、方便拍摄与最后成像质量难以兼顾的矛盾，改写了游戏规则。

S-6：宣示战略意图。两家公司都发出信号，显示了称雄市场的意图。

S-7：持续不断的策略冲击。佳能在复印机、照相机等几个不同行业的经营使它的行动难以预测。它的战略建立在一系列相关活动之上，把复印机领域的光学和电子技术用于相机市场。佳能的行动，加上富士等胶卷生产商和冲洗商的竞争，使柯达同时受到多方面攻击。

柯达在此番竞争中失败，佳能和另外几家企业则攫取了 35mm 相机市场。虽然柯达仍继续保有即时成像市场，并且仍是胶卷生产的龙头，但相机市场已被生产 35mm 相机的企业砍去了一大块。

第 3 章　企业财务管理

3.1　财务管理理论

财务管理无论是在现实企业还是在企业沙盘模拟决策中都起着非常重要的作用，是企业经营的核心部分。财务管理执行的好坏直接关系到企业经营的成败。在企业模拟经营的过程中，财务总监不仅要掌握和精通财务管理的理论知识，还要掌握财务管理的各种技术和方法，在企业的筹资、投资、资产管理等方面能够找到一个最佳的组合，从而在经营中实现企业价值的最大化。

3.1.1　财务管理的特点

财务管理是在一定的整体目标下，关于对资产的购置(投资)，资本的融通(筹资)和经营中现金流量(营运资金)，以及利润分配的管理。财务管理是企业管理的一个组成部分，是根据财经法规制度，按照财务管理的原则，组织企业财务活动，处理财务关系的一项经济管理工作。

企业生产经营活动的复杂性，决定了企业管理必须包括多方面的内容，如生产管理、技术管理、劳动人事管理、设备管理、销售管理、财务管理等。各项工作是互相联系、紧密配合的，同时又有科学的分工，具有各自的特点。

(1) 企业管理在实行分工、分权的过程中形成了一系列专业管理，有的侧重于使用价值的管理，有的侧重于价值的管理，有的侧重于劳动要素的管理，有的侧重于信息的管理。

(2) 在企业中，一切涉及资金的收支活动，都与财务管理有关。

(3) 在企业管理中，决策是否得当，经营是否合理，技术是否先进，产销是否顺畅，都可迅速地在企业财务指标中得到反映。

3.1.2　财务管理的内容

财务管理的对象，即企业的资金及其运动。财务管理的内容主要包括资金的筹集、使用和分配。企业财务管理就是紧密围绕以下三个内容展开的。

1. 筹集资金

筹资是通过一定渠道、采取适当方式筹措资金的财务活动，是财务管理的首要环节。企业可以通过发行股票和债券、吸收直接投资、向金融机构借款、取得商业信用等方式筹集资金。

2. 使用资金

投资是指投资者当期投入一定数额的资金而期望在未来获得回报。企业可以通过对外投资、购买生产资料、发放工资、支付办公费和利息等方式来使用资金。

3. 向投资者分配利润

利润分配是将企业实现的利润，按照国家财务制度规定的分配形式和分配顺序，在国家、企业和投资者之间进行的分配。

3.1.3 财务管理的目标

财务目标是企业进行财务活动所要达到的根本目的，是评价企业财务活动是否合理的标准，它决定着财务管理的基本方向。

1. 财务管理的一般目标

明确财务管理目标，是搞好财务工作的前提。企业的财务目标取决于企业生存和发展的目标，以下是两种常见的目标。

(1) 利润最大化。利润代表了企业新创造的财富，利润越多说明企业的财富增加得越多。这种目标的优点是①讲求经济核算，加强管理，改进技术；②提高劳动生产率，降低成本。其缺点也很明显，主要包括①没有考虑所获利润和投入资本额的关系；②没有考虑资金的时间价值；③没能有效地考虑风险问题；④易带有短期行为倾向。

(2) 财富最大化，即企业价值最大化。企业价值是企业所能创造的预计现金流量的现值，它反映了企业预期获利能力和成长能力。这种目标的优点是①考虑了取得报酬的时间因素，并用资金时间价值的原理进行计量；②考虑了风险与报酬之间的联系；③克服了短期行为。其缺点是①股价受各种因素的影响，不好确定(股份制企业)；②未来收益的折现值计量较困难(一般企业)。

2. 财务管理的具体目标

具体财务目标取决于财务管理的具体内容，即筹资、投资、营运资金与利润分配管理。

(1) 筹资管理目标。在满足生产经营需要的情况下，以较低的筹资成本和较小的筹资风

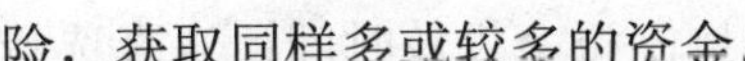

险，获取同样多或较多的资金。

(2) 投资管理目标。以较低的投资风险与投资投放和使用，获得同样多或较多的投资收益。

(3) 营运资金管理目标。合理使用资金，加速资金周转，不断提高资金利用效果。

(4) 利润分配管理目标。合理确定利润的留存与分配比例以及分配形式，以提高企业的潜在收益能力，从而提高企业的总价值。

3.1.4　财务管理的价值观念

1. 时间价值观念

资金时间价值是经济活动中一个非常重要的概念，是指一定量资金在不同时间点上价值量的差额，是资金周转使用中随着时间的推移而形成的价值增值。

资金时间价值的计算有单利和复利形式，一般按复利计算。

2. 风险收益均衡观念

风险是在一定条件下和一定时期内可能发生的各种结果的变动程度。风险报酬则是投资者由于冒风险进行投资而获得的超过资金时间价值的额外收益。

风险和收益是一种对称关系，它要求等量风险带来等量收益，即风险收益均衡。

财务管理在风险方面的原则是：在一定的风险下，使收益达到较高的水平；在收益一定的情况下，风险维持在较低的水平。

3.2　筹 资 管 理

企业筹资是指企业根据其生产经营、对外投资和调整资本结构的需要，通过筹资渠道和金融市场，运用筹资方式，经济有效地筹措所需资金的财务活动。企业在生产经营过程中可以通过多种方式取得资金。筹集资金的方式一般有：吸收直接投资、发行股票、银行借款、商业信用、发行债券、发行融资券和租赁筹资。

3.2.1　筹资管理概述

1. 筹资的动机、要求和原则

筹资的动机包括：维持性筹资动机；扩张性筹资动机；调整性筹资动机；混合性筹资动机。

对企业筹资管理的基本要求是：科学地确定筹资数量，控制资金投放时间；认真选择筹资渠道和筹资方式；合理投资，提高效益。

企业筹资活动要遵循的基本原则主要包括：规模适当原则；筹措及时原则；来源合理原则；方式经济原则。

2. 筹资渠道和筹资方式

筹资渠道是指企业筹集资金的来源或途径，即解决资金从哪里来的问题，是客观存在的筹措资金的来源和通道。目前，我国企业的筹资渠道主要有以下几种。

(1) 国家财政资金：国家财政拨款资金、国家直接投资、国家税前还贷。

(2) 银行信贷资金：企业负债资金的主要来源。

(3) 非银行金融机构资金：如来自租赁公司、保险公司、证券公司、财务公司的资金。

(4) 其他企业资金：企业之间相互投资以及企业之间的商业信用。

(5) 居民个人资金：吸收社会闲散资金。

(6) 企业自留资金：通过企业经营获利留存。

筹资方式是指企业筹集资金所采取的具体形式，即解决如何取得资金的问题。

目前，我国企业筹资方式主要有：吸收直接投资、发行股票、发行债券、银行借款、商业信用、融资租赁等。筹资渠道与筹资方式之间的关系如表 3-1 所示。

表 3-1 筹资渠道与筹资方式的对应关系

筹资渠道	筹资方式					
	吸收直接投资	发行股票	银行借款	发行债券	商业信用	融资租赁
国家财政资金	√	√				
银行信贷资金			√			
非银行金融机构资金	√	√	√	√		√
其他企业资金	√	√		√	√	√
居民个人资金	√	√		√		
企业自留资金	√	√				
外商资金	√	√				√

3.2.2 借入资金的筹集

1. 短期借款

短期借款是借款的一种，与之相对的是长期借款。短期借款是指企业为维持正常的生

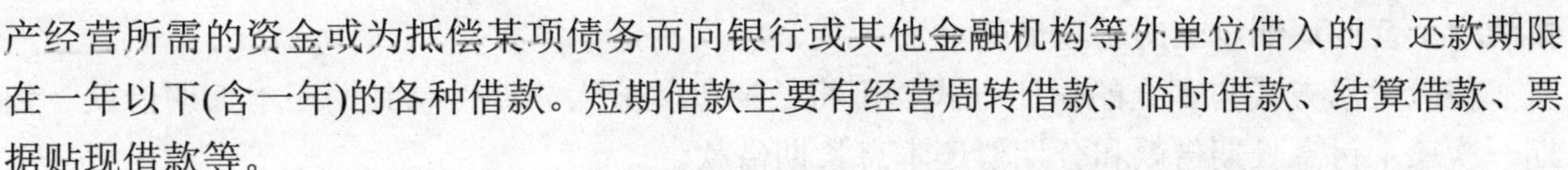

产经营所需的资金或为抵偿某项债务而向银行或其他金融机构等外单位借入的、还款期限在一年以下(含一年)的各种借款。短期借款主要有经营周转借款、临时借款、结算借款、票据贴现借款等。

周转借款是公司为满足生产经营周转的需要，在流动资产计划占用额的范围内，为了弥补资金不足而向银行取得的借款。临时借款是指公司在生产经营过程中由于临时性或季节性原因需要超定额储备物资，而向银行取得的借款。结算借款是公司采用托收承付结算方式向异地发出商品，在委托收款期间为解决在途结算资金占用的需要，以托收承付结算凭证为保证向银行取得的借款。

短期借款的利率及其支付方法多种多样，银行将根据借款企业的情况选用。

借款利率主要有优惠利率、浮动优惠利率、非优惠利率等。

借款企业可以使用以下三种方法支付银行贷款利息。

(1) 收款法。收款法是在借款到期时向银行支付利息的方法。

(2) 贴现法。贴现法是银行向企业发放贷款时，先从本金中扣除利息部分，而到期时借款企业则要偿还贷款全部本金的一种计息方法。采用这种方法，企业可利用的贷款额只有本金减去利息部分后的差额，因此贷款的实际利率高于名义利率。

实际利率=本金×名义利率÷实际借款额
=本金×名义利率÷(本金−利息)
=名义利率÷(1−名义利率)

(3) 加息法。加息法是银行发放分期等额偿还贷款时采用的利息收取方法。在分期等额偿还贷款的情况下，银行要将根据名义利率计算的利息加到贷款本金上计算出贷款的本息和，要求企业在贷款期内分期偿还本息之和的金额。

短期借款筹资方式的优点主要包括①资金充足。银行资金充足，能随时为企业提供较多的短期贷款。对于季节性和临时性的资金需求，采用短期银行借款尤为方便。②筹资效率高。企业获得短期借款所需的时间比长期借款短得多。③筹资弹性大。可在资金需要增加时借入，在资金需要减少时还款。

短期借款筹资方式的缺点主要包括①资金成本高。短期借款成本比较高，不仅不能与商业信用相比，与短期融资券相比也高出许多，尤其是在补偿性余额借款、抵押借款的情况下。②限制较多。银行要对企业的经营和财务状况进行调查后才决定是否向企业贷款。③筹资风险大。短期资金的偿还期短，在筹资数额较大的情况下，如果公司资金运转不周，就有可能无力按期偿还本金和利息，甚至被迫破产。

2. 长期借款

长期借款是指企业向银行或其他金融机构借入的期限在一年以上(不含一年)或超过一

年的一个营业周期以上的各项借款。

按照付息方式与本金的偿还方式，可将长期借款分为分期付息到期还本长期借款、到期一次还本付息长期借款和分期偿还本息长期借款。

长期借款筹资方式的优点主要有①不会影响企业的股权结构，有利于保护股东对企业的控制力。②在一定条件下可以增加股东的收益水平。当企业所获得的投资利润率高于长期负债的固定利率时，剩余利润全部归投资者所有。③长期借款利息的支出，可以作为财务费用从利润中扣除，减少了企业所缴的所得税。

长期借款筹资方式的缺点主要有①长期负债的利息是企业必须定期支付的固定费用，如果企业经营状况不好，将会成为企业沉重的负担。②长期负债的本金和利息都有明确的偿还日期，企业必须为债务的偿还做好财务安排。如果企业未能按期偿还利息和本金，将严重损害企业的信用，影响企业本来的经营和融资活动，甚至导致企业破产清算，因此长期负债将会增加企业的财务风险。

3.3 流动资产管理

流动资产是指企业可以在一年或者超过一年的一个营业周期内变现或者运用的资产，是企业资产中必不可少的组成部分。

流动资产按表现形态可以分为货币性流动资产和实物形态的流动资产。货币性流动资产以货币形态存在，包括结算资产和货币资产；实物形态的流动资产包括原材料、在产品、产成品等。流动资产在生产经营过程中经常改变其存在状态。

3.3.1 现金管理

现金是指企业占用的各种货币形态的资产，包括库存现金、银行存款等。企业现金管理的目的，就是在资产的流动性和营利性之间做出抉择，提高资金的收益率。

企业持有现金的目的主要有：①交易性需要，也称作支付动机，是指企业必须持有一定的现金来满足生产经营过程中的支付需要。交易性动机产生于企业收入与支出的不同步。②预防性需要，是指企业为了应对经营的不确定性、为了应付意外的紧急情况需要而持有现金。预防性现金流量的多少与企业的借款能力有关。③投机性需要，是指企业持有一定的现金以满足某种投资行为的需要。

现金管理的目标是确定最佳现金持有量，既保证正常需要，又不会出现现金的闲置。即在保证企业生产经营所需现金的同时，节约使用现金，并从暂时闲置的现金中获得最多的利息收入。也就是在资产的流动性和营利性之间做出选择协调，以获取最大的长期

利润。

现金收支计划的编制是现金管理的主要内容之一。现金收支计划是预计未来一定时期企业现金的收支状况，并进行现金平衡的计划，是企业财务管理的一个重要工具。现金计划包括以下四个部分。

(1) 现金收入。现金收入包括营业现金收入和其他现金收入。

营业现金收入的主体部分是产品销售收入，其数字可从销售计划中取得。财务人员根据销售计划资料编制现金计划时，应注意以下两点：一是必须把现销和赊销分开，并单独分析赊销的收款时间和金额；二是必须考虑企业收账中可能出现的有关因素，如现金折扣、销售退回等。

其他现金收入通常有设备租赁收入、证券投资的利息收入等。

(2) 现金支出。现金支出包括营业现金支出和其他现金支出。前者主要有材料采购支出、工资支出和其他支出；后者则主要包括固定资产投资支出、债务的本金和利息的偿还、所得税的上缴、股利支付等。

(3) 净现金流量。净现金流量是指现金收入与现金支出的差额。

(4) 现金余缺。现金余缺是指计划期现金期末余额与最佳现金余额(理想现金余额)相比后的差额。其调整的方式主要有两种：一是利用借款调整；二是利用有价证券调整。

3.3.2 应收账款

应收账款是企业因对外销售产品、材料、供应劳务等而应向购货或接受劳务单位收取的款项。应收账款在企业的生产经营活动中的作用主要有以下两点。

(1) 促进销售。在激烈的市场竞争中，采用赊销方式，为客户提供商业信用，可以扩大产品销售，提高产品的市场占有率。通常为客户提供商业信用是不收利息的，所以对于接受商业信息的企业来说，实际上等于得到一笔无息贷款。与现销方式相比，客户更愿意采用赊销方式购买企业的产品，因此应收账款具有促销的功能。

(2) 减少存货。赊销促销的同时，企业的商品数量自然会有所减少，加快了企业存货的周转速度。一般情况下，企业的应收账款所发生的相关费用与存货的仓储、保管费用相比相对较少。因此，企业通过赊销方式，将产品销售出去，资产由存货形态转化为应收账款，可以节约企业的费用。

应收账款的存在，一方面是可增加销售收入，另一方面又会因形成应收账款而增加经营风险。因此，应收账款管理的目标是，在发挥应收账款强化竞争、扩大销售功能效应的同时，尽可能降低投资的机会成本、坏账损失与管理成本，最大限度地提高应收账款投资的效益。

3.3.3 存货管理

存货是指企业在日常活动中持有以备出售的产成品或商品、处在生产过程中的在产品、在生产过程或提供劳务过程中耗用的材料和物料等。

存货在生产经营过程中发挥的作用主要包括以下四个方面。

(1) 防止企业生产经营中断。存货是保证企业生产经营顺利进行的前提条件。对于生产性企业而言，其存货在数量和时间上需要保持绝对平衡，如果没有一定的存货，一旦某一个环节出现问题，就会影响到企业正常的生产经营活动。

(2) 适应市场变化。一定数量的存货储备能够增加企业在生产和销售方面的应变能力。当市场需求量增加时，如果企业有适量的材料和产成品存货，就能及时满足市场变化的需要，为企业创利。

(3) 降低进货成本。一般，采购批量越大，可以获得价格上的折扣就越多，进价成本也就越低。同时，采购批量越大，采购次数就越少，采购费用就会相应降低。因此，适量的存货能够降低采购成本。

(4) 维持均衡生产，降低产品成本。当企业的产品具有季节性需求时，就会造成生产的不均衡。具备一定的存货，可以促进生产的均衡，从而降低生产成本。

存货管理的目标是，要通过存货的规划、存货的日常管理等手段，在充分发挥存货功能的前提条件下，不断降低存货成本，以最低的存货成本保障企业生产经营的顺利进行。

3.4 收入与利润管理

3.4.1 收入管理

1. 收入的概念

收入是指企业在日常活动中所形成的、会导致所有者权益增加的、与所有者投入资本无关的经济利益的总流入，包括销售商品收入、劳务收入、让渡资产使用权收入、利息收入、租金收入、股利收入等。

2. 收入的特征

一般来说，收入具有以下特征：①收入是从企业的日常活动中产生，而不是从偶发的交易或事项中产生；②收入可能表现为企业资产的增加，或企业负债的减少，或者二者兼而有之；③收入必然能导致企业所有者权益的增加；④收入只包括本企业经济利益的流入，不包括为第三方或客户代收的款项。

3. 销售收入的预测

销售收入预测是企业经过充分的市场调整研究，收集有关信息数据，运用一定方法分析影响企业销售的各种因素，测算在未来一定时期内销售收入及其变动趋势。

影响企业销售收入的因素有内部因素和外部因素。内部因素主要有商品质量、商誉、价格、生产能力、推销策略、售后服务质量等；外部因素有市场环境、社会政治经济形势等。

销售收入预测的方法主要有以下三种。

(1) 简单回归分析法。根据过去若干期间销售量的实际资料，找出某一主要影响因素，确定反映销售量变动与该因素关系的线性函数，并以此线性函数加以延伸来确定销售量预测值的一种方法。实际工作中，常按时间因素进行预测。

(2) 趋势分析法。趋势分析法就是根据企业销售的历史资料，用一定的计算方法测算未来销售的变化趋势的一种预测方法。趋势分析法具体有简单平均法和加权移动平均法。

(3) 量本利分析法。量本利分析法是通过分析销售量(或销售收入)、销售成本和保本点或目标利润之间的变化关系，建立数学模型，进行各种预测的方法。

3.4.2　利润管理

1. 利润管理的概念

利润是企业生存发展的核心指标，不论是投资人、债权人还是企业经理人员都非常关心企业的盈利能力，而利润管理是企业目标管理的重要组成部分，其行为结果会直接或间接地影响到各经济主体的利益。

适度的利润管理对企业的不断成长起着举足轻重的作用，但过度的利润管理也会给企业带来一些不利的影响，不利于企业的经营决策，同时也会使会计信息的真实性和决策的相关性失真。因此，对利润管理一定要适度，要将其限制在合理的范围之内。

2. 利润的分配

利润分配是将企业实现的净利润，按照国家财务制度规定的分配形式和分配顺序，在国家、企业和投资者之间进行的分配。利润分配的过程与结果，是关系到所有者的合法权益能否得到保护，企业能否长期、稳定发展的重要问题，为此，企业必须加强利润分配的管理。企业利润分配的主体一般有国家、投资者、企业和企业内部职工。

企业按国家规定上缴所得税之后的利润即为净利润，其分配顺序一般如下。

(1) 提取法定盈余公积金。法定盈余公积金按照税后净利润的10%提取。法定盈余公积金已达注册资本的50%时可不再提取。

(2) 向投资人分配利润。企业以前年度未分配的利润，可以并入本年度进行分配。

第 4 章　生产运作管理

4.1　生产运作管理概述

4.1.1　生产运作管理的基本概念

1. 生产运作活动的概念

生产与运作是一个投入—转换—产出的过程，即投入一定的资源，经过一系列多种形式的转换，使其增值，最后以某种形式的产出提供给社会。这个能将一定投入转化为特定产出的有机整体具体如下几个部分。

(1) 投入。投入一般包括人、财、物、技术、信息等几个方面的资源要素。

(2) 转换。转换过程也称为劳动过程或价值增值过程，通常将有形产品的转换过程称为生产过程，而将无形产品的生产过程称为服务过程或运作过程。

(3) 产出。产出包括有形产品和无形产品。前者是指各种物质产品，后者是指各种形式的服务。

(4) 增值。转换过程中发生价值增值反映了投入成本与产出价值或价格之间存在的差异。产出的价值用顾客愿意为该企业的产品或服务所支付的价格来衡量，增值部分越大，说明其生产运作效率越高。

2. 生产运作管理的概念

生产运作管理是对生产运作活动的计划、组织和控制。其管理对象包括生产运作过程和生产运作系统。生产运作系统是由若干要素(物料、设备、资金、技术等)构成的一个有机整体。

生产运作管理的基本任务是通过计划、组织与控制职能，把投入生产过程的人、财、物和信息等生产要素，根据生产运作过程的要求，有效地结合起来，形成有机的体系，以尽可能少的投入生产出尽可能多的物美价廉、适销对路的产品或服务，以满足社会和用户的需要，从而取得最佳的企业经济效益。

4.1.2　生产运作管理的内容

生产运作管理的内容主要包括以下四个方面。

(1) 生产准备与系统设计。生产准备与系统设计是指生产的物质准备工作、技术准备工作和组织工作，以及生产系统如何合理科学地进行设计。

(2) 生产运作计划。这是生产运作管理的重点和精华所在，是指与产品有关的生产计划工作和负荷分配工作，如何实现计划任务与生产能力的平衡等问题。

(3) 生产运作过程控制。生产动作过程控制是指围绕完成计划任务情况所进行的检查、调整进度等工作。

(4) 先进的生产运作模式。为适应国际化和激烈的竞争形势，企业应尽快提高管理水平以使生产经营一体化，从而以柔性化的生产系统实现多品种小批量的生产方式。

4.1.3　生产的分类

1. 按生产性质分类

(1) 制造性生产。制造性生产是通过物理或化学作用将有形输入转化为有形输出的过程。制造业包括的行业相当广泛，产品品种也非常多，其生产过程及系统千差万别，可以采用多种标准来分类。

(2) 服务性生产。服务性生产又称作非制造性生产，它是指只提供劳务，而不制造有形产品的生产。

2. 按企业组织生产的特点分类

(1) 订货型生产(Make to order，MTO)。它是根据用户提出的具体订货要求进行的生产。

(2) 备货型生产(Make To Stock，MTS)。它是指在没有接到用户订单时，就在对市场需要量进行预测的基础上，按已有的标准产品或产品系列进行的生产。

订货型生产与备货型生产的主要区别如表 4-1 所示。

表 4-1　订货型生产与备货型生产的主要区别

项目 / 因素	备货型生产(MTS)	订货型生产(MTO)
产品	标准产品	按用户要求生产，无标准产品，大量的变形产品与新产品
对产品的需求	可以预测	难以预测
价格	事先确定	订货时确定

为了缩短交货期，还有一种“接订单装配”式生产(assemble-to-order，ATO)，即零部件是事先制作的，在接到订单之后，将有关的零部件装配成顾客所需的产品。按订单装配式生产必须以零部件通用化、标准化为前提。

3. 按工艺过程的特点分类

(1) 加工装配型生产。加工装配型生产是指由工人借助机械手段，将产品结构中的各种零部件组合起来，装配成产品的生产过程。产品是由离散的零部件装配而成的，物料运动过程呈离散状态。其特点是工艺过程的离散性。

(2) 流程型生产。流程型生产是指把一种或数种原材料投入生产后，经过一系列设备装置，进行化学或物理处理过程，最后制成产品的生产过程。流程型生产的加工设备和运输装置都需要进行大量投资，但由于产量大，因此可以降低成本，较快地收回投资。其生产特点是工艺过程的连续性。

4. 按生产的专业化程度分类

(1) 大量大批生产。生产的品种少，每一个品种的产量大，生产稳定地不断重复地进行。一般这类产品在一定时期内具有相对稳定的社会需求。

(2) 单件小批生产。产品对象基本上是一次性需求的专用产品，一般不重复生产。生产中品种繁多，生产对象在不断变化。

(3) 成批生产。其对象是通用产品，生产具有重复性。它的特点是生产的品种较多，每个品种的产量不大，每一种产品都不能维持常年连续生产，因此在生产中形成多种产品轮番生产的局面。

4.1.4 生产运作管理在企业管理中的地位

1. 生产运作管理与经营管理的关系

经营管理属于企业的上层管理，它的任务是根据企业的外部环境，在市场预测的基础上，结合企业自身条件确定企业的经营战略、方针、目标和计划。生产运作管理属于企业的中层管理，它要解决的是根据企业经营决策所制订的经营目标和计划如何在生产运作中实现的问题。

经营管理在企业管理系统中处于核心和支配地位，生产运作管理则相对处于从属和执行地位。

2. 生产运作管理与财务管理的关系

生产运作管理作为对物流的管理，其结果是追求资本快速周转和不断增值，而这一切都将迅速地反映在企业财务上。企业的财务成就又是生产管理追求的目标。财务管理应及时反馈生产管理的成效，促进生产管理的改善和发展。

3. 生产运作管理与营销管理的关系

生产运作管理是营销管理的基础，没有良好的生产运作管理，就不能按质、按量、按时地为消费者提供适销对路的产品和服务，但反过来营销管理的成败又影响着生产运作的正常与否。准确迅速地反馈回来的市场信息是在生产运作中调整工作的依据。

4.2 新产品开发

4.2.1 新产品概述

1. 产品生命周期的概念

产品生命周期是指产品从投入市场开始直到被市场淘汰为止所经历的全部时间。它一般分为投入期、成长期、成熟期和衰退期四个阶段。

2. 新产品的概念及类型

所谓新产品，是指在技术、性能、功能、结构、材质等一方面或几方面具有先进性或独创性的产品。按照新产品的创新程度，可将新产品分为以下三种类型。

(1) 全新新产品：是指在产品结构、所用材料和生产工艺等方面具有独创性，与现有产品在功能和用途等方面截然不同的产品。

(2) 换代新产品：是指在原有产品的基础上，部分采用新技术、新材料、新元件以适应新用途、满足新需要的产品。

(3) 改进新产品：是指对现有产品改进性能，提高质量，或求得规格型号的扩展，款式花色的翻新而产生的新品种。

4.2.2 新产品开发的策略

1. 技术领先策略

这种策略的目的是赶在所有竞争者之前，率先采用新技术并使新产品最早进入市场，争取创名牌产品，获取较大的市场占有率和利润。采用这一策略要求企业实力雄厚，有较强的应用研究与开发研究力量，能先发制人，保证技术处于领先地位，但风险也较大。

2. “紧随领先者”策略

这一策略通过迅速地仿用领先者的产品技术，在产品生命周期的成长期内将新产品投入市场。这种策略要求企业有较强的工程技术力量与应用开发能力。

3. “成本最低化”策略

这种策略是通过仿制，使产品以较低的成本开拓市场。它要求企业的设计与工艺部门在降低成本与费用方面有较强的能力。

4. 部分市场策略

这是一种将基本技术专门用来为少数特定需求服务的策略。要求企业有较强的设计与工艺力量，并要求制造力量具有较强的适应性。

上述不同的新产品开发策略，适用于不同的情况和条件。每个企业都具有自身的特点和优势，并面临不同的市场，必须考虑到自身的技术、设备、资金等条件，因地制宜、因时制宜地选择最合适的新产品开发策略。

4.2.3 新产品开发的程序和内容

新产品开发的程序和内容一般包括以下五个方面。

(1) 确定新产品开发的目标。在这个阶段企业必须根据总体经营目标和产品策略，确定开发新产品的目标。

(2) 寻求新产品的设想。当新产品开发目标和实现这一目标的资源确定以后，必须寻求与发掘新产品的设想。

(3) 对新产品设想进行筛选和评价。大量的新设想产生后，经过研究分析和判断，挑选出符合企业经营目标的新设想，淘汰可行性差、成功率低的新设想和建议，使企业现有资源能集中用在成功率高的新产品开发上。

(4) 产品的研制与试验。经过经济分析与论证后选出的新产品方案，将进入研制与试验阶段，以试验出可供使用的新产品。这个阶段的工作直接关系到新产品的性能与质量，关系到新产品的生产效率与经济效益。

(5) 开拓市场。这是新产品进入商业化的阶段，也是一个试验与调整的阶段，并且是为新产品取得成功打下最后基础的阶段，很多问题在产品未进入市场前是不能充分暴露和充分认识的。

4.3 生 产 计 划

4.3.1 生产计划概述

生产计划系统是一个包括预测职能、需求管理、中期生产计划、主生产作业计划、材

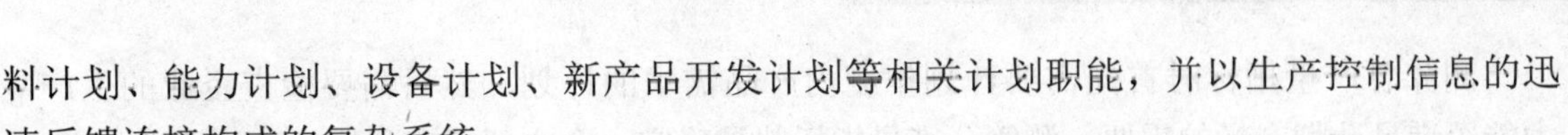

料计划、能力计划、设备计划、新产品开发计划等相关计划职能，并以生产控制信息的迅速反馈连接构成的复杂系统。

1. 生产计划的体系

生产计划具有以下三个层次。

(1) 长期生产计划。长期生产计划属于战略计划范围，它的主要任务是进行产品决策、生产能力决策以及确立何种竞争优势的决策，涉及产品发展方向、生产发展规模、新生产设施的建造等。

(2) 中期生产计划。中期生产计划属于战术性计划，它的主要任务是在正确预测市场需求的基础上，对企业在计划年度内的生产任务做出统筹安排。

(3) 短期生产计划。短期生产计划，或称生产作业计划，它的任务主要是直接依据用户的订单，合理地安排生产活动的每一个细节，使之紧密衔接，以确保按用户要求的质量、数量和交货期交货。

2. 生产计划的策略

在制订生产计划时，有如下三种基本策略。

(1) 追赶策略。在计划时间范围内调节生产速率或人员水平，以适应需求。

(2) 平衡策略。在计划期内保持生产速率和人员水平不变，使用调节库存或部分开工来适应需求。

(3) 混合策略。对于一个企业来说，最好的策略应该是将需求淡季时建立调节库存、人员水平小幅度变动、加班等几种方式结合使用，即采取混合策略。

3. 生产计划的主要指标

生产计划的主要指标有产品品种指标、产品质量指标、产量指标、产值指标和出产期指标等。这些指标各有不同的内容和作用，并从不同的侧面来反映对生产的要求。

(1) 产品品种指标。它是企业在计划期内生产的产品品名和品种数。

(2) 产品质量指标。它是指企业在计划期内提高产品质量应当达到的指标。

(3) 产量指标。它是指企业在计划期内生产的符合质量标准的产品数量。

(4) 产值指标。产值指标是用货币表示的产量指标。

(5) 出产期指标。它是为了保证按期交货确定的产品出产期限。

4. 生产计划的编制步骤

生产计划的编制步骤：首先要测算总产量指标，然后再测算分产量指标，最后编制安排产品出产进度，编制产品出产进度计划。

测算总产量指标时首先需要计划年度内产品需求的计划，然后需要检查企业的生产能力能否满足计划产量的需要。测算分产量指标就是确定一个合理而有利的产品品种构成方案。

制定总产量和分品种产量指标时的生产能力平衡的测算是按全年的生产能力的总量计算的，而且主要是检查关键设备的能力。

4.3.2 生产计划的内容

1. 综合生产计划

综合生产计划又称生产大纲，它是对企业未来较长一段时间内资源和需求之间的平衡所做的概括性设想，是根据企业所拥有的生产能力和需求预测对企业未来较长一段时间内的产出内容、产出量、劳动力水平、库存投资等问题所做的决策性描述。它主要是生产计划指标的确定。

2. 主生产计划

主生产计划(MPS)要确定每一具体的最终产品在每一具体时间段内的生产数量。

3. 物料需求计划

物料需求计划是根据主生产计划的要求，对所需的全部物料(零部件)所作出的安排。要制定出零部件与原材料何时采购、何时生产、不同的量及不同时期的具体数值，是一项非常复杂的工作。

4.3.3 生产能力计划

1. 生产能力的概念

所谓生产能力，是指企业的固定资产，在一定时期内、一定的技术组织条件下，所能生产的一定种类产品的最大产量。企业生产能力是制订生产计划的依据之一。

2. 生产能力的基本类型

(1) 设计能力。它是指企业在其设计任务书和技术文件中规定的应达到的最大年产量。它是确定生产规模、编制长期规划、安排基建和技术改造的依据。

(2) 查定能力。它是指企业在没有设计能力或原来的设计能力不能反映实际情况时，由企业重新调查核定的生产能力。

(3) 计划能力(现有生产能力)。它是指企业在计划年度内实际能够达到的生产能力。它是编制年度计划、确定生产计划指标的依据。

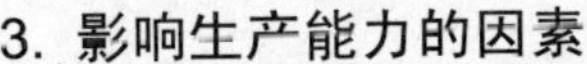

3. 影响生产能力的因素

(1) 产品的品种、技术复杂程度及生产组织方式。

(2) 生产设备的数量和生产面积、生产效率及时间的有效利用率。

(3) 劳动者技术水平和劳动技能的熟练程度。

(4) 企业所能运用的物质资源的数量，包括原材料、能源等。

(5) 企业的经营管理水平。

4. 生产能力的计算方法

(1) 机器设备生产能力的计算公式如下。

$$M=F\times S/t \text{ 或 } M=F\times S\times P$$

式中，M——某设备组的生产能力；

F——计划期单位设备的有效工作时间(小时)；

S——设备组内的设备数量；

t——制造单位产品所需设备的台时数；

P——单位设备单位时间产量定额。

(2) 作业场地生产能力的计算公式如下。

$$M=F\times A/a\times t$$

式中，M——某作业组的生产能力；

F——单位作业面积的有效利用时间总额(小时)；

A——作业面积数量(平方米)；

t——制造单位产品所需时间；

a——制造单位产品所需生产面积(平方米/台或件)。

4.4　供应链管理

4.4.1　供应链管理概述

1. 供应链的概念

供应链是围绕核心企业，通过对信息流、物流、资金流的控制，从采购原材料开始，到制成中间产品以及最终产品，最后由销售网络把产品送到消费者手中的将供应商、制造商、分销商、零售商、直到最终用户连成一个整体的功能网链结构模式。

2. 供应链管理的概念

供应链管理是一种集成的管理思想和方法，它执行供应链中从供应商到最终用户的物流的计划和控制等职能。供应链管理把供应链上的各个企业作为一个不可分割的整体，使供应链上各企业分担采购、生产、分销和销售等职能，成为一个协调发展的有机体。要成功实施供应链管理，使供应链管理真正成为有竞争力的武器，就要抛弃传统的管理思想，把企业内部以及节点企业之间的各种业务看成一个整体功能过程，形成集成化供应链管理体系，没有集成化，链上的每个企业组织在运作的过程中采取的是独立行动，而不是合作行动，很难实现全局最优的目标。通过供应链集成化管理，可以鉴别出整条链上的冗余行为和非增值行为，从而提高整个供应链上每个成员的效益和竞争力。

3. 供应链管理的基本特点

供应链管理与传统管理相比，具有以下特点。

(1) 供应链管理视所有节点企业为一个整体，将各个企业原本独立的业务活动，通过信息共享与流程重构等手段进行有机衔接，达到减少冗余活动、改善活动之间的合理性和协同性、提高作业速度和效率的目的。这与传统管理模式完全依托库存将各项业务活动联系起来的方式，具有本质的区别。

(2) 供应链管理注重战略管理思维。首先，供应链作为一种组织形式的创新，其目的是要在相关企业之间通过各种管理方法和技术手段的运用，形成一种长期的战略合作伙伴关系，注重在战略层次上提升供应链的竞争能力。其次，“供应”是对整个供应链中各节点企业之间共享与共生关系的浓缩，它们之间供应与需求的不仅是产品与服务，更深层次的意义在于彼此能力的互补。这与传统企业内部的部门设置和职能分工有本质的区别。

(3) 供应链管理的最关键理念是采用集成化的思想和方法，通过信息共享，把各个节点企业的作业活动镶嵌在整个供应链的业务流程中，而不仅仅是产品和服务的首尾连接。如果说，供应链的节点企业多是有机的、协同的作业方式，那么，传统企业之间的合作则多是简单的、串行的作业方式。

4.4.2 采购管理

1. 采购管理的内容

采购管理的内容包括：采购计划与预算、供应商开发管理、采购物流管理、采购绩效评估、搭建采购信息平台、建立采购管理制度、工作标准、运作程序与作用流程、采购策略规划。

2. 采购步骤

采购工作通常包括以下步骤：①从各职能部门和库存管理部门获得对各种物资的需要量；②了解对各种物资的技术要求和等级；③按不同的供应商将物资分类编组；④对特定的物资进行招投标；⑤按质量、价格、交货期等进行评标；⑥选择供应商；⑦发出订货后，进行催货；⑧掌握供货进程，检查到货进度和质量情况，随时记录价格、质量等信息，以便对供应商进行评价。

3. 准时化采购

(1) 准时化采购也叫 JIT(just-in-time)采购法，是一种先进的采购模式。其基本思想是在恰当的时间、恰当的地点，以恰当的数量、恰当的质量提供恰当的物品。它是从准时生产发展而来的，是为了清除库存和不必要的浪费而进行的持续性改进。准时化采购包括供应商的支持与合作以及制造过程、货物运输系统等一系列的内容。准时化采购不但可以减少库存，还可以达到加快库存周转、缩短提前期、提高购物的质量、获得满意交货等效果。

(2) 准时化采购与传统采购的区别如表 4-2 所示。

表 4-2 准时化采购与传统采购的区别

项目 因素	准时化采购	传统采购
采购批量	小批量，送货频率高	大批量，送货频率低
供应商选择	长期合作，单源供应	短期合作，多源供应
供应商评价	质量、交货期、价格	质量、价格、交货期
检查工作	逐渐减少，最后消除	收货、点货、质量验收
协商内容	长期合作关系、质量和合理价格	获得最低价格
运输	准时送货、买方负责安排	较低的成本、买方负责安排

(3) 准时化采购的实施。对于供应链上的节点企业，如何有效地实施准时化采购，可以采用以下方法：①创建准时化采购班组；②制订计划，确保准时化采购策略有计划、有步骤地实施；③精选少数供应商，建立伙伴关系；④进行试点工作；⑤搞好供应商的培训，确定共同目标；⑥向供应商颁发产品免检合格证书；⑦实现配合准时化生产的交货方式；⑧继续改进，扩大成果。

4. 批量采购管理

订购批量就是每次订购原材料的数量。降低订购批量，一方面可以使存货的储存成本随着平均储存量的下降而下降，因为平均储存量相当于订购批量的一半；另一方面却使订货成本随着订购批数的增加而增加。反之，减少订货批数以降低订货成本，又会增加储存成本。

对采购管理者的要求是，这两种成本的年合计数最低的订购批量，即经济订购批量。经济订购批量要求的订购批数，即最优订购批数。

4.4.3 库存管理

1. 库存的基本概念

从客观上来说，所谓库存，就是企业用于今后销售或使用的储备物料。制造业的库存主要包括：原材料、辅助材料、在制品、产成品、外购件及运输中的货物等。

2. 库存的种类

按库存的用途分类，可以分为以下三类。

(1) 经常性库存：是指企业前后两次订货时间间隔期内，为保证企业正常生产必须耗用的物资储备量。

(2) 保险性库存：是指企业为防止由于原材料供应商生产或运输过程可能出现失误而设置的物资储备量。

(3) 季节性库存：是指企业为防止季节性变化影响进货而设立的物资储备量。

3. 库存管理的任务

库存控制工作的难点是如何正确处理充分发挥库存功能的同时，尽可能地降低库存成本。这两者之间存在一些内在的矛盾，在进行库存控制工作时应该侧重完成以下三项任务。

(1) 保障生产供应。库存的基本功能是保证生产的正常进行，保证企业经常维持适度的库存，避免出现因供应不足而出现非计划性的生产间断。

(2) 控制生产系统的工作状态。一个精心设计的生产系统，均存在一个正常的工作状态，此时，生产按部就班地有序进行，生产系统中的库存情况，特别是在制品的数量，与该生产系统所设定的在制品定额相近。反之，如果一个生产系统的库存失控，该生产系统也很难处于正常的工作状态。因此，现代库存管理理论将库存控制与生产控制结合为一体，通过对库存情况的监控，达到生产系统整体控制的目的。

(3) 降低生产成本。控制生产成本是生产管理的重要工作之一，无论是生产过程中的物资消耗，还是生产过程中的流动资金的占用，均与生产系统的库存控制有关。通过有效的库存控制方法，可以使企业在保障生产的同时减少库存量，提高库存物资利用率，从而起到降低生产成本的作用。

4. 库存控制的 ABC 管理法

库存控制中，在库存量与资金占用量之间存在着这样一种关系：少数库存项目占用着大部分的库存资金；相反，大多数的库存物资仅占全部库存资金的一小部分。根据这一特点，采取重点管理少数价值高的物品的策略，可以收到很好的效果。ABC 分类法就是为了体现这个思想而设计的，方法十分简单，但却非常有效。ABC 分类管理就是按照一定的标准，将企业的存货分为 A、B、C 三类，分别实行分品种重点管理、分类别一般控制和按总额灵活掌握的存货管理方法。

4.5　生产运作管理新模式

4.5.1　准时化生产方式

1. 准时化生产的基本含义

准时化生产(Just In Time，JIT)，又称无库存或零库存生产方式，是由日本丰田汽车公司于 20 世纪 70 年代创立的，由于其具有高质量、低成本、富有弹性、应变能力强、能灵活适应市场需求变化等特点而受到企业界的广泛关注，并对日本汽车工业国际市场竞争力的增强和提高产生了重要作用和影响。

准时化生产的基本含义是：只在需要的时间和地点，生产必要的数量与完美质量的产品和零部件，以杜绝超量生产，消除无效劳动和浪费，达到用最少投入实现最大产出的目的。准时化生产的核心是追求多品种、小批量生产的合理性、高效性和适应性，以彻底消除无效劳动和浪费。

2. JIT 的基本方法

为了彻底消除企业中存在的大量无效劳动和浪费，准时化生产采取的基本方法是适时适量生产、弹性配置作业人员和质量保证。

(1) 适时适量生产。准时化生产所要表达的真正含义是“在需要的时候，按需要的量生产所需要的产品”。

(2) 弹性配置作业人员。在劳动力成本越来越高的今天，降低劳动力成本无疑是降低总成本的一个重要方面。而降低劳动力成本的主要途径是“少人化”，即根据生产量的变动，弹性地增减各生产线的作业人员，尽量用较少的人力完成较多的生产。实现少人化的具体方法是实施独特的设备布置，以便能够将需求减少时各作业点减少的工作集中起来，以整数削减人员。

(3) 质量保证。准时化生产方式认为，提高质量与降低成本具有一致性，其具体方法是实现质量检验的“自动化”，即在生产组织中融入两种机制：①使设备或生产线能够自动检测不良产品，一旦发现异常或不良产品，可以自动停止设备运行。为此需要在设备上开发、安装各种自动停止装置和加工状态检测装置。②管理中心下移，对生产线上的作业人员进行授权，规定生产线上的设备操作人员一旦发现产品或设备出现问题时，有权自行停止生产线。

3. 实施适时适量生产的具体方法

(1) 生产同步化。为了实现适时适量生产，首先需要致力于生产的同步化，即工序间不设置仓库，在制品在前一道工序加工结束后，立即转到下一道工序，装配线与机器加工几乎平行进行，产品被一件一件连续地生产出来。生产的同步化是通过“后工序领取”的方法来实现的。其特点是变“推动式”生产为“拉动式”生产，即后工序只在需要的时候到前工序领取所需的加工品，前工序只按照被领取走的数量和品种进行生产。这样，最后一道制造工序，即总装配线，就成了生产的出发点。生产计划只下达给总装配线，以装配为起点，在需要的时候向前工序领取必要的零部件，前工序在提供了必要的零部件后，为了补充生产被领走的量，必然会向前一道工序去领取所需的零部件。这样一层一层向前工序领取，直到粗加工以及原材料部门，把各个工序连接起来，实现同步化生产。

(2) 生产均衡化。生产均衡化是实现适时适量生产的前提条件。所谓生产均衡化，是指总装配线在向前工序领取零部件时，应均衡地使用各种零部件，混合生产各种产品。为此，在制订生产计划时就必须加以考虑，然后将其体现在产品生产计划中。在制造阶段，均衡化通过专用设备通用化和制定标准作业来实现。所谓专用设备通用化，是指通过在专用设备上增加一些工具、夹具等方法，使之能够加工多种不同的零部件或产品。所谓制定标准作业，是指将作业节拍内一个作业人员所应担当的作业内容标准化。

(3) 实现适时适量生产的管理工具。在实现适时适量生产中，具有极为重要意义的管理工具是看板。看板管理可以说是准时化生产方式中最独特的部分，因此也有人将准时化生产方式称为“看板方式”。但严格地讲这是不正确的，因为准时化生产方式的本质是一种管理技术，而看板只不过是实现准时化管理的一种工具。

看板的主要机能是传递和运送生产指令。在准时化生产方式中，生产的月度计划是集中制订的，同时传达到各工厂和协作企业。而与此相应的日生产指令只下达到最后一道工序或总装配线，对其他工序的生产指令均通过看板来实现，即后工序在需要的时候用看板向前工序领取所需的量的同时也向前工序发出了生产指令。由于生产不可能完全按照生产计划来进行，因此日生产量的不均衡以及日生产计划的修改都通过看板来实现微调。同时，看板还具有改善功能，通过看板可以发现生产中存在的问题，从而立即采取改善对策。

4. 弹性作业人员的实现方法——少人化

少人化是通过对人力资源的调整或重新安排来提高生产率的。少人化的实质是作业人员随着生产量的变化而变化，即生产量大时增加作业人员，生产量小时减少作业人员，使作业人员的数量与生产量保持一致。

要实现少人化，需要具备以下三个前提条件：①要有适当的设备布置。其方法是采取设备的联合U型布置，使每个作业人员的工作范围可以简单地扩大或缩小。②要有训练有素、具有多种技能的作业人员，即“多面手”。培养“多面手”的方法主要是作业人员实行“职务定期轮换”制度。③要经常审核和定期修改标准作业组合。标准作业组合的改变可以通过不断改善作业方法和设备来进行，目的在于使产量不变或增加，并尽可能使作业人数保持最少。

4.5.2　精益生产方式

1. 精益生产的内涵

精益生产(Lean production，LP)是美国研究人员通过大量实地考察和研究，在对西方大量生产方式与日本丰田公司生产方式分析的基础上，于 1990 年提出的新型管理方式。这种生产方式以整体优化的观点，科学合理地组织与配置企业拥有的生产要素，消除生产过程中一切不产生附加价值的劳动和资源，以人为中心，以简化为手段，以尽善尽美为最终目标，使企业适应市场的应变能力增强，取得更高的经济效益。

所谓精益生产，就是企业紧紧围绕市场需求来组织生产，以市场需求的品种、数量、时间和质量来拉动企业生产的品种、数量、时间和质量。也就是企业以市场需求为依据，准时地组织各环节生产，一环拉动一环，消除生产过程中的一切松弛点，从而最大限度地提高生产过程的有效性和经济性，尽善尽美地满足用户的需求。

2. 精益生产的内容

精益生产是对准时化生产方式的进一步提炼和理论总结，其主要内容概括如下。

(1) 在生产系统方面，以作业现场具有高度工作热情的“多面手”和独特的设备配置为基础，将质量控制融汇到每一个生产工序中去。生产起步迅速，能够灵活敏捷地适应产品的设计变更、产品变化以及多品种混合生产的要求。

(2) 在零部件供应系统方面，主张与零部件供应厂家保持长期稳定的全面合作关系，包括资金合作、技术合作以及人员合作，形成一种“命运共同体”，并注重培养和提高零部件供应厂家的技术能力和开发能力，使零部件供应系统也能够灵活敏捷地适应产品的设计变更以及产品变换。进一步地，通过管理信息系统的支持，使零部件供应厂家也共享企业的生产管理信息，从而保证及时、准确地交货。

(3) 在产品的研究开发方面，以并行工程和团队工作方式为研发队伍的主要组织形式和工作方式。在一系列开发过程中，强调产品开发、设计、工艺、制造等不同部门之间的信息沟通和同时并行开发。这种并行开发还扩大至零部件供应厂家，充分利用他们的开发能力，促使其从早期开始参加开发，由此大大缩短了开发周期并降低了开发成本。

(4) 在流通方面，与顾客及零售商、批发商建立一种长期的关系，使来自顾客、零售商、批发商的订货与工厂的生产系统直接挂钩，使销售成为生产活动的起点。极力减少流通环节的库存，并使销售和服务机能紧密结合，以迅速、周到的服务来最大限度地满足顾客的需求。

(5) 在人力资源利用上，形成一套劳资互惠的管理体制，并一改大量生产方式中把工人只看作一种“机器的延伸”的机械式管理方法，通过质量控制(QC)小组、提案制度、团队工作方式、目标管理等一系列具体方法，调动和鼓励员工进行创造性思考的积极性，并注重培养和训练工人及各级管理人员的多方面技能，最大限度地发挥和利用企业组织中每个人的潜在能力，由此提高职工的工作热情和工作兴趣。

(6) 在管理理念上，把现有的生产方式、管理方式看作改善的对象，不断地追求进一步降低成本、降低费用、完善质量、零缺陷、多品种、多样化等目标。

总而言之，精益生产是在降低成本的同时使质量显著提高，增加生产系统柔性的同时使人增加对工作的兴趣和热情的一种生产方式。与资源消耗型的大量生产方式相比，这是一种资源节约型和劳动节约型的生产方式。

第 5 章　市场营销管理

5.1　市场营销总论

5.1.1　市场的概念

市场的概念是一个发展的概念，人们常常从不同的角度去理解市场，其主要定义有以下三个。

(1) 市场是商品交换关系的总和。这是经济学上对市场的理解。通常说的市场调节、市场供给中的市场就是经济学意义上的市场。

(2) 市场是买主和卖主进行商品交换的场所或地区。这是一个关于市场的古老定义，但它毕竟仍然是一种客观存在，因此仍然被广泛地使用。

(3) 市场是某项产品或劳务现实的或潜在的购买者集合。这是站在卖方角度，作为供给的一方来研究如何适应买方的要求，如何组织整体营销活动，如何拓展销路，以达到卖方的经营要求。现代市场营销学一般都从卖方角度来理解“市场”这个概念的含义。

5.1.2　市场营销的概念

西方国家对营销的解释如下。

(1) 营销有时候是指社会的某些经济活动，即宏观市场营销，它是以社会发展和商品产销为基础，宏观地分析和把握市场营销活动。

(2) 营销有时候是指企业的某些经济活动，即微观市场营销。我国研究市场营销，主要从企业经营角度着手，主要指微观市场营销，并不研究市场供求理论、市场供求状态等，而是站在卖方的角度研究如何满足消费者需求，实现企业利润的整个营销管理活动。

5.1.3　市场营销的过程

在每个业务单位内，市场营销的作用都是帮助其实现战略总目标。市场营销在组织中的作用和活动如图 5-1 所示，该图概括了整个市场营销过程，以及影响企业营销战略的主要力量。

从图 5-1 中可以看出，目标消费者位居中心，企业识别总体市场，将其划分为较小的细分市场，选择最有开发价值的细分市场，并集中力量满足和服务于这些细分市场。企业设计由其控制的四大要素(产品、价格、渠道和促销)所组成的市场营销组合。为找到和实施最好的营销组合，要进行市场营销分析、计划、实施和控制。通过这些活动，观察并应变于市场营销环境。

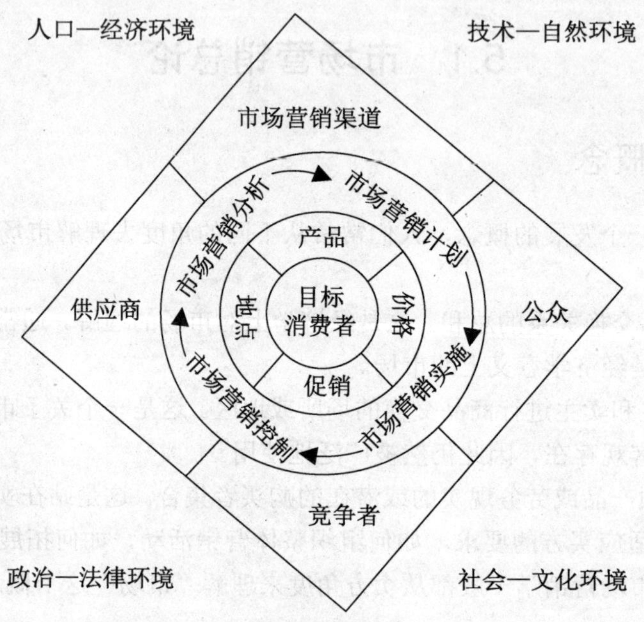

图 5-1　市场营销在组织中的作用和活动

1. 目标消费者

为了在竞争激烈的市场中获胜，企业必须以顾客为中心，从竞争对手那里赢得顾客，并通过提供更大的价值来保住顾客。但是，在满足顾客之前，企业必须先了解顾客的需求和欲望，因此要仔细分析消费者，至少不能以同一种方式来满足所有的消费者。消费者的类型太多，他们的需求种类也太多，而且一些企业仅在为某些细分市场服务方面处于优势，因此每个企业都必须分割总体市场，选择最好的细分市场，并制定战略以便以优于竞争对手的方式服务于选定的细分市场，赚得利润。这一过程包括三个步骤：市场细分、目标市场选择和市场定位。

2. 设计营销组合

企业一旦对其竞争性营销总战略做出了决策，就要开始准备计划营销组合的详细内容。所谓营销组合，是指企业为了在目标市场制造其想要的反应而混合采用的一组可控制的战术营销手段。营销组合包括企业为影响对其产品的需求而做的任何事情，大致可分为四组

变量，被称为四个 P，即产品(Product)、价格(Price)、渠道(Place)和促销(Promotion)，如图 5-2 所示。

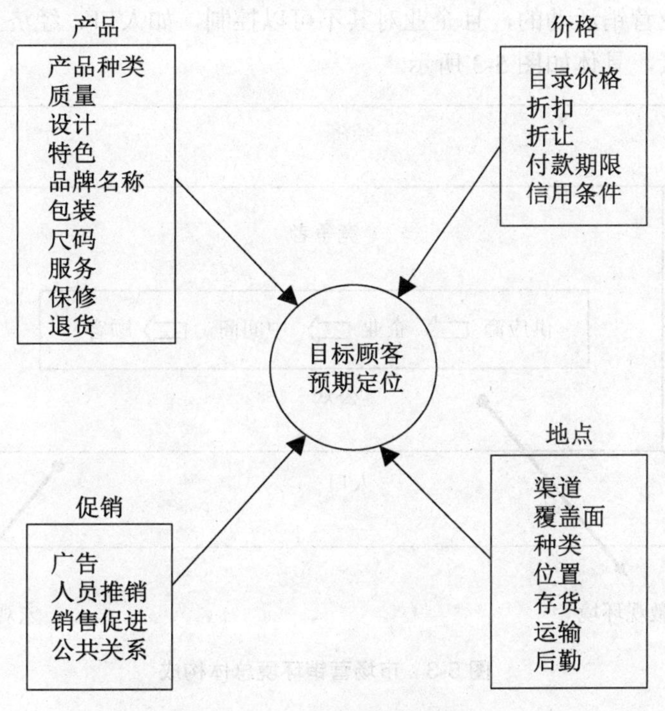

图 5-2 营销组合的四个变量

产品是指企业向目标市场提供的“商品和服务”的结合体。价格是指顾客为获得产品而必须支付的金额。渠道包括企业为使产品到达目标消费者手中而进行的活动。促销是指传递产品优点并说服目标顾客购买该产品的活动。

5.2 市场营销环境分析

5.2.1 市场营销环境分析概述

所谓市场营销环境，就是指影响企业市场营销活动及其目标实现的各种因素和动向的总和。企业不仅要主动地适应环境，而且要通过营销努力去影响环境，使环境有利于企业的生存和发展。

按照企业对市场营销环境是否有可控性，可以把企业营销环境分为两大部分：宏观环境和微观环境。微观环境是指与企业关系密切、能够直接影响企业服务顾客能力的各种因素。企业一般可以对这些因素进行控制和影响，如企业自身、供应商、销售渠道、顾客、竞争对手及公众。宏观环境是指能够影响整个微观环境的广泛的社会性因素。一般这些因素是间接影响企业营销活动的，且企业对其不可以控制，如人口、经济、自然环境、技术、政治和文化等因素，具体如图 5-3 所示。

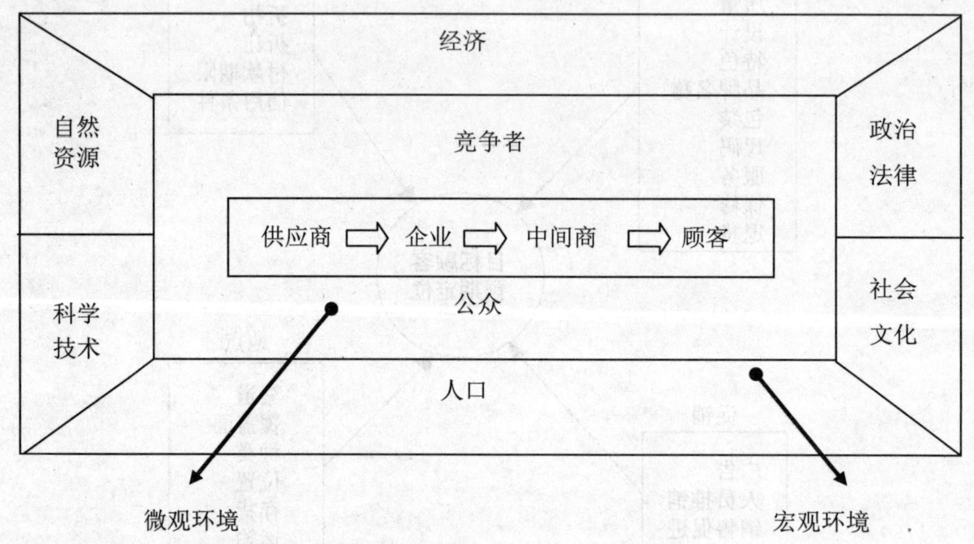

图 5-3　市场营销环境总体构成

市场营销环境分析的具体步骤如图 5-4 所示。

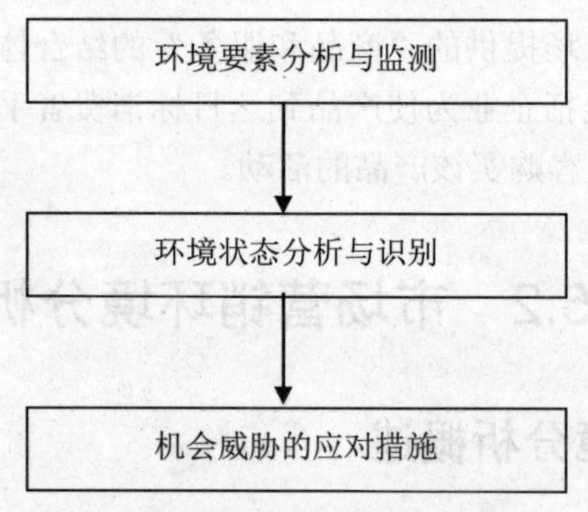

图 5-4　市场营销环境分析步骤

5.2.2　市场营销环境分析的方法和步骤

市场营销环境分析一般来采用 SWOT 分析法。

1. SWOT 分析法

SWOT 分析法又称为态势分析法，是由旧金山大学的管理学教授于 20 世纪 80 年代初提出来的，是一种能够较客观而准确地分析和研究一个企业市场营销环境情况的方法。

SWOT 四个英文字母分别代表：优势(Strength)、劣势(Weakness)、机会(Opportunity)、威胁(Threat)。从整体上看，SWOT 可以分为两部分：第一部分为 SW，主要用来分析企业的内部环境条件；第二部分为 OT，主要用来分析企业的外部环境条件。利用这种方法可以从中找出对企业自身有利的、值得发扬的因素，以及对企业自身不利的、要避开的东西，进而发现存在的问题，找出解决办法，并明确以后的发展方向。

(1) 优势(S)。优势是指一个企业超越其竞争对手的能力，或者是指公司所特有的能提高公司竞争力的东西。例如，当两个企业处在同一市场时，如果其中一个企业有更高的赢利率或赢利潜力，那么就说明这个企业比另外一个企业更具有竞争优势。

竞争优势可以是以下方面：①技术技能优势；②有形资产优势；③无形资产优势；④人力资源优势；⑤组织体系优势；⑥竞争能力优势等。

(2) 劣势(W)。劣势是指某种公司缺少或做得不好的东西，或者是指某种会使公司处于劣势的条件。

可能导致内部弱势的因素有①缺乏具有竞争意义的技能技术；②缺乏具有竞争力的有形资产、无形资产、人力资源、组织资产；③关键领域里的竞争能力正在丧失。

(3) 机会(O)。机会是指企业外部营销环境中直接影响企业发展的有利因素。企业管理者应当确认每一个机会，评价每一个机会的成长和利润前景，选取那些可与企业财务和组织资源匹配、使企业获得的竞争优势的潜力最大的最佳机会。

潜在的发展机会可能是①客户群的扩大趋势或产品细分市场；②技能技术向新产品新业务转移，为更大客户群服务；③前向或后向整合；④市场进入壁垒降低；⑤获得购并竞争对手的能力；⑥市场需求增长强劲，可快速扩张；⑦出现向其他地理区域扩张，扩大市场份额的机会。

(4) 威胁(T)。威胁是指企业外部营销环境中直接影响企业发展的不利因素。在企业的外部环境中，总是存在某些对企业的盈利能力和市场地位构成威胁的因素。企业管理者应当及时确认危及企业未来利益的威胁，做出评价并采取相应的战略行动来抵消或减轻它们所产生的影响。

企业的外部威胁可能是①出现将进入市场的强大的新竞争对手；②替代品抢占公司销售额；③主要产品的市场增长率下降；④汇率和外贸政策的不利变动；⑤人口特征、社会消费方式的不利变动；⑥客户或供应商的谈判能力提高；⑦市场需求减少；⑧容易受到经济萧条和业务周期的冲击。

由于企业的整体性和竞争优势来源的广泛性，因此在做优劣势分析时，必须从整个价值链的每个环节上，将企业与竞争对手做详细的对比。

2. SWOT 分析法的步骤

(1) 分析环境因素。运用各种调查研究方法，分析出企业所处的各种环境因素，即外部环境因素和内部环境因素。外部环境因素包括机会因素和威胁因素，它们是外部环境对企业的发展有直接影响的有利和不利因素，属于客观因素。内部环境因素包括优势因素和弱点因素，它们是公司在其发展中自身存在的积极和消极因素，属于主动因素。在调查分析这些因素时，不仅要考虑到历史与现状，而且更要考虑未来发展问题。

(2) 构造 SWOT 矩阵。将调查得出的各种因素根据影响程度等排序方式，构造 SWOT 矩阵。在此过程中，将那些对企业发展有直接、重要影响的因素优先排列出来，而将那些间接、次要影响的因素排列在后面。

(3) 制订行动计划。在完成环境因素分析和 SWOT 矩阵的构造后，便可以制订出相应的行动计划。运用系统分析的综合分析方法，将排列与考虑的各种环境因素相互匹配起来加以组合，得出一系列企业未来发展的可选择对策。

5.3 营销策略

5.3.1 产品策略

1. 产品策略的概念

产品策略是市场营销的核心，是价格策略、分销策略和促销策略的基础，是企业生产活动的中心。因此，产品策略是企业市场营销活动的支柱和基石。

企业的一切生产经营活动都是围绕产品进行的，即通过及时、有效地提供消费者所需要的产品而实现企业的发展目标。企业生产什么产品？为谁生产产品？生产多少产品？这是企业产品策略必须回答的问题。

2. 新产品开发策略

产品的竞争领域、新产品开发的目标及实现目标的措施构成了新产品策略，关于新产品开发策略，本书第 4 章已有论述，本章从另一个角度简述如下。

(1) 冒险或创业策略。中小企业显然不适合运用此新产品开发策略。

(2) 进取策略。该新产品策略的风险相对要小。

(3) 紧跟策略。许多中小企业在发展之初常采用该新产品开发策略。

(4) 保持地位或防御策略。成熟产业或夕阳产业中的中小企业常采用此策略。

3. 产品生命周期

产品从投入市场到最终退出市场的全过程称为产品的生命周期，该过程一般经历产品的导入期、成长期、成熟期和衰退期四个阶段。在产品生命周期的不同阶段，产品的市场占有率、销售额、利润额是不一样的。导入期产品销售量增长较慢，利润额多为负数。当销售量迅速增长，利润由负变正并迅速上升时，产品进入了成长期。经过快速增长的销售量逐渐趋于稳定，利润增长处于停滞，说明产品成熟期来临。在成熟期的后一阶段，产品销售量缓慢下降，利润开始下滑。当销售量加速递减，利润也较快下降时，产品便步入了衰退期。研究产品生命周期对企业营销活动具有十分重要的启发意义。

4. 营销策略

导入期是新产品的最初销售时期，只有少数创新者和早期采用者购买产品，销售量小，促销费用和制造成本很高，竞争也不太激烈。这一阶段企业的营销策略是，把销售力量直接投向最有可能的购买者，即新产品的创新者和早期采用者，让这两类消费者加快新产品的扩散速度，缩短导入期的时间。具体可选择的营销策略有①快速撇脂策略，即高价高强度促销；②缓慢撇脂策略，即高价低强度促销；③快速渗透策略，即低价高强度促销；④缓慢渗透策略，即低价低强度促销。

成长期的产品，其性能基本稳定，大部分消费者对产品已熟悉，销售量快速增长，竞争者不断进入，市场竞争加剧。企业为维持其市场增长率，可采取以下策略：①改进和完善产品；②寻求新的细分市场；③改变广告宣传的重点；④适时降价等。

成熟期的营销策略应该是主动出击，以便尽量延长产品的成熟期，具体策略有①市场改良策略，即通过开发产品的新用途和寻找新用户来扩大产品的销售量；②产品改良策略，即通过提高产品的质量，增加产品的使用功能，改进产品的款式、包装，提供新的服务等来吸引消费者。

衰退期的产品，企业可选择以下营销策略：①维持策略；②转移策略；③收缩策略；④放弃策略。

5.3.2　价格策略

价格策略是给买者规定一个价格。在营销组合中，价格是唯一能产生收入的因素，其他因素表现为成本。

厂商面对买者的三种主要的定价决策问题是①对第一次销售的产品如何定价；②怎样随时间和空间的转移修订一个产品的价格以适应各种环境和机会的需要；③怎样调整价格

和怎样对竞争者的价格调整作出反应。

在第一次制定价格时，企业要考虑以下因素：①定价目标；②确定需求；③估计成本；④选择定价方法；⑤选定最终价格。

以下是三种较为简单易用的定价模型。

1. 赫尔曼·西蒙模型

赫尔曼·西蒙(Hermann Simon)于 1979 年提出了一个与品牌生命周期相关联的价格弹性动态模型。

西蒙的研究发现对于企业根据价格弹性的变化制定最优定价政策具有重要意义。

2. 拉奥-夏昆模型

拉奥(Ambar G. Rao)和夏昆(Melvin F. Shakun)于 1972 年提出了关于新品牌进入市场的价格模型。该模型既充分考虑到了市场结构，又考虑到了在实现价格策略过程中的企业品牌目标和竞争者目标。

3. 多兰-朱兰德模型

多兰(Robert J. Dolan)和朱兰德(Abel P. Jeuland)于 1981 年提出了将成本动态和扩散过程动态考虑在内的最优价格模型。该模型反映了在计划期内最优价格的时间轨迹，对于创新企业在激烈竞争灵活选择渗透策略和撇取策略具有重要的启示，即当需求曲线随时间的推移呈稳定状态且生产成本随累计价值的增加而下降时，采取撇取策略为最优选择；在以扩散过程为特征的耐用品需求情况下，采取渗透策略为最优选择。

5.3.3 营销渠道策略

营销渠道策略对降低企业成本和提高企业竞争力具有重要意义。随着市场发展进入新阶段，企业的营销渠道不断发生新的变革，旧的渠道模式已不再能适应新形势的变化。

营销渠道包括渠道的拓展方向、分销网络建设和管理、区域市场的管理、营销渠道自控力和辐射力的要求。

企业营销渠道的选择将直接影响其他的营销决策，如产品的定价。它同产品策略、价格策略、促销策略一样，也是企业是否能够成功开拓市场、实现销售及经营目标的重要手段。

营销渠道策略的选择包括：①直接渠道或间接渠道；②长渠道或短渠道；③宽渠道或窄渠道；④单一营销渠道和多营销渠道；⑤传统营销渠道和垂直营销渠道。

5.3.4 促销策略

促销策略是指企业如何通过人员推销、广告、公共关系和营业推广等各种促销方式，向消费者或用户传递产品信息，引起他们的注意和兴趣，激发他们的购买欲望和购买行为，以达到扩大销售的目的。

根据促销手段的出发点和作用的不同，可分为以下两种促销策略。

1. 推式策略

推式策略是以直接方式，运用人员推销手段，把产品推向销售渠道。其过程为，企业的推销员把产品或劳务推荐给批发商，再由批发商推荐给零售商，最后由零售商推荐给最终消费者。该策略适用于以下情况：①企业经营规模小，或无足够资金用以执行完善的广告计划；②市场较集中，分销渠道短，销售队伍大；③产品具有很高的单位价值；④产品的使用、维修、保养方法需要进行示范。

2. 拉式策略

拉式策略采取间接方式，通过广告和公共宣传等措施吸引最终消费者，使消费者对企业的产品或劳务产生兴趣，从而引起需求，主动去购买商品。其路线为，企业将消费者引向零售商，将零售商引向批发商，将批发商引向生产企业。这种策略适用于：①市场广大，产品多属便利品；②商品信息必须以最快速度告知广大消费者；③对产品的初始需求已呈现出有利的趋势，市场需求日渐上升；④产品具有独特性能，与其他产品的区别显而易见；⑤能引起消费者某种特殊情感的产品；⑥有充分资金用于广告。

5.3.5 广告策略

广告策略是指广告策划者在广告信息传播过程中，为实现广告战略目标所采取的对策和应用的方法、手段。

广告策略的表现形式有：①配合产品策略而采取的广告策略，即广告产品策略；②配合市场目标采取的广告策略，即广告市场策略；③配合营销时机而采取的广告策略，即广告发布时机策略；④配合营销区域而采取的广告策略，即广告媒体策略；⑤配合广告表现而采取的广告表现策略。广告策略必须围绕广告目标，因商品、因人、因时、因地而异，还应符合消费心理。

广告策略的基本构架包括：①背景/行销目标；②广告目标；③目标市场消费群/消费者最大难题；④竞争情况/竞争范畴；⑤消费者认知；⑥消费者利益；⑦广告主张；⑧支持广告主张的理由；⑨表现基调和手法。

5.4 营销战略

5.4.1 目标营销战略

目标营销战略又称STP战略，属于企业战略的职能层。营销大师菲利普·科特勒认为：当代营销战略的核心，可被定义为STP。这里的S是指Segmenting market，即市场细分；T是指Targeting market，即选择目标市场；P为Positioning，亦即定位。

目标营销战略有三个主要步骤：第一步为市场细分，即根据购买者对产品或营销组合的不同需要，将市场分为若干不同的顾客群体，并勾勒出细分市场的轮廓。第二步，确定目标市场，选择要进入的一个或多个细分市场。第三步进行科学的市场定位，建立并在市场上传播该产品的关键特征与利益。以上三个步骤紧密相连，步步推进。

1. 市场细分

从企业市场营销的角度看，无论消费者市场还是产业市场，并非所有的细分市场都有意义。所选择的细分市场必须具备一定的条件，具体如下。

(1) 可衡量性。市场特征的有关数据资料必须能够加以衡量和推算。当然，将这些资料予以量化是比较复杂的过程，必须运用科学的市场调研方法。

(2) 可实现性。即企业所选择的目标市场是否易于进入，根据企业目前的人、财、物和技术等资源条件能否通过适当的营销组合策略占领目标市场。

(3) 可营利性。即所选择的细分市场有足够的需求量且有一定的发展潜力，使企业能够赢得长期稳定的利润。

(4) 可区分性。它是指不同的细分市场的特征可清楚地加以区分。

2. 目标市场

目标市场战略包括以下四种。

(1) 无差异性营销战略。实行无差异营销战略的企业把整体市场看作一个大的目标市场，不进行细分，用一种产品、统一的市场营销组合对待整体市场。实行此战略的企业基于两种不同的指导思想，第一种是从传统的产品观念出发(见图5-5(a))，强调需求的共性，漠视需求的差异，因此企业为整体市场生产标准化产品，并实行无差异的市场营销战略。在大量生产、大量销售的产品导向时代，企业多数采用无差异性营销战略经营。实行无差异战略的另一种思想是：企业经过市场调查之后，认为某些特定产品的消费者需求大致相同或差异较少，因此可以采用大致相同的市场营销策略。从这个意义上讲，它符合现代市场营销理念。

采用无差异性营销战略的最大优点是成本的经济性。大批量的生产销售，必然降低单位产品成本；无差异的广告宣传可以减少促销费用；不进行市场细分，也相应减少了市场调研、产品研制与开发，以及制定多种市场营销战略、战术方案等带来的成本开支。

但是，无差异性营销战略对市场上绝大多数产品都是不适宜的，因为消费者的需求偏好具有极其复杂的层次，某种产品或品牌受到市场的普遍欢迎是很少的。即便一时能赢得某一市场，如果竞争企业都如此仿照，就会造成市场上某个部分竞争非常激烈，而其他市场部分的需求却未得到满足。

(2) 差异性营销战略。差异性营销战略是把整体市场划分为若干需求与愿望大致相同的细分市场，然后根据企业的资源及营销实力选择部分细分市场作为目标市场，并为各目标市场制定不同的市场营销组合策略(见图 5-5(b))。

采用差异性营销战略的最大好处是可以有针对性地满足具有不同特征的顾客群的需求，提高产品的竞争能力。但是，由于产品品种、销售渠道、广告宣传的扩大化与多样化，市场营销费用大幅度增加，因此无差异性营销战略的优势基本上成为差异性市场战略的劣势。其他问题还在于：该战略在推动成本和销售额上升的同时，市场效益并不能保证。

(3) 集中性营销战略。集中性营销战略是在将整体市场分割为若干细分市场后，只选择其中某一细分市场作为目标市场(见图 5-5(c))。其指导思想是把企业的人、财、物集中用于某一个或几个小型市场，不求在较多的细分市场上都获得较小的市场份额，而要求在少数较小的市场上得到较大的市场份额。

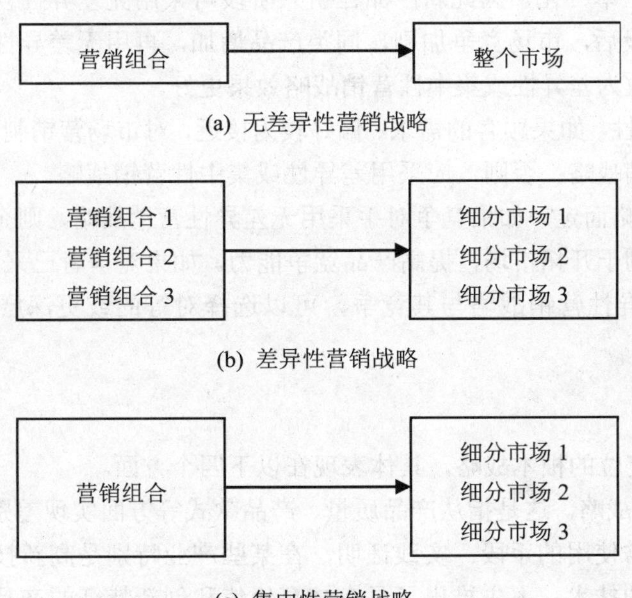

图 5-5　三种可供选择的目标营销战略

这种战略也被人们称为“弥隙”战略，即弥补市场空隙的意思，适合资源薄弱的小企业。小企业如果与大企业硬性抗衡，弊多于利，因此必须学会寻找对自己有利的生存环境。也就是说，如果小企业能避开大企业竞争激烈的市场部位，选择一两个能够发挥自己技术、资源优势的小市场，往往更容易成功。由于目标集中，可以大大节省营销费用并增加盈利；又由于生产、销售渠道和促销的专业化，也能够更好地满足这部分特定消费者的需求，从而使企业易于取得优越的市场地位。

这一战略的不足是经营者承担风险较大，如果目标市场的需求情况突然发生变化，目标消费者的兴趣突然转移或是市场上出现了更强有力的竞争对手，企业就有可能陷入困境。

(4) 选择目标营销战略的条件。

① 企业能力。企业能力是指企业在生产、技术、销售、管理和资金等方面力量的总和。如果企业力量雄厚，且市场营销管理能力较强，即可选择差异性营销战略或无差异性营销战略。如果企业能力有限，则宜选择集中性营销战略。

② 产品同质性。同质性产品主要表现在一些未经加工的初级产品上，虽然产品在品质上或多或少存在差异，但用户一般不加区分或难以区分，因此同质性产品竞争主要表现在价格和提供的服务条件上。该类产品适于采用无差异性营销战略。而对异质性需求产品，可根据企业的资源力量，采用差异性营销战略或集中性营销战略。

③ 产品所处的生命周期阶段。新产品上市往往以较单一的产品探测市场需求，产品价格和销售渠道基本上单一化，因此新产品在引入阶段可采用无差异性营销战略。而待产品进入成长或成熟阶段后，市场竞争加剧，同类产品增加，再用无差异性营销战略就难以奏效，因此成长阶段改为差异性或集中性营销战略效果更好。

④ 市场的类同性。如果顾客的需求、偏好较为接近，对市场营销刺激的反应差异不大，可采用无差异性营销战略；否则，应采用差异性或集中性营销战略。

⑤ 视竞争者战略而定。如果竞争对手采用无差异性营销战略，则企业选择差异性或集中性营销战略更有利于开拓市场，提高产品竞争能力。如果竞争者已采用差异性营销战略，则企业不应以无差异性营销战略与其竞争，可以选择对等的或更深层次的细分或集中化营销战略。

3. 市场定位

差别化是市场定位的根本战略，具体表现在以下四个方面。

(1) 产品差别化战略。这是指从产品质量、产品款式等方面实现差别。寻求产品特征是产品差别化战略经常使用的手段。实践证明，在某些产业特别是高新技术产业，如果某一企业掌握了最尖端的技术，率先推出了具有较高价值和创新特征的产品，就能够拥有一种十分有利的竞争优势地位。

产品质量是指产品的有效性、耐用性和可靠程度等。产品质量与投资报酬之间存在着高度相关的关系，即高质量产品的盈利率高于低质量和一般质量的产品，但质量超过一定的限度时，顾客需求则开始递减。显然，顾客认为过高的质量，需要支付超出其质量需求的额外的价值。

产品款式也是产品差别化的一个有效工具。

(2) 服务差别化战略。这是指向目标市场提供与竞争者不同的优异服务。企业的竞争力越能体现在顾客服务水平上，市场差别化就越容易实现。如果企业把服务要素融入产品的支撑体系，就可以在许多领域建立“进入障碍”，因为服务差别化战略能够提高顾客总价值，保持牢固的顾客关系，从而击败竞争对手。

服务差别化战略在很多市场状况下都有用武之地，尤其在饱和的市场上。对于技术精密产品，服务差别化战略的运用更为有效。

强调服务差别化战略并没有贬低技术质量战略的重要作用。如果产品或服务中的技术占据了价值的主要部分，则技术质量战略是行之有效的。但是，竞争者之间技术差别越小，这种战略作用的空间也越小。一旦众多厂商掌握了相似的技术，技术领先就难以在市场上有所作为。

(3) 人员差别化战略。这是指通过聘用和培训比竞争者更为优秀的人员以获取差别优势。

(4) 形象差异化战略。这是指在产品的核心部分与竞争者类同的情况下塑造不同的产品形象以获取差别优势。企业或产品想要成功地塑造形象，需要具有创造性的思维和设计，需要持续不断地利用企业所能利用的所有传播工具。将具有优秀创意的标志融入某一文化的气氛，也是实现形象差别化的重要途径。

5.4.2 市场竞争战略

企业的市场竞争战略会随着时间、地点、竞争者状况、自身条件和市场环境等因素的不同而变化，然而，某些基本战略原则是不会改变的，企业领导者必须把握这些不变的基本战略以去适应变化的环境。

1. 创新制胜

创新制胜是指企业应根据市场需求不断开发出适销对路的新产品，以赢得市场竞争的胜利。现代社会的生产能力大于市场需求，众多企业为了维持生存，开发出不胜枚举的新花色、新品种、新款式投放市场，力图得到顾客青睐。顾客需求则随着收入增加和可挑选商品的增多而水涨船高，可谓日新月异、变化万千。创新是活力的源泉，企业应当加强市场调查和预测，争取最先洞察消费需求的变化，领先研制出适合消费者需求的新产品，掌握市场竞争的主动权。

2. 优质制胜

优质制胜是指企业向市场提供的产品在质量上应当优于竞争对手，以赢得市场竞争的胜利。质量是产品或服务的特色和品质的总和，决定着顾客需求的满足程度。产品质量是企业竞争力的核心，企业应从自身利益和顾客利益出发，千方百计地创造优质产品，创造名牌产品。

3. 廉价制胜

廉价制胜是指企业的同类、同档次产品应当比竞争对手的更便宜，以赢得市场竞争的胜利。市场需求是有支付能力的需求，价格是市场需求的调节器，在质量和其他条件相同或相近时，价格低廉的商品会受到顾客欢迎。价格降低虽然会使单位产品的利润降低，但是还会增加总销售量，扩大总利润。企业应在保证产品质量的前提下提高生产效率，降低生产成本和营销成本，为低价竞争奠定基础。

4. 技术制胜

技术制胜是指企业应致力于发展高新技术，实现技术领先，以赢得市场竞争的胜利。科学技术决定着企业的生产效率、产品成本、管理水平、经济效益和顾客需求的满足程度。有能力的企业和有远见的企业家都会不惜代价地研制或引进高新技术和先进设备，力争走在技术进步的前列，开发科技含量高、附加价值高的新产品，在市场竞争中占领制高点。

5. 服务制胜

服务制胜是指企业提供比竞争者更完善的售前、售中和售后服务，以赢得市场竞争的胜利。销售服务决定着产品的性能能否良好发挥和顾客需求能否得到充分满足。在其他条件相同时，谁能提供更周到的服务，谁就能赢得顾客。

6. 速度制胜

速度制胜是指企业应当以比竞争对手更快的速度推出新产品和新的营销战略，抢先占领市场，赢得市场竞争的胜利。谁对市场需求的反应快、技术开发快、新产品投放快，谁就能在一段时间内形成独家供应的局面，集中吸纳顾客购买力，迅速扩大市场，从而不但壮大了实力，还能在顾客中形成先入为主的“正宗”“正牌”形象。

7. 宣传制胜

宣传制胜是指企业应当运用广告、公共关系、人员推销和销售促进等方式大力宣传企业和产品，提高知名度和美誉度，树立良好形象，以赢得市场竞争的胜利。

第 6 章　竞争情报分析

6.1　竞争情报分析的基本概念

6.1.1　信息、知识和情报

信息是物质的一种带有普遍性的关系属性，是物质存在方式及其运动规律、特点的外在表现，是自然界、人类社会及人类思维活动中存在和发生的一切宏观和微观现象，是事物的运动状态与方式的反映。

知识是信息的一部分，是对人类社会实践经验的总结，是经人脑思维加工成为有序化的人类信息，是人的主观世界对客观世界的概括和如实反映。知识来源于信息，是对信息加工后获得的产品，人们正是通过对不同信息的获取来认识不同的事物，并由此生产出新的知识。

情报是知识的一部分，是人们为解决特定问题而被活化了的更为高级、更为实用的知识，是进入人类社会交流系统的运动着的知识。

具体地讲，信息、知识、情报三者之间的逻辑关系可以这样表示：信息>知识>情报。

在当今网络信息社会，信息已成为各行各业尤其是企业借以发展的重要支柱。而以商业信息为主要对象的“竞争情报”，对于企业保持竞争优势的作用愈来愈大。企业在剧烈而又残酷的竞争中，如果缺乏“竞争情报”的帮助，将处于盲目境地。

6.1.2　竞争情报的概念

竞争情报(Competitive Intelligence，CI)，出现于 20 世纪 50 年代，崛起在 20 世纪 80 年代，以 1986 年美国竞争情报从业者协会(Society of Competitive Intelligence Professionals，SCIP)的成立为标志，是关于竞争环境、竞争对手、竞争态势和竞争策略的信息和研究。竞争情报的获取、生产和传播是通过竞争情报系统(Competitive Intelligence System，CIS)来实现的。

而今，趋于白热化的市场竞争使得企业在其战略决策的制定和实施过程中，对于与竞争环境和竞争对手相关的各类信息给予了极大关注，这种需求促成了现代专业竞争情报活动，竞争情报逐渐成为许多发达国家信息界、工商企业界及国家政府关注的热点。

竞争情报是指对组织内、外部竞争环境，竞争对手的信息进行收集、提炼和分析，从而提供决策所需情报，为竞争战略提供支持，进而提升企业竞争优势的过程。它紧紧围绕组织的竞争需求，贯穿于竞争决策的全过程。

6.1.3 竞争情报的产生背景

竞争情报的产生、兴起日益受到人们的重视，有着重要的科技、经济、政治和社会因素，具体如下。

1. 全球经济激烈竞争

和平与发展是当代世界的主题，各国纷纷把竞争力的焦点，从战场转向市场、从军事转向经济。经济的激烈竞争，促使国际经济向区域化、集团化发展，在复杂多变的竞争环境中，作为市场竞争主体的企业，需要目标明确、针对性强、对抗性强的情报为其提供策略服务，即“竞争情报”。竞争情报在世界经济激烈竞争中应运而生，并日益成为一种重要的战略资源。

2. 海量信息的涌现

信息的“爆炸”给人类带来莫大益处，同时也带来不少弊端，造成信息“污染”。在信息污染的环境中，企业要想及时获取真正有价值的信息，如大海捞针般困难。因此，企业需要目标明确、针对性强、精炼准确的情报，这一任务只有竞争情报可以胜任。

3. 信息技术飞速发展

通信技术、计算机技术、网络技术、多媒体技术的发展，为竞争情报的发展带来了契机，大量可用于竞争情报分析的软件多已成熟，并进入商业化，利用这些技术可以监测竞争对手的技术发展动向、市场动态及其他有关情况。信息技术的飞速发展和普遍应用，使灵活调用国际、国内信息资源，建立情报分析应用系统成为可能，为竞争情报的产生提供了技术支持，促进了竞争情报的发展。

4. 竞争情报理论的发展

竞争情报理论研究是20世纪80年代以来的新课题。20世纪中叶以来，世界范围内的经济、技术的竞争愈演愈烈，随之而来的关于竞争理论的研究不断加强。世界上关于竞争理论研究有影响的首推美国哈佛大学经济学教授迈克尔·波特，他从1980年起，连续发表了三部经典性的竞争研究专著，即《竞争战略》《竞争优势》《各国的竞争优势》，在竞争领域建立了自己独特的理论体系，为竞争情报研究的出现和发展奠定了理论基础。

6.1.4　竞争情报的研究对象

竞争情报主要以企业的竞争对手、竞争环境为研究对象，并及时做出反应，制定战略决策，以提高企业的竞争优势。

1. 竞争环境

竞争环境是指竞争各方所处的自然环境和社会环境。企业的生存和发展与其所处的环境关系密切，对环境的关注、分析、研究是企业活动的重要内容。竞争环境是大范围、多角度、全方位的，一般包括内部环境和外部环境。内部环境主要有企业财务分析、市场营销分析等。外部环境既包括宏观上的政治、经济、科技、社会文化环境，也包括微观上的企业所在行业状况、竞争对手状况等环境。

2. 竞争对手

竞争对手是指在与本企业有共同目标的市场上，已有或可能有利害冲突的机构组织，可以分为直接竞争对手和潜在竞争对手。分析竞争对手的核心在于确定竞争对手及竞争过程两部分。在普遍了解竞争对手的数量和分布的基础上，准确地确立调查追踪对象至关重要。确定竞争对手的数量，应根据本企业情报工作力量的强弱而定，一般不超过五个，只需要抓住几个有代表性的强敌，深入细致地调查，即可把握全局。与此同时，潜在的竞争对手也不容忽视，主要是同行新建企业，以及不如自己、但正在赶超自己的竞争者。分析竞争对手的目的，是为了了解每个竞争对手的现状及其发展战略目标，评估其优势及竞争反应模式，从而制定出适合本单位发展的竞争战略。

3. 竞争战略研究

竞争战略是企业之间为在共同的市场上争取有利于自己的经济利益而采取的种种手段和方法，是指竞争者依据自身的实际情况、竞争环境以及竞争对手的现状及其采取的行动所制定或策划的、有利于自身发展的方案、方法或步骤。竞争战略可以从战略目标、战略步骤、战略手段等方面入手，为企业决策的制定和战略的部署提供依据，特别是当涉及诸多具体问题时，竞争情报研究更要为之提供详尽具体的数据资料，将即时服务与跟踪服务结合起来。

4. 企业自身测评

企业要取得竞争的优势，就必须认清自身的实力，进行自身测评。企业自身测评主要包括企业在市场中的地位、产品的市场占有率、产品质量、技术水平、营销策略、资金实力、人员素质等。企业要进行与对手各个项目的对比研究，从中发现各自的优势和不足，要善于运用竞争情报，结合自身情况，进行市场细分，寻找市场缝隙，确定目标市场，突出本企业产品特色与市场形象，以增强企业的竞争能力。

6.1.5 竞争情报的基本特征

竞争情报属于情报大概念的范畴，因此也具有情报的共同属性，如知识性、非物质形态、社会性、可传递性、积累性、价值性、商品性、可共享性、可重复使用性等。同时，竞争情报活动还具有一些自身的特性，具体包括以下几个方面。

(1) 目的性。竞争情报的活动有着非常明显的目的、目标和针对性，是通过对竞争对手情报的收集与分析，进行“知己知彼”的情报研究，为企业提供竞争情报服务，协助企业制定战胜竞争对手的策略、战略，使企业立于不败之地。

(2) 对抗性。竞争情报是在敌对的情况下了解对手、分析对手，目的是战胜对手。在技术经济和科技领域，剧烈的市场竞争决定了竞争情报的对抗性。

(3) 竞争性。竞争情报是市场竞争的产物，没有竞争就没有竞争情报。就竞争情报而言，首先要具有竞争力，能满足用户为市场竞争的需要。竞争情报若不具有竞争力，将失去其存在的地位。

(4) 超前性。竞争情报多供决策参考之用，决策是行动之前的活动，所以情报的提供必须在决策之前才有现实意义，过时的情报或提供情报不及时只会造成决策失误或马后炮，没有任何实际意义。

(5) 高价值性。竞争情报的搜集和分析研究需要下一番功夫，竞争情报中的智慧含量远远超过一般情报，适用性也超过一般情报，因此其价值自然就高于一般情报。

(6) 高增值性。竞争情报的高价值是高增值的反映，高增值是高价值的基础。企业能及时获得准确适用的竞争情报，并能适时合理地运用于决策，即可在竞争中获得更大利益。

(7) 谋略性。竞争情报研究在思想上要具有战略性，思维创新才能发现信息的新效用、创造出知识的新概念、产生新的管理理念，在情报收集上要具有广泛性、持续性、时序性，以产生有利于企业决策的竞争情报，这正是其谋略性的体现。

6.1.6 竞争情报与相关概念的比较

1. 竞争情报与经济间谍的区别

竞争情报在我国没有发展重视起来的一个相当重要的原因是认识上不够，错误理解竞争情报，把竞争情报当作是不合法、不正当的获取信息、资料的一种手段，误理解为间谍之说，故在此对“竞争情报”与“经济间谍”进行比较分析，以利于正确理解和全面认识“竞争情报”，并有效地利用“竞争情报”为企业竞争服务，提高企业竞争力，获得竞争优

势，避免陷入“经济间谍”的误区。

(1) 两者产生的社会背景不同。市场竞争的加剧和社会信息化、知识化的高度发展是竞争情报产生的重要社会背景。市场牵引和利益驱动既是竞争情报产生的催生剂，又是竞争情报蓬勃发展的原动力。经济间谍的产生要早于竞争情报，自从有了经济活动以来经济间谍就已经存在，工业革命后日益盛行，并逐渐发展成为一种产业。为了在风云突变的市场环境中取得竞争的胜利，在利益的驱使之下，一些企业和个人不惜铤而走险，钻法律和行业规范的空子，围绕商业秘密和技术秘密，在企业之间展开大量鲜为人知的秘密活动，不择手段地获得所需信息、情报，经济间谍应运而生。

(2) 两者的内涵有别。竞争情报活动是获取和分析公开资料的过程，即全部竞争情报活动必须是合法的、正当的，手段不正当的情报活动不属于竞争情报的范围。窃取商业秘密的经济间谍过去有，现在也有，将来仍然会有，但它属于另一种性质的情报活动(即经济间谍活动)，不能扯到竞争情报中来，也不能用竞争情报的概念去覆盖它，更不能借竞争情报之名，行侵犯他人商业秘密之实，两者的界线应该分清。否则，将会有越来越多的企业卷入诉讼纷争之中，不利于他们放手大胆地开展竞争情报工作。

(3) 两者的目的有别。竞争情报的目的是通过各种正当、合法、有效的手段和途径了解竞争对手，并获取有关竞争对手的一切情报，为企业决策提供支持，从而使企业在竞争中赶超竞争对手，保持或获得竞争优势，并最终战胜竞争对手。从最终目的来看，企业竞争情报的运作是围绕提高企业核心竞争力而展开的。或者说，竞争情报的目的是企业以最小的投入获得最大的产出或效益。从一定程度上来讲，竞争情报可能会出现一种“双赢”或“多赢”的局面，因而备受商界欢迎。经济间谍的目的除了达到以上竞争情报的目的之外，通常还会有一些不可告人的目的，如搞垮竞争对手、破坏竞争对手正常的经济活动、改变竞争对手的活动计划、获取暴利等。可以说，经济间谍只会出现“单赢”的结局，因为它是一种你死我活、非此即彼的残酷竞争。

(4) 两者达到目的的手段不一致。竞争情报工作主要通过正当的、合法的手段和方式获取竞争对手的信息。而经济间谍主要采用不正当、非法手段来获取竞争对手的信息，其情报获取和利用具有非法性，常常是钻法律和行业规范的空子，打“擦边球”，为达目的而不择手段地获取所需信息。

(5) 两者的信息来源迥异。竞争情报的信息来源十分广泛，综合国内外常用的竞争情报信息源有20种左右，分别为：报纸和专业杂志；行业协会出版物；产业研究报告；政府各管理机构对外公开的档案；政府出版物；数据库；工商企业名录；产品样本和手册；信息调查报告；企业招聘广告；企业内部各职能部门员工；经销商；供货商；行业会议；行业主管部门；展览会；客户；竞争对手；反求工程；专业调查咨询机构等。其中，前10种为公开发表的竞争情报信息源，而后10种为非公开发表的竞争情报信息源。无论哪种竞争情报信息源都可以通过正当的、合法的手段取得，如通过订购、复印、调查、分析、比较、索取、交换、数据检索等方式收集获取。通过开展竞争情报活动来提高企业的核心竞争力，战胜竞争对手，已经受到全球企业界的高度重视。经济间谍的信息源主要集中在受法律保护的非公开的商业秘密和技术秘密上。企业之间都不同程度地采取了一系列的反竞争情报措施及必要的反窃密措施来防止商业秘密和技术秘密泄露。在激烈的商战中，为了取得竞争的胜利，一些机构和个人不择手段，不惜一切代价，违反行业规范、职业道德，甚至是违反法律以获取商业秘密与技术秘密。这种不法的、不正当的竞争手段及情报获取方式给一些企业带来了巨大的损失，也破坏了正当的经济秩序和竞争秩序。

总之，我们必须认清竞争情报的范围，将竞争情报与经济间谍划清界限，只有这样才能有力地保护正当的、合法的竞争情报活动，打击不正当的、非法的经济间谍活动，维持正常的竞争秩序。

2. 竞争情报与商业秘密的区别

我国政府颁布的《反不正当竞争法》明确规定：商业秘密是指不为公众所知悉，能为权利人带来经济利益，具有实用性并经权利人采取保密措施的技术信息和经营信息。由此可以看出两者的区别包括以下两点。

(1) 竞争情报收集的信息都是公开的，为公众所知的；而商业秘密的内容是不为公众所知悉的。

(2) 竞争情报收集的信息都是持有人未加保密措施的；而商业秘密的持有人应有保密的意图，并已尽力采取合理的保密措施。

3. 竞争情报与传统市场调查的区别

竞争情报和传统市场调查都需要获取信息，但它们有许多重要的差别。传统市场调查的主要对象是顾客，而竞争情报关注的范围要广泛得多，重点也有所不同。具体而言，竞争情报和传统市场调查的差别表现在调查对象、信息来源、调查方法等方面。竞争情报涉及的范围广泛，既包括顾客，也包括竞争对手及影响顾客和竞争对手的宏观环境，如经济、技术、政治等；而传统市场调查的范围比较窄，一般只关注顾客。

6.2 竞争情报的处理方法

6.2.1 竞争情报的收集方法

企业之间的竞争是一场生死存亡的经济战，如果不考虑竞争对手的情况，企业所制订

的战略计划就成为一纸空文。为了取得竞争优势，企业可能会不择手段地去获取竞争对手的情报，包括合法的、非法的、明的与暗的、合法与非法混用的等方法。收集竞争情报常见的方法如下。

(1) 委托情报机构或专业人员，深入了解竞争对手的有关情报。

(2) 从对手的员工中获取情报。

(3) 从与对手相关的人员手中获取。

(4) 收集对手的业务文件。

(5) 直接观察和分析对手的活动。

(6) 从公开出版物中获取情报。

(7) 组织和参加各种交易会、展览会、有竞争对手企业人员参加的业务会、研讨会和座谈会等。

(8) 注意广播、电视等大众媒介对竞争对手的介绍。

(9) 利用“高级乞丐”从垃圾堆中获取情报。

(10) 通过友好访问收集竞争对手的产品，并迅速拆装、化验、分析和研究。

6.2.2 竞争情报的分析方法

情报分析就是根据特定需要，广泛收集和积累有关文献资料，或是进行必要的市场调查，运用科学的研究方法，通过推理、判断、分析、综合、对比、演绎、归纳等逻辑思维过程或数学处理，进行研究并取得成果的一项工作。

竞争情报的分析直接关系情报的最终质量，影响企业的战略决策。掌握竞争情报的分析方法，提高对信息的利用本领，是企业竞争情报系统建设中非常重要的一部分。

竞争对手和企业自身的分析方法如下。

1. 定标比超

市场竞争愈演愈烈，情报对企业的前途和命运起着越来越举足轻重的作用。企业的生存和发展全凭自身的战略决策、产品质量、管理水平、成本价格、营销手段是否优于竞争对手。这就迫使企业必须关注周围的竞争环境，全面掌握市场和竞争对手的各种情报，努力发现自身的不足和缺点，不断地向竞争对手或者行业内外的一流企业学习，从而确保自己在市场竞争中的有利地位，争取赢得并保持自己的竞争优势，而定标比超正是这样一种重要且有效的竞争情报分析方法。

定标比超方法能很好地为企业树立自己的前进目标与方向，从而不断向最先进的企业靠拢，并最终走向成功之路。将任何本企业业务活动与从事该项活动的最佳者进行比较，从而提出行动方案以弥补自身的不足。

2. 价值链分析

竞争者价值链之间的差异是竞争优势的一个关键来源。分析竞争对手的价值链，就是分析竞争对手的整个商业运作活动，从中形成一个对竞争对手的整体性了解，测算出竞争对手的成本，了解其竞争优势，从而制定相应的竞争战略以战胜对手。

3. 核心竞争力分析

核心竞争力分析的目的是确定竞争对手独具特色的某项价值链活动，这既能为竞争对手创造价值，又是可持续竞争优势的源泉。核心竞争力的形成有两种途径：一种是通过掌握核心技术实现；另一种是通过优化企业的业务流程实现。因此，核心竞争力的分析就是要找到企业的核心技术或优秀的业务流程。

4. SWOT 分析

SWOT 分析法是企业竞争情报工作中最基本、最有效且简明的分析方法，是竞争情报工作人员必须掌握的方法。不管是对企业本身或是对竞争对手的分析，SWOT 分析法都能较客观地展现一种现实的竞争态势，在此基础上，指导企业竞争战略的制定、执行和检验，且对总的态势有所了解后，才有利于运用各种其他分析方法对竞争对手和企业本身进行更好的分析与规划。

5. PEST 分析

PEST 分析，即从政治(Politics)(法律)、经济(Economic)、社会(Society)和技术(Technology)的角度分析环境变化对本企业的影响。随着经济、社会、科技等诸多方面的迅速发展，特别是世界经济全球化、一体化过程的加快，全球信息网络的建立和消费需求的多样化，企业所处的环境更为开放和动荡，这种变化几乎对所有企业都产生了深刻的影响。正因为如此，环境分析才成为一种日益重要的企业职能。

6. 五力模型

行业内竞争者的均衡程度、增长速度、固定成本比例、本行业产品或服务的差异化程度、退出壁垒等，决定了一个行业内的竞争激烈程度。

7. 专利分析

专利是竞争情报最重要的信息源之一，专利分析自然也就成为竞争情报中信息分析的一部分。随着全球竞争的激化，知识产权的保护日益严密，跟踪、研究、分析竞争对手的专利发明，已成为获得超越竞争对手优势的一个重要手段。

8. 财务分析

财务分析法是通过各种方法收集研究对象的财务报表，分析其经营状况、融资渠道以及投资方向等情报。财务情报的收集有一定的难度，但也有一些独特的方式，如政府有关部门、行业协会、市场调查公司、各种文献、上市公司年度报告以及新闻报道等。利用财务分析能够对竞争对手的经营状况及资金流向与数量等进行有效跟踪。

6.2.3 企业竞争情报实施的一般流程

企业竞争情报实施的一般流程如下。

(1) 企业需求评估：提出明确的问题和信息需求，确定竞争情报活动的目的。

(2) 需求提问：根据企业需求评估的结果，提出需要解决的具体问题。

(3) 制定信息收集策略：列出组织内外现有资源的分布，并找出差距，确定信息收集的方法、手段和目标，提高资源利用效率。

(4) 信息收集：情报人员或团队从公开信息源和非公开信息源收集有关的原始信息。

(5) 信息处理与存储：信息的加工、整理、组织、存储。即对原始信息进行加工，并且按照统一的数据结构进行格式转换，以保证其准确性和完整性，并对信息进行有序化处理。

(6) 信息分析与评估：包括对信息的解释与分析、组织与综合，并对信息的质与量、准确率、可信度等进行评估。如果判定收集到的信息不足，则重复信息收集步骤，否则转入下一步工作。

(7) 情报产品的形成：情报人员以原始信息为基础，综合应用竞争分析方法和信息分析方法，结合分析人员的经验和知识，形成分析报告。

(8) 情报产品的提交：情报分析人员将分析报告提交给决策机构用以辅助决策，此步骤为情报传播过程。

(9) 竞争情报的实施：即情报应用过程。在竞争情报的参与影响下进一步优化决策活动。

(10) 情报实效评价：竞争情报活动效果评价及反馈。

6.3 竞争情报系统

6.3.1 竞争情报系统的概念

竞争情报工作就是建立一个情报系统，帮助管理者评估竞争对手，以提高竞争的效率和效益。竞争情报系统(competitive intelligence system，CIS)亦称战略信息系统，是面向企业竞争发展需要的新一代信息系统。它是从企业竞争战略的高度出发，通过充分开发和有效利用企业内外的信息资源来提高企业竞争实力的信息系统，是运用现代技术支持为企业获得或维持竞争优势的信息系统。它能够对企业内部和外部竞争环境因素、事件的状态、变化的数据信息进行收集、存储、处理和分析，并以适当的形式将分析结果(即情报信息)发布给战略管理人员的计算机系统，简称为基于计算机信息管理的竞争情报系统。

6.3.2 竞争情报系统的功能和作用

竞争情报系统是企业为了竞争制胜的需要而设置的竞争情报收集、加工、存储、分析、研究、管理和保障等因素相互联系的完整集合。竞争情报系统是企业决策信息的仓库，是企业高层领导者制定战略决策的重要参谋部。具体来说，竞争情报系统的基本功能如下。

1. 竞争环境监视

企业面临的市场环境复杂多变，影响因素也越来越多、越来越复杂。企业要想生存下去，就必须全面、准确地了解与本企业、本行业有关的环境信息。只有适应竞争环境的变化、及时获取行业相关的情报信息并及时做出正确的反应，制定正确的企业战略方案，企业才能求得生存和发展。竞争情报系统可以帮助企业了解所处的行业竞争环境，及时跟踪、分析情报信息，降低不良竞争环境对企业未来发展的影响。

2. 市场预警

企业在发展过程中，需要不断地分析市场状况，掌握市场变化，扩大市场份额，提高产品的销售规模，做好产品的市场推广及营销活动，注重消费者对产品的反馈信息，找出产品及服务的优缺点，及时调整产品的质量和服务，以确定下一步发展战略。竞争情报系统就是企业的智囊，起到市场的导向作用，商品营销的警示作用，及做出战略决策的参谋作用。对于企业来说，市场中的任何变化都可能对企业的利益乃至生存产生重大影响。企业必须能够利用竞争情报系统及早发现预警信号，及早做出相对应的措施，避开威胁，寻求新的发展机遇。

3. 竞争对手分析

分析竞争对手的目的，是要了解竞争对手的策略和战略目标，正确地评估竞争对手的优势与劣势，在充分分析的基础上制定出本企业的竞争战略。竞争情报的重点分析内容是要充分了解竞争对手。

4. 策略制定

有效的竞争策略是企业获得和维持竞争优势的先决条件，企业管理者在做出战略决策

时，必须掌握充分的市场情报信息。竞争情报系统可以为决策提供准确的情报支持。

5. 客户分析

企业间产品差异性越来越小，竞争对手越来越多，而客户的要求也千变万化。因此，企业如何建立核心优势，关注顾客需要，建立完善的顾客服务体系，赢得市场回报，已经成为必需。现代企业竞争情报系统可以：①进行客户行为分析，及时发现企业客户的行为规律，并对其行为规律进行分析；②进行重点客户发现，包括开发新客户和保留老客户。利用企业竞争情报系统对客户行为进行分析，能够帮助营销部门完善其决策的精确性，帮助企业准确地制定市场策略和市场活动。

6. 信息安全

竞争情报是一把“双刃剑”，企业可以利用竞争情报技术来分析竞争对手，但同时竞争对手也可以用它来分析研究企业。企业既要利用竞争情报技术通过合法的行为来获取其他企业的商业情报信息，但同时也要慎重地保护本企业的商业机密，防止其他企业窃取本企业的核心机密。竞争情报系统监控了企业相关的各类情报，能够快速发现情报泄露等异常情况，利用反竞争情报技术可以有效地协助企业保护自己的情报信息。

7. 决策支持

通过对竞争环境持续、系统地监测各种竞争性情报，鉴别并捕捉机遇，协助企业管理层利用机遇做出适当的决策。企业不仅要规避环境中的各种风险，而且要利用企业环境变化提供的各种机会，促进企业的生存与发展。

第 7 章　模拟企业概况

在模拟实战之前，大家首先需要了解我们将接手或即将创建的是一个怎样的企业，自己在企业中担当什么样的职位，负有怎样的责任，企业所属行业及企业的内外部环境等情况。本章将对这些问题进行说明，对模拟企业的基本情况做简要介绍。

7.1　模拟企业简介

该企业是一个典型的离散制造型企业，专注于某行业 P 系列产品的生产与经营。

7.1.1　企业的财务状况

所谓财务状况，是指企业资产、负债、所有者权益的构成情况及其相互关系。企业的财务状况由企业对外提供的主要财务报告——资产负债表来表述。资产负债表是根据资产、负债和所有者权益之间的相互关系，即“资产=负债+所有者权益”的恒等关系，按照一定的分类标准和一定的次序，把企业特定日期的资产、负债、所有者权益三项会计要素所属项目予以适当排列，并对日常会计工作中形成的会计数据进行加工、整理后编制而成的。其主要目的是为了反映企业在某一特定日期的财务状况。通过资产负债表，我们可以了解企业所掌握的经济资源及其分布情况；了解企业的资本结构；分析、评价、预测企业的短期偿债能力和长期偿债能力；正确评估企业的经营业绩。

在“ERP 沙盘模拟”课程中，根据课程设计所涉及的业务对资产负债表中的项目进行适当的简化，形成如表 7-1 所示的简易结构。

表 7-1　简易资产负债表　　　　编报单位：百万元

资　产	期 末 数	负债和所有者权益	期 末 数
流动资产：		负债：	
现金	20	长期负债	40
应收款	15	短期负债	
在制品	8	应付账款	
成品	6	应交税金	1
原料	3	一年内到期的长期负债	
流动资产合计	52	负债合计	41

续表

资　产	期 末 数	负债和所有者权益	期 末 数
固定资产：		所有者权益：	
土地和建筑	40	股东资本	50
机器与设备	13	利润留存	11
在建工程		年度净利	3
固定资产合计	53	所有者权益合计	64
资产总计	105	负债和所有者权益总计	105

7.1.2 企业的经营成果

企业在一定期间的经营成果表现为企业在该期间所取得的利润，它是企业经济效益的综合体现，由利润表(又称损益表或收益表)来表述。利润表是用来反映收入与费用相抵后确定的企业经营成果的会计报表。利润表的项目主要分为收入和费用两大类。

在“ERP 沙盘模拟”课程中，根据课程设计中所涉及的业务对利润表中的项目进行适当的简化，形成如表 7-2 所示的简易结构。

表 7-2　利润表　　　编报单位：百万元

项　目	本 期 数	对应利润表的项目
销售收入		主营业务收入
直接成本		主营业务成本
毛利		主营业务利润
综合费用		营业费用、管理费用
折旧前利润		
折旧		利润表中的管理费用、营业费用及主营业务成本已含折旧，这里折旧单独列示
支付利息前利润		营业利润
财务收入/支出		财务费用
其他收入/支出		营业外收入/支出
税前利润		利润总额
所得税		所得税
净利润		净利润

7.2 企业管理机构设置与分工

企业经营管理涉及企业的战略制定与执行、市场营销、采购与生产管理、财务管理等多项内容。在企业中，这些职能是由不同的业务部门履行的，企业的经营管理过程也是各职能部门协同工作、共同努力实现企业目标的过程。

创建之初，任何一个企业都要建立与其企业类型相适合的组织机构。组织机构是保证企业正常运转的基本条件。在“ERP 沙盘模拟”课程中，采用了简化企业组织机构的方式，使企业组织由几个主要角色代表：企业首席执行官、营销总监、生产总监、采购总监、财务总监。考虑到企业业务职能部门的划分，可以把教学对象按 5～6 人分为一组，组成一个企业，每个人扮演不同的角色。下面对每个角色的岗位职责做简单描述，以便于受训者根据自身情况来选择扮演相应角色。

1. 首席执行官

企业所有的重要决策均由首席执行官带领团队成员共同决定，如果大家意见相左，由首席执行官拍板决定。

2. 营销总监

企业的利润是由销售收入带来的，销售实现是企业生存和发展的关键，营销总监在企业中的地位不言自明。营销总监所担负的责任是：开拓市场，实现销售。

(1) 开拓市场。作为一个民营企业，最初大都在其所在地注册企业并开始运营，经过几年的经营后，基本可以在本地市场上站稳脚跟。在全球市场广泛开放之时，一方面要稳定企业现有市场，另一方面要积极拓展新市场，只有争取更大的市场空间，才能力求在销售量上实现增长。

(2) 实现销售。销售和收款是企业的主要经营业务之一，也是企业联系客户的门户。为此，销售主管应结合市场预测及客户需求制订销售计划，有选择地进行广告投放，取得与企业生产能力相匹配的客户订单，与生产部门做好沟通，保证按时交货给客户，监督货款的回收，进行客户关系管理。

营销总监还可以兼任商业间谍的角色，因为他最方便监控竞争对手的情况，如对手正在开拓哪些市场？未涉足哪些市场？他们在销售上取得了多大的成功？他们拥有哪类生产线？生产能力如何？充分了解市场，明确竞争对手的动向有利于今后的竞争与合作。

3. 生产总监

生产总监是企业生产部门的核心人物，对企业的一切生产活动进行管理，并对企业的一切生产活动及产品负最终的责任。生产总监既是计划的制订者和决策者，又是生产过程的监控者，对企业目标的实现负有重大责任。他的工作是通过计划、组织、指挥和控制等手段实现企业资源的优化配置，创造最大经济效益。

生产管理的范畴主要包括：负责公司生产、安全、仓储、保卫及现场管理方面的工作，协调完成生产计划，维持生产低成本稳定运行，并处理好有关的外部工作关系；生产计划的制订落实及生产和能源的调度控制，保持生产正常运行，及时交货；组织新产品研发，扩充并改进生产设备，不断降低生产成本；做好生产车间的现场管理，保证安全生产；协调处理好有关外部工作关系。

4. 采购总监

采购是企业生产的首要环节。采购总监负责编制并实施采购供应计划，分析各种物资供应渠道及市场供求变化情况，力求从价格上、质量上把好第一关，确保在合适的时间点、采购合适品种及数量的物资，为企业生产做好后勤保障。

5. 财务总监

在企业中，财务与会计的职能常常是分离的，它们有着不同的目标和工作内容。会计主要负责日常现金的收支管理，定期核查企业的经营状况，核算企业的经营成果，制订预算及对成本数据的分类和分析。财务的职责主要是负责资金的筹集、管理；做好现金预算，管好、用好资金。在这里，我们将其职能归并到财务总监，其主要任务是管好现金流，按需求支付各项费用、核算成本，按时报送财务报表并做好财务分析；进行现金预算、采用经济有效的方式筹集资金，将资金成本控制到较低水平。

组建好企业管理团队后，企业管理团队将领导公司未来的发展，在变化的市场中进行开拓，应对激烈的竞争。企业能否顺利运营下去取决于管理团队的正确决策能力。每个团队成员都应尽可能地在做出决策时利用自己的知识和经验，不要因匆忙行动而陷入混乱。

提示：

- 如果教学班级人数较多，在指定了首席执行官、营销总监、生产总监、采购总监、财务总监之后，还可以考虑分配财务助理、内审员等角色。
- 对于有实践经验的受训者来说，可以选择与实际任职不同的职位，以体验换位思考。

另外，在课程进行的不同阶段，也可以互换角色，以熟悉不同职位的工作及流程。

7.3 选择战略

在“ERP 沙盘模拟”课程中，企业管理层通过各种渠道获得一定时期有关产品、价格、市场发展情况的预测资料，结合企业现有资源情况进行战略选择。在此举几个例子。

(1) 我们想成为什么样的公司？规模(大公司或小公司)，生产产品(多品种或少品种)，市场开拓(许多市场或少量市场)，努力成为市场领导者还是市场追随者？为什么？

(2) 我们倾向于何种产品？何种市场？企业竞争的前提是资源有限，在很多情况下，放弃比不计代价地掠取更明智，因此需要管理者做出决定：有限的资源是在重点市场、重点产品投放呢？还是全面铺开？

(3) 我们计划怎样拓展生产设施？有四种生产设施可供企业选择，每种生产设施的购置价格、生产能力、灵活性等属性各不相同。企业目前生产设施陈旧落后，若想提高生产能力，必须考虑更新设备。图 7-1 对四种可选设备进行了比较分析。

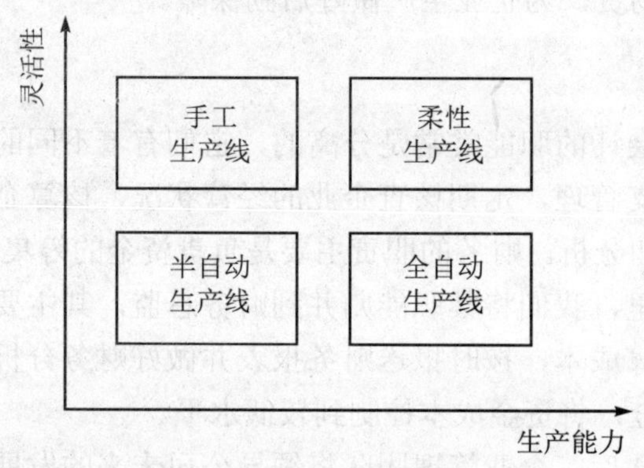

图 7-1 四种可选生产设备比较

(4) 企业计划采用怎样的融资策略？资金是企业运营的基础。企业融资方式是多种多样的：发行股票、发行债券、银行借款、应收账款贴现等。每种融资方式的特点及适用性都有所不同，企业在制订战略时应结合企业的发展规划，做好融资规划，以保证企业的正常运营，控制资金成本。

企业战略不是一成不变的，而是根据企业内外部环境的变化和竞争对手的发展情况动态地不断调整的。每一年经营下来，都要检验企业战略的实战性，并且根据以后年度的市场趋势预测，结合公司自身优势和劣势，调整既定战略。

第 8 章　模拟竞争规则

企业是社会经济的基本单位，企业的发展要受自身条件和外部环境的制约。企业的生存与企业间的竞争不仅要遵守国家的各项法规及行政管理的规定，还要遵守行业内的各种约定。在开始模拟竞争之前，管理层必须了解并熟悉这些规则，只有做到合法经营，才能在竞争中求生存、求发展。

8.1　企业经营的本质

企业是指从事商品生产、流通和服务等活动，为满足社会需要和盈利，进行自主经营、自负盈亏，具有法人资格的经济组织。

经营是指企业以市场为对象，以商品生产和商品交换为手段，为了实现企业的目标，使企业的投资、生产、销售等经济活动与企业的外部环境保持动态均衡的一系列有组织的活动。

企业是一个以营利为目的的组织。企业管理的目标可概括为生存、发展、盈利。

8.1.1　企业生存

企业在市场上生存下来的基本条件：一是以收抵支，二是到期还债。这从另一个角度告诉我们，如果企业出现以下两种情况，就将宣告破产。

1. 资不抵债

当企业所取得的收入不足以弥补其支出，导致所有者权益为负时，企业就会破产。

2. 现金断流

如果企业的负债到期，无力偿还，债权人则会来敲门，企业就会破产。

在模拟经营中一旦破产条件成立，就需要请指导教师裁夺。一般可能有三种处理方式：①如果企业盘面能让股东/债权人看到一线希望，股东可能增资，债权人可能债转股；②企业联合或兼并；③破产清算。

请各位小心，求发展的前提是求生存，一路走好！

8.1.2 企业盈利

企业经营的本质是股东权益最大化，即盈利。而从利润表中的利润构成中不难看出：盈利的主要途径一是扩大销售(开源)，二是控制成本(节流)。

1. 扩大销售

利润主要来自于销售收入，而销售收入由销售数量和产品单价两个因素决定。提高销售数量的方式有①扩张现有市场，开拓新市场；②研发新产品；③扩建或改造生产设施，提高产能；④合理加大广告投放力度，进行品牌宣传。

提高产品单价受很多因素的制约，但企业可以选择单价较高的产品进行生产。

2. 控制成本

产品成本分为直接成本和间接成本。

(1) 降低直接成本。直接成本主要包括构成产品的原料费和人工费。在“ERP 沙盘模拟”课程中，原料费由产品的物料清单结构决定，在不考虑替代材料的情况下没有降低的空间；用不同生产线生产同一产品的加工费也是相同的，因此在“ERP 沙盘模拟”课程中，产品的直接成本是固定的。

(2) 降低间接成本。从节约成本的角度，我们不妨把间接成本区分为投资性支出和费用性支出两类。投资性支出包括购买厂房、投资新的生产线等，这些支出是为了扩大企业的生产能力而必须发生的。费用性支出包括营销广告、贷款利息等，这些支出通过有效筹划是可以节约一部分的。

8.2 市 场 规 则

企业的生存和发展离不开市场这个大环境。谁赢得了市场，谁就赢得了竞争。市场是瞬息万变的，变化增加了竞争的对抗性和复杂性。

8.2.1 市场开发与市场准入

市场是企业进行产品营销的场所，标志着企业的销售潜力。目前，企业仅拥有本地市场，除本地市场之外，还有区域市场、国内市场、亚洲市场、国际市场有待开发。

1. 市场开发

在进入某个市场之前，企业一般需要进行市场调研、选址办公、招聘人员、做好公共关系、策划市场活动等一系列工作，而这些工作均需要消耗资源——资金及时间。由于各个市场的地理位置及地理区划不同，因此开发不同的市场所需的时间和资金投入也不同。在市场开发完成之前，企业没有进入该市场销售的权利。

开发不同市场所需的时间和资金投入如表 8-1 所示。

表 8-1 开发不同市场所需的时间和资金投入

市 场	开发费用/M	开发时间/年	说 明
区域市场	1	1	• 各市场开发可同时进行 • 资金短缺时可随时中断或终止投入 • 开发费用按开发时间平均支付，不允许加速投资 • 市场开拓完成后，领取相应的市场准入证
国内市场	2	2	
亚洲市场	3	3	
国际市场	4	4	

2. 市场准入

当某个市场开发完成后，该企业就取得了在该市场上经营的资格(取得相应的市场准入证)，此后就可以在该市场上进行广告宣传，争取客户订单了。

对于所有已进入的市场来说，如果因为资金或其他方面的原因，企业某年不准备在该市场进行广告投放，那么也必须投入 1M 的资金维持当地办事处的正常运转，否则就被视为放弃了该市场，再次进入时就需要重新开发。

8.2.2 销售会议与订单争取

销售预测和客户订单是企业生产的依据。销售预测从商业周刊得到，对所有企业而言是公开而透明的。众所周知，客户订单的获得对企业的影响是至关重要的。

1. 销售会议

每年年初，各企业会派出优秀的营销人员参加客户订货会，投入大量的资金和人力做营销策划、广告展览、公共关系、客户访问等，以使得本企业的产品能够深入人心，争取到尽可能多的订货信息。

2. 市场地位

市场地位是针对每个市场而言的。企业的市场地位根据上一年度各企业的销售额排列，销售额最高的企业称为该市场的“市场领导者”，俗称“市场老大”。

3. 广告投放

广告是分市场、分产品投放的，投入 1M 有一次选取订单的机会，以后每多投 2M 增加一次选单机会。例如，投入 7M 表示准备拿 4 张订单，但是否能有 4 次拿单的机会则取决于市场需求、竞争态势等；投入 2M 准备拿一张订单，只是比投入 1M 能优先拿到订单。

在“竞单表”中按市场、产品登记广告费用。“竞单表”如表 8-2 所示，这是第三年 A 组广告投放情况。

表 8-2　竞单表

第三年　A 组(本地)						第三年　A 组(区域)						第三年　A 组(国内)					
产品	广告	单额	数量	9K	14K	产品	广告	单额	数量	9K	14K	产品	广告	单额	数量	9K	14K
P1	1					P1						P1					
P2						P2	2					P2	3				
P3						P3						P3					
P4						P4						P4					

注意：

- 竞单表中设有 9K(代表“ISO9000”，下同)和 14K(代表“ISO14000”，下同)两栏。这两栏中的投入不是认证费用，而是取得认证之后的宣传费用，该投入对整个市场所有产品有效。
- 如果希望获得标有“ISO9000”或“ISO14000”的订单，必须在相应的栏目中投入 1M 广告费。

4. 客户订单

市场需求用客户订单卡片的形式表示，如图 8-1 所示。卡片上标注了市场、产品、产品数量、单价、订单价值总额、账期、特殊要求等要素。

第六年	亚洲市场
产　　品：	IP4-3/3
产品数量：	3 P4
产品单价：	12 M/个
总 金 额：	36 M
应收账期：	4 Q
ISO 9000	加急!!!

注：Q 表示一个季度。

图 8-1　客户订单

如果没有特别说明，普通订单可以在当年内任一季度交货。如果由于产能不够或其他原因导致本年不能交货的，企业为此应受到以下处罚。

(1) 因不守信用市场地位下降一级。

(2) 下一年该订单必须最先交货。

(3) 交货时扣除该张订单总额的 25%(取整)作为违约金。

卡片上标注有“加急!!!”字样的订单，必须在第一季度交货，延期罚款处置同上所述。因此，营销总监接单时要考虑企业的产能。当然，如果其他企业乐于合作，不排除委外加工的可能性。

注意： 如果上年“市场老大”没有按期交货，市场地位下降，则本年该市场没有“老大”。

订单上的账期代表客户收货时货款的交付方式。若为 0 账期，则现金付款；若为 3 账期，代表客户付给企业的是 3 个季度到期的应收账款。

如果订单上标注了“ISO9000”或“ISO14000”，那么就要求生产单位必须取得了相应认证并投放了认证的广告费，两个条件均具备，才能得到这张订单。

5. 订单争取

在每年一度的销售会议上，根据综合企业的市场地位、广告投入、市场需求及企业间的竞争态势等因素，按规定程序领取订单。客户订单是按照市场划分的，选单次序如下。

首先，由上一年该市场的市场领导者最先选择订单。

其次，按每个市场单一产品广告投入量，其他企业依次选择订单；如果单一产品广告投放相同，则比较该市场两者的广告总投入；如果该市场两者的广告总投入也相同，则根据上一年市场地位决定选单次序；若上一年两者的市场地位相同；则采用非公开招标方式，由双方提出具有竞争力的竞单条件，由客户选择。

注意： 无论企业投入多少广告费，每次该企业只能选择 1 张订单，然后等待下一次选单机会。

8.3　企业运营规则

现实生活中，企业需要遵循分门别类、名目繁多的各项法律法规。举例来讲，仅财务中的税收一项，就包括增值税、所得税及其他税。其内容之多，要另写一本《税务会计》才能列全。在“ERP 沙盘模拟”课程中，不可能逐项细节面面俱到，只能采取相对简化的方式，抓大放小，做到简单而有效地教学。本着简化的原则，我们将企业运营需要遵守的各项规定分为六个方面进行阐述。

8.3.1　厂房购买、出售与租赁

企业目前拥有自主厂房——大厂房，价值 40M。另有小厂房可供选择使用，有关各厂房购买、租赁、出售的相关信息如表 8-3 所示。

表 8-3　厂房购买、出售与租赁

厂　房	买　价	租金/年	售　价	容　量
大厂房	40M	5M	40M	6 条生产线
小厂房	30M	3M	30M	4 条生产线

提示：

- 厂房可随时按购买价值出售，得到的是 4 个账期的应收账款。
- 厂房不提折旧。

8.3.2　生产线购买、转产与维修、出售

企业目前有三条手工生产线和一条半自动生产线，另外可供选择的生产线还有全自动生产线和柔性生产线。不同类型生产线的主要区别在于生产效率和灵活性。生产效率是指单位时间生产产品的数量。灵活性是指转产生产新产品时设备调整的难易性。有关生产线购买、转产与维修、出售的相关信息如表 8-4 所示。

表 8-4　生产线购买、转产与维修、出售

生产线类型	购买价格	安装周期	生产周期	转产周期	转产费用	维修费/年	残　值
手工生产线	5M	无	3Q	无	无	1M	1M
半自动生产线	8M	2Q	2Q	1Q	1M	1M	2M
全自动生产线	16M	4Q	1Q	2Q	4M	1M	4M
柔性生产线	24M	4Q	1Q	无	无	1M	6M

说明：

- 所有生产线可以生产所有产品。
- 投资新生产线时按照安装周期平均支付投资，全部投资到位后的下一周期可以领取产品标识，开始生产。资金短缺时，任何时候都可以中断投资。
- 生产线转产是指生产线转产生产其他产品，如半自动生产线原来生产 P1 产品，如

果转产 P2 产品，需要改装生产线，因此需要停工一个周期，并支付 1M 改装费用。

- 当年投资的生产线价值计入在建工程，当年不提折旧，从下一年按余额递减法——设备原值-残值的 1/4(取整)计提折旧。设备价值小于等于残值时，不计提折旧。
- 当年已售出的生产线不用支付维修费。
- 出售生产线时，如果该生产线净值<残值，将生产线净值直接转到现金库中；如果该生产线净值>残值，从生产线净值中取出等同于残值的部分置于现金库，将差额部分置于综合费用的其他项。

8.3.3　产品生产

产品研发完成后，可以接单生产。生产不同的产品需要的原料不同，各种产品所用到的原料及数量如图 8-2 所示。

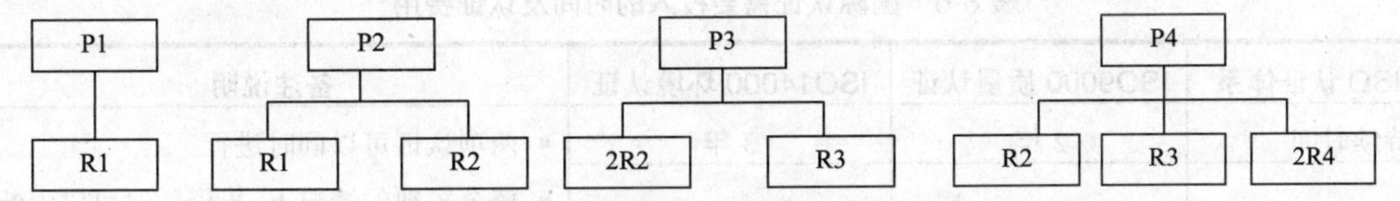

图 8-2　P 系列产品的物料清单结构

每条生产线同时只能有一个产品在线。产品上线时需要支付加工费，不同生产线的生产效率不同，但需要支付的加工费是相同的，均为 1M。

8.3.4　原材料采购

原料采购涉及两个环节：签订采购合同和按合同收料。签订采购合同时要注意采购提前期。R1、R2 原料需要一个季度的采购提前期；R3、R4 原料需要两个季度的采购提前期。货物到达企业时，必须照单全收，并按规定支付原料费或计入应付账款。

8.3.5　产品研发与国际认证体系

企业目前可以生产并销售 P1 产品。根据预测，另有技术含量依次递增的 P2、P3、P4 三种产品有待进一步开发。

1. 产品研发

不同技术含量的产品，需要投入的研发时间和研发费用是有区别的，如表 8-5 所示。

表 8-5　产品研发需要投入的研发时间和研发费用

产　品	P2	P3	P4	备注说明
研发时间	5Q	5Q	5Q	• 各产品可同步研发；按研发周期平均支付研发投资；资金不足时可随时中断或终止；全部投资完成的下一周期方可开始生产 • 某产品研发投入完成后，可领取产品生产资格证
研发费用	5M	10M	15M	

2. ISO 认证

随着中国加入 WTO，客户的质量意识及环境意识越来越清晰。经过一定时间的市场孕育，这些潜在信息最终会反映在客户订单中。企业要进行 ISO 认证，需要经过一段时间并花费一定费用，如表 8-6 所示。

表 8-6　国际认证需要投入的时间及认证费用

ISO 认证体系	ISO9000 质量认证	ISO14000 环境认证	备注说明
持续时间	2 年	3 年	• 两项认证可以同时进行 • 资金短缺的情况下，投资随时可以中断 • 认证完成后可以领取相应的ISO资格证
认证费用	2M	3M	

8.3.6　融资贷款与贴现

资金是企业的血液，是企业任何经营管理活动的支撑。在"ERP 沙盘模拟"课程中，企业尚未上市，因此其融资渠道只能是银行借款(长期贷款、短期贷款)、高利贷和应收账款贴现。下面对比一下这几种融资方式如表 8-7 所示。

表 8-7　企业可能的各项融资手段及财务费用对比

融资方式	规定贷款时间	最高限额	财务费用	还款约定
长期贷款	每年年末	上年所有者权益×2–已贷长期贷款	10%	年底付息，到期还本
短期贷款	每季度初	上年所有者权益×2–已贷短期贷款	5%	到期一次还本付息
高利贷	任何时间	与银行协商	20%	到期一次还本付息
应收账款贴现	任何时间	根据应收账款额度按 1：6 的比例	1/7	贴现时付息

提示：

- 无论长期贷款、短期贷款还是高利贷均以 20M 为基本贷款单位。长期贷款最长期限为 5 年，短期贷款及高利贷期限为一年，不足一年的按一年计息，贷款到期后返还。
- 应收账款贴现随时可以进行，金额必须是 7 的倍数，不考虑应收账款的账期，每 7M 的应收款缴纳 1M 的贴现费用，其余 6M 作为现金放入现金库。

第9章 ERP物理沙盘实战

9.1 初始状态设定

从资产负债表和利润表两张主要的财务报表中，虽然可以了解企业的财务状况及经营成果，但不能得到更为细节的内容，如长期借款何时到期，应收账款何时回笼等。为了让大家有一个公平的竞争环境，需要统一设定模拟企业的初始状态。

下面按照资产负债表上各项目的排列顺序将企业资源分布状况复原到沙盘上，复原的过程中最好请各个角色各司其职，从熟悉本岗工作开始。

9.1.1 流动资产52M

流动资产包括现金、应收账款、存货等，其中存货又细分为在制品、成品和原料。

1. 现金20M

由财务总监拿出一满桶灰币(共计20M)，放置于现金库位置。

2. 应收账款15M

为获得尽可能多的客户，企业一般采用赊销策略，即允许客户在一定期限内交清货款而不是货到即付款。应收账款是分账期的，由财务总监取一个空桶，装15个灰币，置于应收账款3账期的位置。

提示： 账期的单位为季度。离现金库最近的为1账期，最远的为4账期。

3. 在制品8M

在制品是指处于加工过程中，尚未完工入库的产品。大厂房中有三条手工生产线、一条半自动生产线，每条生产线上各有一个P1产品。手工生产线有三个生产周期，靠近原料库的为第一周期，三条手工生产线上的三个P1在制品分别位于第一、二、三周期。半自动生产线有两个生产周期，P1在制品位于第一周期。

每个P1产品成本由两部分构成：R1原料费1M和人工费1M，取一个空桶放置一个R1原料(红色彩币)和一个人工费(灰币)构成一个P1产品，由生产总监、采购总监与财务总监配合制作四个P1在制品并摆放到生产线上的相应位置。

4. 成品 6M

P1 成品库中有 3 个成品，每个成品同样由一个 R1 原料费 1M 和人工费 1M 构成，由生产总监、采购总监与财务总监配合制作三个 P1 成品并摆放到 P1 的成品库中。

5. 原料 3M

R1 原料库中有三个原料，每个价值 1M，由采购总监取三个空桶，每个空桶中分别放置一个 R1 原料，并摆放到 R1 原料库。

除以上需要明确表示的价值之外，还有已向供应商发出的采购订货，预定 R1 原料两个，采购总监需要将两个空桶放置到 R1 原料订单处。

9.1.2 固定资产 53M

固定资产包括土地及厂房、生产设施等。

1. 大厂房 40M

企业拥有自主厂房——大厂房，价值 40M，由财务总监将等值资金用桶装好放置于大厂房价值处。

2. 设备价值 13M

企业创办三年来，已购置了三条手工生产线和一条半自动生产线，扣除折旧，目前手工生产线账面价值为 3M，半自动生产线账面价值为 4M，由财务总监取四个空桶，分别置入 3M、3M、3M、4M，并分别放置于生产线下方的“生产线净值”处。

9.1.3 负债 41M

负债包括短期负债(本企业未涉及)、长期负债及各项应付款。

1. 长期负债 40M

企业有 40M 长期借款，分别于长期借款第四年和第五年到期。我们约定每个空桶代表 20M，由财务总监将两个空桶分别置于第四年和第五年的位置。

提示：

- 对长期借款来说，沙盘上的纵列代表年度，离现金库最近的为第一年，以此类推。对短期借款来说，沙盘上的纵列代表季度，离现金库最近的为第一季度。
- 如果以高利贷方式融资，可用倒置的空桶表示，于短期借款处放置。

2. 各项应付款(应付税 1M)

企业上一年税前利润 4M，按规定需缴纳 1M 税金。税金是下一年度缴纳，此时没有对应操作。

至此，企业初始状态设定完成。

现在，想必大家都在跃跃欲试。先别急，在了解企业运营规则之后，还需要熟悉企业的内部流程。然后，再放手一搏，一决胜负吧。

9.2 起 始 年

新管理层接手企业，需要有一个适应阶段，在这个阶段，需要与原有管理层交接工作，熟悉企业的工作流程。因此，在“ERP 沙盘模拟”课程中，设计了起始年。

9.2.1 起始年的作用

企业选定接班人之后，原有管理层总要“扶上马，送一程”的，因此在起始年里，新任管理层仍受制于老领导，企业的决策仍由老领导定夺，新管理层只能执行。这样做的主要目的是团队磨合、进一步熟悉规则，明晰企业的运营过程。

由于起始年的决策仍取决于原有管理层，因此继续保守经营，不投资新产品研发，不购置固定资产，不尝试新的融资，只是维持原有的生产规模，第一、二季度各订购两批 R1 原料，第三、四季度各订购一批 R1 原料。

9.2.2 企业运营流程

企业运营流程代表了企业简化的工作流程，也是企业竞争模拟中各项工作需要遵守的执行顺序。分为年初 4 项工作、按季度执行的 19 项工作和年末需要做的 6 项工作。执行企业运营流程时由 CEO(首席执行官)主持，团队成员各司其职，有条不紊，每执行完一项任务，CEO 就要在方格中打钩作为完成标志。

“现金”是企业的血液。伴随着企业各项活动的进行，会发生现金的流动。为了清晰记录现金的流入和流出，我们在企业运营流程中设置了现金收支明细登记。当 CEO 带领大家每执行一项任务时，如果涉及现金收付，财务总监在收付现金的同时，要相应地在方格内登记现金收支情况。

提示： 执行企业运营流程时，必须按照自上而下、由左至右的顺序严格执行。

1. 每年初的 4 项工作

(1) 新年度规划会议。新的一年开始之际，企业管理团队要制定(调整)企业战略，做出经营规划、设备投资规划、营销策划方案等。具体来讲，企业需要进行销售预算和可承诺量的计算。

常言道："预则立，不预则废。"预算是企业经营决策和长期投资决策目标的一种数量表现，即通过有关的数据将企业全部经济活动的各项目标具体地、系统地反映出来。销售预算是编制预算的关键和起点，主要是对本年度要达成的销售目标的预测。销售预算的内容是销售数量、单价和销售收入等。

ATP(可接单量)的计算：参加订货会之前，需要计算企业的可接单量。企业可接单量主要取决于现有库存和生产能力，因此产能计算的准确性直接影响到销售交付。

(2) 参加订货会/登记销售订单。

① 参加订货会。各企业派营销总监参加销售会议，按照市场地位、广告投放、竞争态势、市场需求等条件分配客户订单。

提示： 争取客户订单前，应以企业的产能、设备投资计划等为依据，避免接单不足，设备闲置；或者盲目接单，无法按时交货，从而导致企业信誉降低。

② 登记销售订单。客户订单相当于与企业签订的订货合同，需要进行登记管理。营销总监领取订单后，负责将订单登记在"订单登记表"中，记录每张订单的订单号、所属市场、所订产品、产品数量、订单销售额、应收账期；将广告费放置在沙盘上的"广告费"位置，由财务总监记录支出的广告费。

(3) 制订新年度计划。在明确今年的销售任务后，需要以销售为龙头，结合企业对未来的预期，编制生产计划、采购计划、设备投资计划并进行相应的资金预算。将企业的供产销活动有机地结合起来，使企业各部门的工作形成一个有机的整体。

(4) 支付应付税。依法纳税是每个企业及公民的义务。由财务总监按照上一年度利润表的"所得税"一项的数值取出相应的现金放置于沙盘上的"税金"处并做好现金收支记录。

2. 每季度的 19 项工作

(1) 季初现金盘点(请填余额)。财务总监盘点目前现金库中的现金，并记录现金余额。

(2) 更新短期贷款/还本付息/申请短期贷款。

① 更新短期贷款。如果企业有短期贷款，那么由财务总监将空桶向现金库方向移动一格。移至现金库时，表示短期贷款到期。

② 还本付息。短期贷款的还款规则是利随本清。短期贷款到期时，每桶需要支付20M×5%=1M的利息，因此本金与利息共计21M。由财务总监从现金库中取现金，其中20M还给银行，1M放置于沙盘上的“利息”处并做好现金收支记录。

③ 申请短期贷款。短期贷款只有在这一时点上可以申请。能够申请的最高额度=上一年所有者权益×2−(已有短期贷款+一年内到期的长期负债)。

提示： 企业随时可以向银行申请高利贷，高利贷贷款额度视企业当时的具体情况而定。如果贷了高利贷，可以用倒置的空桶表示，并与短期借款同样管理。

(3) 更新应付款/归还应付款。由财务总监将应付款向现金库方向推进一格。到达现金库时，从现金库中取现金付清应付款并做好现金收支记录。

(4) 原材料入库/更新原料订单。供应商发出的订货已运抵企业时，企业必须无条件接受货物并支付料款。由采购总监将原料订单区中的空桶向原料库方向推进一格，到达原料库时，向财务总监申请原料款，支付给供应商，换取相应的原料。如果现金支付，财务总监要做好现金收支记录。如果启用应付账款，在沙盘上做相应标记。

(5) 下原料订单。采购总监根据年初制订的采购计划，决定采购的原料品种及数量，每个空桶代表一批原料，将相应数量的空桶放置于对应品种的原料订单处。

(6) 更新生产/完工入库。由运营总监将各生产线上的在制品上推进一格。产品下线表示产品完工，并将产品放置于相应的产成品库。

(7) 投资新生产线/变卖生产线/生产线转产。

① 投资新生产线。投资新生产线时，运营总监向指导老师领取新生产线标识，翻转放置于某厂房相应位置，其上放置与该生产线安装周期相同的空桶数，每个季度向财务总监申请建设资金，额度=设备总购买价值/安装周期，而财务总监要做好现金收支记录。在全部投资完成后的下一季度，将生产线标识翻转过来，领取产品标识，可以开始投入使用。

② 变卖生产线。当生产线上的在制品完工后，可以变卖生产线。如果此时该生产线的净值<残值，将生产线净值直接转到现金库中；如果此时该生产线的净值>残值，从生产线净值中取出等同于残值的部分置于现金库，将差额部分置于综合费用的其他项。财务总监做好现金收支记录。

③ 生产线转产。生产线转产是指某生产线转产生产其他产品。不同生产线类型转产所需的调整时间及资金投入是不同的，请参阅8.3.2节介绍的规则。如果需要转产且该生产线需要一定的转产周期及转产费用，那么由运营总监翻转生产线标识，按季度向财务总监申请并支付转产费用，停工满足转产周期要求并支付全部的转产费用后，再次翻转生产线标识，领取新的产品标识，开始新的生产，而财务总监要做好现金收支记录。

提示：　生产线一旦建设完成，不得在各厂房间随意移动。

(8) 向其他企业购买原材料/出售原材料。新产品上线时，原料库中必须备有足够的原料，否则需要停工待料。这时采购总监可以考虑向其他企业购买。如果按原料的原值购入，购买方视同“原材料入库”处理；出售方采购总监从原料库中取出原料，向购买方收取同值现金，放入现金库并做好现金收支记录。如果高于原料价值购入，购买方将差额(支出现金−原料价值)记入利润表中的其他支出；出售方将差额记入利润表中的其他收入，而财务总监要做好现金收支记录。

(9) 开始下一批生产。当更新生产/完工入库后，某些生产线的在制品已经完工，可以考虑开始生产新产品。由运营总监按照产品结构从原料库中取出原料，并向财务总监申请产品加工费，将上线产品摆放到离原料库最近的生产周期。

(10) 更新应收款/应收款收现。财务总监将应收款向现金库方向推进一格，到达现金库时即成为现金，并做好现金收支记录。

提示：　在资金出现缺口且不具备银行贷款的情况下，可以考虑应收账款贴现。应收账款贴现随时可以进行，财务总监按 7 的倍数取应收账款，其中 1/7 作为贴现费用置于沙盘上的“贴息”处，6/7 放入现金库，并做好现金收支记录。应收账款贴现时不考虑账期因素。

(11) 出售厂房。资金不足时可以出售厂房，厂房按购买价值出售，但得到的是 4 账期应收账款。

(12) 向其他企业购买成品/出售成品。如果产能计算有误，有可能本年度不能交付客户订单，这样不仅信誉尽失，而且要接受订单总额 25%的罚款。这时营销总监可以考虑向其他企业购买产品。如果以成本价购买，买卖双方正常处理；如果高于成本价购买，购买方将差价(支付现金−产品成本)计入直接成本，出售方将差价计入销售收入，且财务总监要做好现金收支记录。

(13) 按订单交货。营销总监检查各成品库中的成品数量是否满足客户订单要求，满足则按照客户订单交付约定数量的产品给客户，并在订单登记表中登记该批产品的成本。客户按订单收货，并按订单上列明的条件支付货款，若为现金(0 账期)付款，需营销总监直接将现金置于现金库，且财务总监要做好现金收支记录；若为应收账款，需营销总监将现金置于应收账款相应账期处。

提示：　必须按订单整单交货。

(14) 产品研发投资。按照年初制订的产品研发计划，由运营总监向财务总监申请研发

资金，置于相应产品生产资格位置，且财务总监要做好现金收支记录。

提示： 产品研发投资完成，领取相应产品的生产资格证。

(15) 支付行政管理费。管理费用是企业为了维持运营发放的管理人员工资、必要的差旅费、招待费等。由财务总监取出 1M 摆放在“管理费”处，并做好现金收支记录。

(16) 其他现金收支情况登记。除以上引起现金流动的项目外，还有一些没有对应项目的，如应收账款贴现、高利贷支付的费用等，可以直接记录在该项中。

(17) 现金收入合计。统计本季度现金收入总额。

(18) 现金支出合计。统计本季度现金支出总额。第四季度的统计数字中包括四季度本身的和年底发生的。

(19) 期末现金对账。1～3 季度及年末，由财务总监盘点现金余额并做好登记。

以上 19 项工作每个季度都要执行。

3. 每年末的 6 项工作

(1) 支付利息/更新长期贷款/申请长期贷款。

① 支付利息。长期贷款的还款规则是每年付息，到期还本。如果当年未到期，每桶需要支付 20M×10%=2M 的利息，由财务总监从现金库中取出长期借款利息置于沙盘上的“利息”处，并做好现金收支记录。长期贷款到期时，由财务总监从现金库中取出现金归还本金及当年的利息，并做好现金收支记录。

② 更新长期贷款。如果企业有长期贷款，由财务总监将空桶向现金库方向移动一格，当移至现金库时，表示长期贷款到期。

③ 申请长期贷款。长期贷款只有在年末可以申请，能够申请的额度=上一年所有者权益×2−已有长期贷款+一年内到期的长期贷款。

(2) 支付设备维修费。在用的每条生产线支付 1M 的维护费，由财务总监取相应现金置于沙盘上的“维修费”处，并做好现金收支记录。

(3) 支付租金/购买厂房。大厂房为自主厂房，如果本年在小厂房中安装了生产线，此时要决定该厂房是购买还是租用，如果购买，由财务总监取出与厂房价值相等的现金置于沙盘上的“厂房价值”处；如果租赁，由财务总监取出与厂房租金相等的现金置于沙盘上的“租金”处。无论购买还是租赁，财务总监都应做好现金收支记录。

(4) 计提折旧。厂房不提折旧，设备按余额递减法计提折旧，在建工程及当年新建设备不提折旧。折旧=原有设备价值/3 向下取整，由财务总监从设备价值中取折旧费放置于沙盘上的“折旧”处。当设备价值下降至 3M 时，每年折旧 1M。

提示： 计提折旧时只可能涉及生产线净值和其他费用两个项目，与现金流无关，因此在企业运营流程中标注了“( )”以示区别，计算现金收/支合计时不应考虑该项目。

(5) 新市场开拓/ISO资格认证投资。

① 新市场开拓。由财务总监取出现金放置在要开拓的市场区域，并做好现金支出记录。市场开发完成，从指导教师处领取相应市场准入证。

② ISO认证投资。由财务总监取出现金放置在要认证的区域，并做好现金支出记录。认证完成后，从指导老师处领取ISO资格证。

(6) 结账。一年的经营下来，年终要做一次“盘点”，编制利润表和资产负债表。

在报表做好之后，指导教师将会取走沙盘上企业已支出的各项成本，为来年做好准备。

9.3 商业情报

商业情报有助于发展企业的核心能力，是强化和改变企业发展战略的重要基础。谁掌握情报，谁就能在激烈的市场商务中处于主动地位，谁就能赢得时间、市场和利润。商业情报分析主要包括以下两点内容。

9.3.1 读懂市场预测

在“ERP沙盘模拟”课程中，市场预测是各企业能够得到的关于产品市场需求预测的唯一可以参考的有价值的信息，对市场预测的分析与企业的营销方案策划息息相关。在市场预测中发布了近几年关于行业产品市场的预测资料，包括各市场、各产品的总需求量、价格情况，客户关于技术及产品的质量要求等，如图9-1所示。

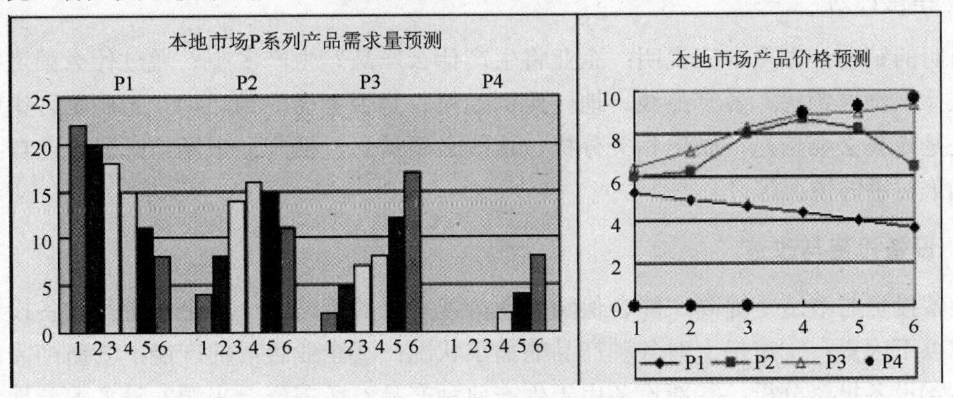

图9-1 本地市场P系列产品需求预测

图9-1是1～6年本地市场P系列产品预测资料，由左边的柱形图和右边的折线图构成。柱形图中的横坐标代表年，纵坐标上标注的数字代表产品数量，各产品下柱形的高度代表该产品某年的市场预测需求总量。折线图标识了1～6年P系列产品的价格趋向，横坐标表示年，纵坐标表示价格。

在市场预测中，除了直观的图形描述外，还用文字形式加以说明，其中尤其需要注意客户关于技术及产品的质量要求等细节。

9.3.2 竞争对手分析

营销总监也会通过实地调查或其他途径了解同行业竞争对手的情况。例如，竞争对手研发了哪些产品？开拓了哪些市场？生产能力如何？资本结构如何？竞争对手分析有利于企业合理利用资源，开展竞争与合作。

9.4 一年又是一年

现在，新管理层已经接过了将企业继续向前发展的重任，我们将对公司的发展负完全责任。

9.4.1 计划

计划是各项工作执行的依据。每年年初，CEO都要带领管理团队，在企业战略的指导下，制订销售计划、设备投资与改造、生产计划、采购计划、资金计划、市场开发计划及产品研发计划等。

1. 销售计划

简明的销售计划至少应说明：企业将生产什么产品？生产多少？通过什么渠道销售？计划在什么地区销售？各产品线、地区比例如何？是否考虑促销活动？正确制订销售计划的前提是收集必要信息，做出相关分析。这些必要信息包括产品市场信息、企业自身的产能、竞争对手的情况等。

2. 设备投资与改造

设备投资与改造是提高产能、保障企业持续发展的策略之一。企业进行设备投资时需要考虑以下因素：①市场上对各种产品的需求状况；②企业目前的产能；③新产品的研发进程；④设备投资分析；⑤新设备用于生产何种产品？所需资金来源？设备安装地点？设

备上线的具体时间及所需物料储备。

3. 生产计划

企业主要有五个计划层次，即经营规划、销售与运作规划、主生产计划、物料需求计划和能力需求计划。

4. 采购计划

采购计划要回答三个问题：采购什么？采购多少？何时采购？

5. 资金计划

成本费用的支付需要资金、各项投资需要资金、到期还债需要资金，如果没有一个准确详尽的资金预测，很快就会焦头烂额、顾此失彼。因此，每年年初都做现金预测是非常必要的，它可以使我们运筹帷幄、游刃有余。

为了帮助大家制订计划，附录中提供了相关的辅助计划工具，包括企业经营过程记录表、生产计划及采购计划编制、开工计划、采购及材料付款计划，还有用于财务综合评价的杜邦模型。

9.4.2　内部流程及控制

计划制订之后，企业的日常运营将在 CEO 的领导下，按照企业运营流程所指示的程序及顺序进行。企业应该对各年每个季度的要点进行记录，以便于核查、分析。

1. 企业运营流程

企业运营流程中包括了各模拟企业进行日常运营时必须执行的工作任务及必须遵守的工作流程。由 CEO 主持，按照企业运营流程所列工作内容及先后顺序开展工作，每执行完一项操作，CEO 都要在相应的方格内打钩确认，以示完成；如果涉及现金收支业务，财务总监也要在相应方格内填写现金收支情况。

2. 订单登记表

订单记录表用于记录本年取得的客户订单。年初营销总监参加订货会，争取到客户订单，随后进行订单登记，填写订单登记表中的订单号、市场、产品、数量、账期、销售额项目。订单交货时，登记成本项目，计算毛利项目。年末，如果有未按时交货的，在“未售”栏目中单独标注。

3. 产品核算统计表

产品核算统计表是按产品品种对销售情况的统计，是对各品种本年销售数据的汇总。本年销售的数据一般是订单登记表中合计数–本年未售+上年未售。

4. 综合管理费用明细表

综合管理费用明细表用于记录企业日常运营过程中发生的各项费用。对于市场准入开拓、ISO 资格认证和产品研发不仅要记录本年投入的总金额，还要在备注栏中说明明细。市场准入开拓、ISO 资格认证在备注栏中相关项目上打钩确认；产品研发在对应项目后的括号中填写实际投入金额。

5. 利润表

年末，要核算企业当年的经营成果，编制利润表。利润表中各项目的计算如表 9-1 所示。

表 9-1　利润表的编制　　编报单位：百万元

项　目	行　次	数据来源
销售收入	1	产品核算统计表中的销售额合计
直接成本	2	产品核算统计表中的成本合计
毛利	3	第 1 行数据–第 2 行数据
综合费用	4	管理费+广告费+维修费+租金+转产费+市场准入开拓+ISO 资格认证+产品研发+其他
折旧前利润	5	第 3 行数据–第 4 行数据
折旧	6	上年设备价值的 1/3 向下取整
支付利息前利润	7	第 5 行数据–第 6 行数据
财务收入/支出	8	借款、高利贷、贴现等支付的利息计入财务支出
其他收入/支出	9	出租厂房的收入、购销原材料的收支
税前利润	10	第 7 行数据+财务收入+其他收入–财务支出–其他支出
所得税	11	第 10 行数据除以 3 取整
净利润	12	第 10 行数据–第 11 行数据

提示： 如果前几年净利润为负数，那么今年的盈利可用来弥补以前的亏损，可以减除的亏损至多为三年。

6. 资产负债表

年末，要编制反映企业财务状况的资产负债表。资产负债表中各项目的计算如表 9-2 所示。

表 9-2　资产负债表的编制　　编报单位：百万元

资　产	数据来源	负债和所有者权益	数据来源
流动资产：		负债：	
现金	盘点现金库中的现金	长期负债	长期负债——年内到期的长期负债
应收账款	盘点应收账款	短期负债	盘点短期借款
在制品	盘点生产线上的在制品	应付账款	盘点应付账款
成品	盘点成品库中的成品	应交税金	根据利润表中的所得税填列
原料	盘点原料库中的原料	一年内到期的长期负债	盘点一年内到期的长期借款
流动资产合计	以上五项之和	负债合计	以上五项之和
固定资产：		所有者权益：	
土地和建筑	厂房价值之和	股东资本	股东不增资的情况下为 50
机器与设备	设备价值	利润留存	上一年利润留存+上一年利润
在建工程	在建设备价值	年度净利	利润表中的净利润
固定资产合计	以上三项之和	所有者权益合计	以上三项之和
资产总计	流动资产合计+固定资产合计	负债和所有者权益总计	负债合计+所有者权益合计

9.4.3　反思与总结

每一年经营下来，需要反思我们的行为，分析实际与计划的偏差及其原因。聆听指导教师根据现场数据所做的点评及分析，记录我们的收获，完善知识体系。

好了，按照本书附录的表格与我们的伙伴一起开始充实的体验之旅吧！

第 10 章　ERP 电子沙盘实战

10.1　“创业者”电子沙盘介绍

“创业者”电子沙盘是基于流程的互动经营模式，系统与物理沙盘完美结合，继承了 ERP 物理沙盘形象直观的特点，同时实现了选单、经营过程、报表生成、赛后分析的全自动，将教师彻底从选单、报表录入、监控等具体操作中解放出来，而将教学研究的重点放于企业经营的本质分析。

该系统全真模拟企业市场竞争及经营过程，受训者如身临其境，能够充分真实感受市场氛围。既可以使受训者全面掌握经管知识，又可以帮他们树立团队精神、增强责任意识。对传统课堂教学及案例教学既是有益补充，又是创新革命。该系统有以下特点。

(1) 采用 B/S 架构，可实现本地或异地的训练。

(2) 可以对运作过程的主要环节进行控制，学生不能擅自改变操作顺序，也不能随意反悔操作，避免作弊。

(3) 自动核对现金流，并依据现金流对企业运行进行控制，避免了随意挪用现金的操作，从而真实反映现金对企业运行的关键作用。

(4) 实现交易活动(包括银行贷款、销售订货、原料采购、交货、应收账款回收、市场调查等)的本地操作，以及操作合法性验证的自动化。

(5) 可以与物理沙盘结合使用，也可单独使用。

(6) 有多组训练的选择，普通版可在 6～18 组中任选。

(7) 可以有限地改变运行环境参数，调节运行难度。

(8) 增加了系统间谍功能。

(9) 系统中集成了即时信息(Instant Message)功能。

(10) 强大的用户决策跟踪——可无遗漏地暴露决策失误，进行赛后复盘分析。

ERP 物理沙盘经营侧重于对企业的综合认知，但这一训练存在不可回避的问题：①企业经营监控不力，在企业运营的各个环节，如在营销、运营、财务环节等存在有意无意的疏漏和舞弊，控制成本巨大；②受时空限制，参与课程人数有限；③教师工作量大，不能做到精细数据管理。

电子沙盘经营可以作为集中课程进行，也可以以学生社团组织沙盘比赛的形式开展。特别是在层层比赛的形式中，可以让学生有更多的时间和更好的氛围，多次反复地进行体

验训练。因为有这样反复“做”的过程，所以可以让学生对企业经营从“会”的阶段，逐步进阶到“熟”的阶段。

10.2 电子沙盘与物理沙盘的关系

电子沙盘经营规则和物理沙盘基本上一样，但是也有区别，具体如下。

(1) 电子沙盘流程控制更严格，不允许任意改变经营流程表顺序，特别是对经营难度有影响的顺序，如必须先还旧债再借新债。

(2) 某些工作在物理沙盘上需要手工完成，而电子沙盘中可由系统自动完成，如产品下线、更新贷款、扣管理费。

(3) 某些信息在电子沙盘中被隐蔽，需要经营者更好地记录，如应收、贷款信息，但在教师端所有信息均可以查看。

(4) 系统对各任务操作次数有严格规定，某些可以多次操作，某些只能一季度操作一次。

物理沙盘与电子沙盘操作的详细对照如表 10-1 所示。

表 10-1　物理沙盘与电子沙盘操作对照表

物理沙盘操作流程	电子沙盘操作对应按钮	电子沙盘操作要点	电子沙盘操作次数限制
新年度规划会议/投放广告	投放广告	输入广告费，确认	1 次/年
参加订货会/登记销售订单	参加订货会	选单	1 次/年
制定新年度计划	投放广告	系统自动	
支付应付税	投放广告	系统自动	
支付长贷利息	投放广告	系统自动	
更新长贷/长贷还款	投放广告	系统自动	
申请长期贷款	申请长贷	输入贷款数额并确认	不限
季初现金盘点	当季开始	产品下线，生产线完工(自动)	1 次/季度
更新短贷/支付利息	当季开始	系统自动	1 次/季度
申请短期贷款	申请短贷	输入贷款数额并确认	1 次/季度
原材料入库/更新原料订单	更新原材料	需要确认付款金额	1 次/季度
下原料订单	下原料订单	输入并确认	1 次/季度
购买/租用厂房	购置厂房	选择并确认，自动扣现金	不限
更新生产/完工入库	当季开始	系统自动	1 次/季度

续表

物理沙盘操作流程	电子沙盘操作对应按钮	电子沙盘操作要点	电子沙盘操作次数限制
投资新生产线/变卖生产线/生产线转产	新建生产线、在建生产线、变卖生产线、生产线转产	选择并确认	新建/转产/变卖次数不限；在建：1次/季
向其他企业购买原材料/出售原材料	紧急采购(随时进行)/出售库存	随时进行输入并确认	不限
开始下一批生产	下一批生产	选择并确认	不限
更新应收款/应收款收现	应收款更新	需要输入到期金额	1次/季度
出售厂房/退租/租转买	厂房处理	选择确认，自动转应收款	不限
向其他企业购买成品/出售成品	紧急采购(随时进行)	随时进行输入并确认	不限
按订单交货	按订单交货	选择交货订单并确认	不限
产品研发投资	产品研发	选择并确认	1次/季度
支付行政管理费/更新厂房租金	当季(年)结束	系统自动	1次/季度
支付设备维护费	当年结束	系统自动	1次/年
支付租金/购买厂房	厂房处理	选择确认	1次/年
计提折旧	当年结束	系统自动	1次/年
新市场开拓/ISO认证投资	市场开拓/ISO投资	仅第4季度允许操作	1次/年
厂房贴现	厂房贴现	随时进行，输入并确认	不限
应收款贴现	贴现	随时进行，输入并确认	不限
—	间谍	随时进行，输入并确认	不限
缴纳违约订单罚款	当年结束	系统自动	1次/年
新市场/ISO资格换证	当年结束	系统自动	1次/年
结账	当年结束	系统自动	1次/年

10.3 电子沙盘经营过程

10.3.1 学生端登录系统

“创业之星”软件已安装在服务器上，学生可通过客户端浏览器进入系统，具体步骤如下。

(1) 打开IE浏览器。

(2) 在地址栏输入“http://服务器地址或服务器机器名/member/login.asp”，进入创业者

系统。

(3) 单击创业者标志图，进入学生端登录对话框，如图 10-1 所示。

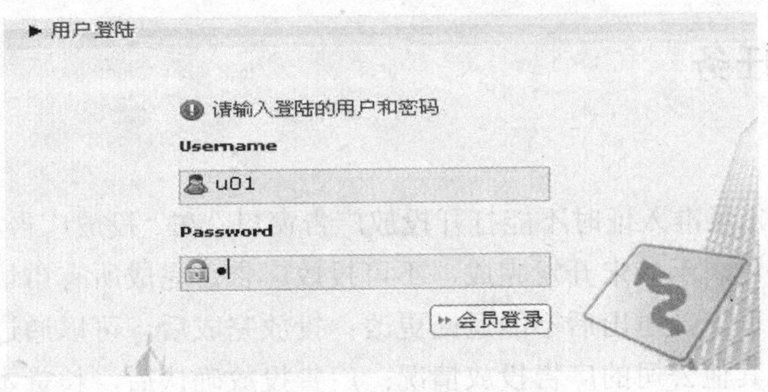

图 10-1　学生端登录对话框

(4) 一个虚拟企业一个账号，如 U01、U02 等。

(5) 初始密码为“1”。

(6) 首次登录时填写公司相关信息。

操作提示：

- 只有第一次登录时需要填写公司相关信息；密码可更改；每项均需要填写。
- 公司名称(必填)；各职位人员姓名(如有多人，可以在一个职位中输入两个以上的人员姓名)(必填)。登记确认后不可更改。

(7) 登录后出现电子沙盘窗口，如图 10-2 所示。

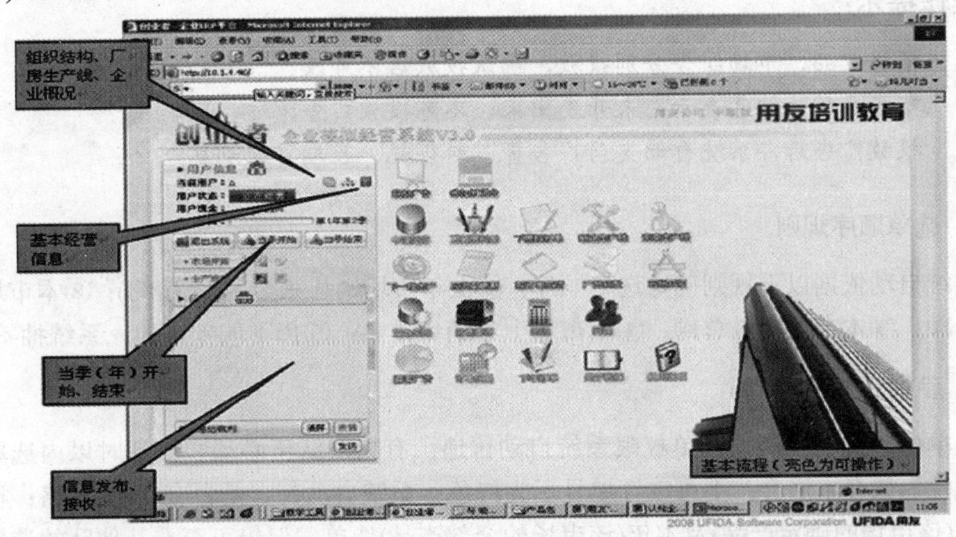

图 10-2　电子沙盘窗口

系统中的操作分为基本流程和特殊流程，基本流程要求按照一定的顺序依次执行，不允许改变其执行的顺序。

10.3.2 年初任务

1. 投放广告

没有获得任何市场准入证时不能打开投放广告窗口。在“投放广告”对话框(见图 10-3)中，市场名称为红色表示尚未开发完成，不可投放广告，完成所有市场产品投放后，单击“确认投放”按钮退出，退出后不能返回更改；投放完成后，可以通过广告查询，查看已经完成投放广告的其他公司的广告投放情况；广告投放确认后，长贷本息及税金同时被自动扣除。

投放广告

产品/市场	本地	区域	国内	亚洲	国际
P_1	7	3	0	0	0
P_2	3	2	0	0	0
P_3	1	0	0	0	0
P_4	0	0	0	0	0

确认投放

图 10-3 “投放广告”对话框

操作提示：

- 根据产品、市场组合分别投放，确认投放后不可改。
- 市场名称为红色表示尚未开发出来，不可投放广告。
- 投放广告后，系统自动支付广告费、所得税、长期贷款利息。

2. 选单顺序规则

系统自动依据以下规则确定选单顺序：①上年市场销售第一名(无违约)；②本市场本产品广告额；③本市场广告总额；④本市场上年销售排名；⑤仍不能判定的，系统抽签。

3. 参加订货会(选单)

选单由教师端控制，选单权限系统自动传递；有权限队伍必须在倒计时以内选单，否则系统视为放弃本回合；不可选订单显示为红色；系统自动判定是否有 ISO 资格；可放弃本回合(该市场的确定产品)及本年(该市场的全部产品)选单，但仍可查看其他队的选单。选单操作如图 10-4 所示。

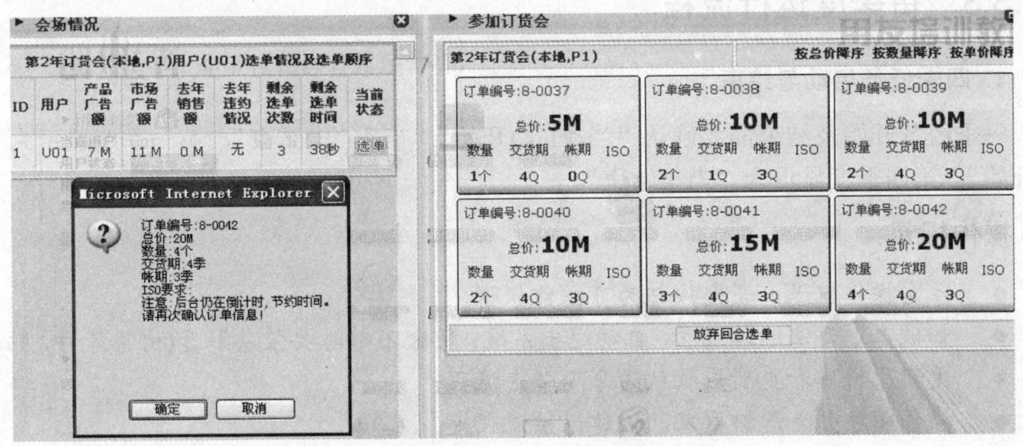

图 10-4　选单操作

系统中将某市场某产品的选单过程称为回合，每回合选单可能有若干轮，每轮选单中，各队按照排定的顺序，依次选单，但只能选一张订单。当所有队都选完一次后，若再有订单，开始进行第二轮选单，依次类推，直到所有订单被选完或所有队退出选单，本回合结束。

当轮到某一公司选单时，系统以倒计时的形式，给出本次选单的剩余时间，每次选单的时间上限为系统设置的选单时间，即在规定的时间内必须做出选择或放弃，否则系统自动视为放弃选择订单。无论是主动放弃还是超时，都将视为退出本回合的选单。

4. 申请长贷

选单结束后可申请长期贷款，如图 10-5 所示。申请长期贷款一年只能操作一次。

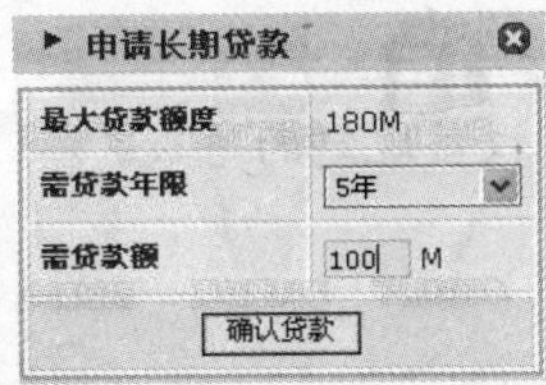

图 10-5　“申请长期贷款”对话框

操作提示：

- 不可超出最大贷款额度；可选择贷款年限，但确认后不可更改。
- 长期贷款完成后，单击“当年开始”按钮。

10.3.3 每季度运行流程

1. 四季任务启动与结束

每季经营开始及结束需要确认“当季(年)开始”“当季(年)结束”，第一季度显示为“当年开始”，第四季度显示为“当年结束”。

操作提示：

- 注意操作权限，亮色按钮为可操作权限。
- 如破产则无法继续经营，自动退出系统；现金不够时要紧急融资(出售库存、贴现)。
- 更新原料库和更新应收款为每季必走流程。
- 操作顺序并无严格要求，但建议按流程走。

2. 当季(年)开始

操作提示：

- 选单结束或长贷后当年开始。
- 开始新一季经营需要当季开始。
- 系统自动扣除短贷本息。
- 系统自动完成更新生产、产品入库、生产线完工及转产操作。

3. 申请短贷

操作提示：

- 一季只能操作一次。
- 申请额为20的倍数。
- 长短贷总额不可超过上年权益规定的倍数。

4. 更新原材料/原材料入库

操作提示：

- 系统自动提示需要支付的现金(不可更改)；只需要选择“确认更新”即可。
- 系统自动扣减现金。
- 确认更新后，后续的操作权限方可开启(下原料订单到更新应收款)，前面操作权限关闭。
- 一季只能操作一次。

5. 下原料订单

操作提示：

- 输入所有需要的原料数量，然后单击“确认订购”按钮，如图 10-6 所示，一季只能操作一次。

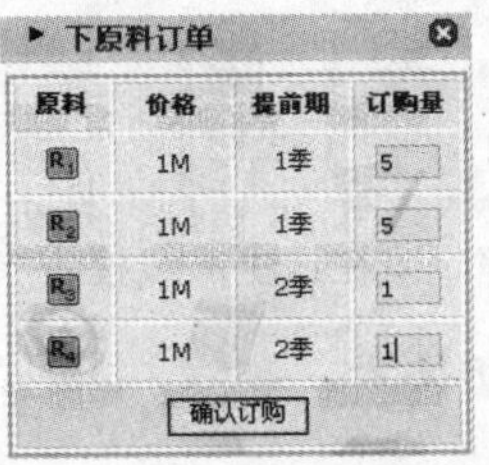

原料	价格	提前期	订购量
R_1	1M	1季	5
R_2	1M	1季	5
R_3	1M	2季	1
R_4	1M	2季	1

图 10-6 “下原料订单”对话框

- 确认订购后不可退订。
- 可以不下订单。

6. 购置厂房

操作提示：

- 厂房可买可租。
- 最多只可使用一大一小两个厂房。
- 生产线不可在不同厂房间移动。

7. 新建生产线

操作提示：

- 需选择厂房、生产线类型、生产产品类型。
- 可在查询窗口查询。
- 一季可操作多次，直至生产线位铺满。

8. 在建生产线

“在建生产线投资”对话框如图 10-7 所示。

操作提示：

- 系统自动列出投资未完成的生产线。
- 复选需要继续投资的生产线。

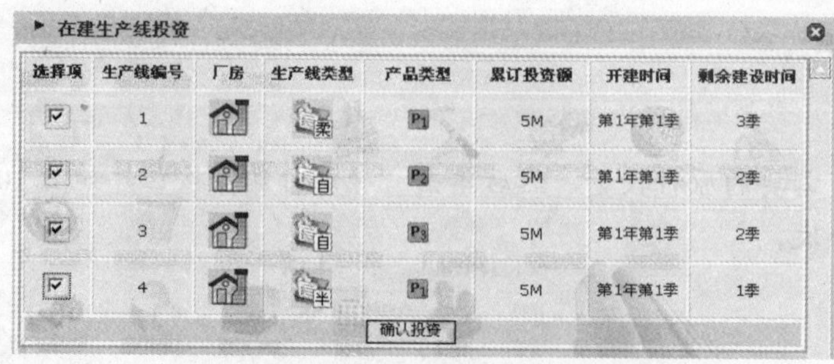
在建生产线投资

选择项	生产线编号	厂房	生产线类型	产品类型	累订投资额	开建时间	剩余建设时间
☑	1		柔	P1	5M	第1年第1季	3季
☑	2		自	P2	5M	第1年第1季	2季
☑	3		自	P3	5M	第1年第1季	2季
☑	4		半	P1	5M	第1年第1季	1季

确认投资

图 10-7 “在建生产线投资”对话框

- 可以不选——表示本季中断投资。
- 一季只可操作一次。

9. 生产线转产

操作提示：

- 系统自动列出符合转产要求的生产线(建成且没有在产品的生产线)。
- 单选一条生产线，并选择转产的生产产品。
- 手工线和柔性线若要转产也必须操作，但不需要停产及转产费。
- 可多次操作。

10. 继续转产

操作提示：

- 系统自动列出需要继续转产的生产线。
- 一季只可操作多次，也可放弃操作。

11. 变卖生产线

操作提示：

- 系统自动列出可变卖生产线(建成后没有在制品的空置生产线，转产中生产线也可卖)。
- 单选操作生产线后，单击“确认变卖”按钮。
- 可重复操作，也可放弃操作。
- 变卖后，从价值中按残值收回现金，高于残值的部分计入当年费用的损失项目。

12. 开始下一批生产

“开始下一批生产”对话框如图 10-8 所示。

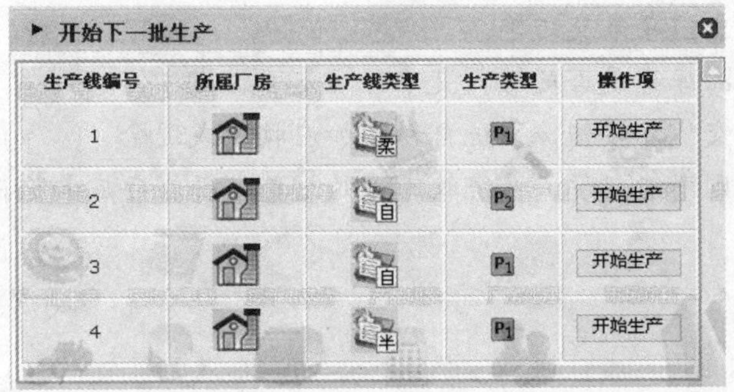

图 10-8　“开始下一批生产”对话框

操作提示：

- 系统自动列出可以进行生产的生产线。
- 自动检测原料、生产资格、加工费。
- 依次单击“开始生产”按钮，直到窗口中没有生产线列示，或提示不能正常开工为止，可以停产。
- 系统自动扣除原料及加工费用。

13. 应收款更新

“应收款更新”对话框如图 10-9 所示。

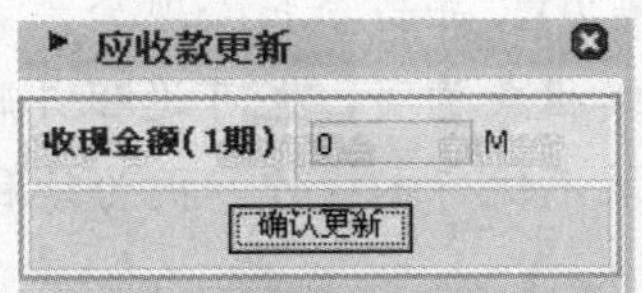

图 10-9　“应收款更新”对话框

操作提示

- 不提示本期到期的应收款，需要自行填入到期应收款的金额，多填不允许操作，少填时，则按实际填写的金额收现，少收部分转入下一期应收款。
- 未到期的应收款，系统自动更新。
- 此步操作后，前面的各项操作权限关闭(不能返回以前的操作任务)，并开启以后的操作任务，有订单交货、产品开发、厂房处理权限。

14. 按订单交货

操作提示：

- 系统自动列出当年未交订单。
- 自动检测成品库存是否足够，交单时间是否过期。
- 单击“确认交货”按钮，系统自动增加应收款或现金。
- 超过交货期则不能交货，系统收回违约订单，并在年底扣除违约金。

15. 产品开发

操作提示：

- 需同时选定要开发的所有产品，一季只允许选一次。
- 单击“确认投资”按钮，确认并退出本窗口，一旦退出，则本季度不能再次进入。
- 当季结束系统检测开发是否完成。

16. 厂房处理

操作提示：

- 如果拥有厂房且无生产线，可卖出，增加4Q应收款，并删除厂房。
- 如果拥有厂房但有生产线，卖出后增加4Q应收款，自动转为租，并扣当年租金，记下租入时间。
- 租入厂房如果离上次付租金满一年(如上年第三季起租，则到下年第三季视为满年)，可以转为购买(租转买)，并当季扣除现金。
- 如果无生产线，可选择续租或购买，也可退租并删除厂房。
- 离上次付租满一年，如果不执行本操作，视为续租，并在当季结束时自动扣租金。

17. 市场开拓

操作提示：

- 选择所有要开发的市场，然后单击“确认投资”按钮。
- 只有第四季可操作一次。
- 第四季结束，系统自动检测市场开拓是否完成。

18. ISO 投资

操作提示：

- 选择所有要开发的市场，然后单击“确认投资”按钮。
- 只有第四季可操作一次。
- 第四季结束，系统自动检测 ISO 资格是否完成。

19. 当季结束

操作提示：

- 一季经营完成需要当季结束确认。
- 系统自动扣管理费(1M/季)、续租租金，并且检测产品开发完成情况。

20. 规则说明

可以随时查看经营规则。

21. 市场预测

可以随时查看市场预测。

10.3.4 当年结束

第四季经营结束，则需要当年结束，确认一年经营完成；系统自动在后台生成三种报表。

10.3.5 特殊运行任务

特殊运行任务是不受正常流程运行顺序的限制，当需要时就可以操作的任务。此类操作分为两类：一是运行类操作，这类操作改变企业资源的状态，如固定资产变为流动资产等；二是查询类操作，这类操作不改变任何资源状态，只是查询资源情况。

1. 厂房贴现

操作提示：

- 任意时间可操作。
- 将厂房卖出，获得现金。
- 如果无生产线，厂房原值售出后，所有售价按四季应收款全部贴现。

- 如果有生产线，除按售价贴现外，还要再扣除租金。
- 系统自动全部贴现，不允许部分贴现。

2. 紧急采购

操作提示：

- 可在任意时间操作。
- 单击需要购买的原料或产品，填写购买数量后确认订购。
- 原料及产品的价格列示在右侧栏中。
- 立即扣款到货。
- 购买的原料和产品均按照标准价格计算，高于标准价格的部分，计入损失项。

3. 出售库存

操作提示：

- 可在任意时间操作。
- 填入售出原料或产品的数量，然后确认出售。
- 原料、成品按照系统设置的折扣率回收现金。
- 售出后的损失部分计入费用的损失项。
- 所取现金向下取整。

4. 贴现

“贴现”对话框如图10-10所示。

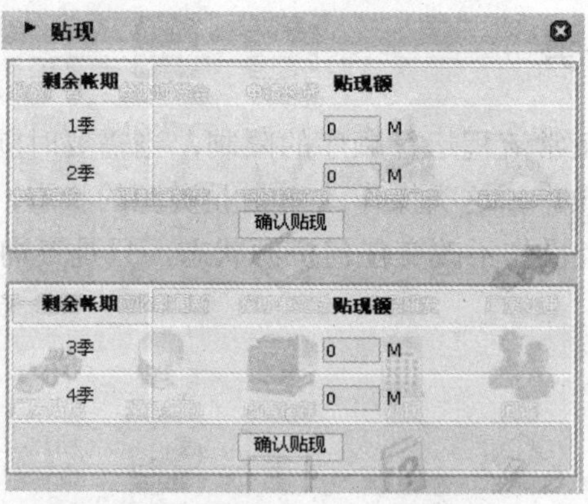

图10-10 “贴现”对话框

操作提示：

- 一、二季与三、四季分开。
- 可在任意时间操作。
- 次数不限。
- 填入的贴现额应小于等于应收款。
- 输入的贴现额乘以对应的贴现率，求得贴现费用(向上取整)，贴现费用计入财务支出，其他增加现金。

5. 商业情报收集(间谍)

操作提示：

- 任意时间可操作。
- 可查看任意一家企业的信息，查看总时间为 10 分钟(可变参数)，第二次查看必须在 50 分钟后(可变参数)。
- 需要交纳一定费用，也可免费(由裁判设定)；费用为 1M/次。
- 可以查看厂房、生产线、市场开拓、ISO 开拓、产品开发情况。

6. 订单信息

“订单信息”对话框如图 10-11 所示。

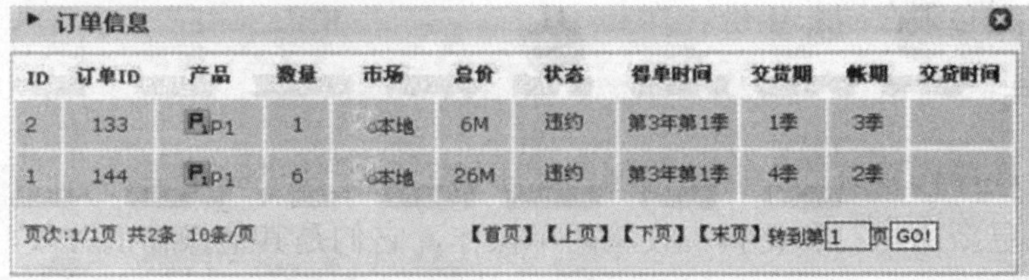

订单信息

ID	订单ID	产品	数量	市场	总价	状态	得单时间	交货期	帐期	交货时间
2	133	P1	1	本地	6M	违约	第3年第1季	1季	3季	
1	144	P1	6	本地	26M	违约	第3年第1季	4季	2季	

页次:1/1页 共2条 10条/页　【首页】【上页】【下页】【末页】转到第 1 页 GO!

图 10-11　“订单信息”对话框

操作提示：

- 任意时间可操作。
- 可查所有订单信息及状态。

10.3.6　其他运行规则

1. 小数处理规则

(1) 违约金扣除——向下取整。

(2) 库存拍卖所得现金——向下取整。

(3) 贴现费用——向上取整。

(4) 扣税——向上取整。

2. 组间交易

(1) 各队之间协商一致后，可以到管理员处进行组间交易，管理员双击“组间交易”按钮，选择出货方(卖方)、入货方(买方)、交易产品、数量及总价，单击“提交”按钮即完成组间交易，如图 10-12 所示。

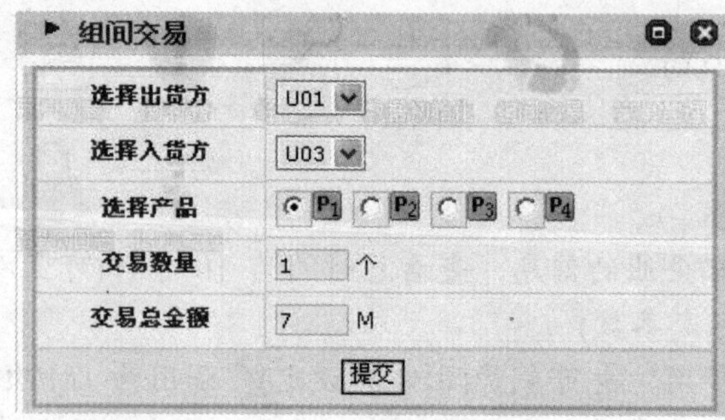

图 10-12 “组间交易”对话框

(2) 只允许现金交易，并且只能交易产成品。

(3) 管理员需要判断双方系统时间是否符合逻辑，是否存在合谋等违规情况。

(4) 交易双方必须在同一年份。

3. 特别提示

(1) 需要付现操作系统均会自动检测，如不够，则无法进行下去。

(2) 请注意更新原材料和更新应收款两个操作，它们是其他操作的开关。

(3) 市场开拓与 ISO 投资仅第四季可操作。

(4) 广告投放完成后，通过查看订货会可知道其他企业广告投放情况；选单完成后就不可查看。

10.4 赛后评分

各队完成预先规定的经营年限，将根据其最后权益、生产能力、资源状态等进行综合评分，分数高者为优胜。总分计算公式如下。

总分=最终权益×(1+A/100)−罚分

综合得分 A 为各项得分之和，加分项目及对应分值如表 10-2 所示。

表 10-2　加分项表

项　目	分　值
手工生产线	5/条
半自动生产线	7/条
全自动 / 柔性线	10/条
区域市场开发	10
国内市场开发	10
亚洲市场开发	10
国际市场开发	10
ISO9000	10
ISO14000	10
P1 产品开发	10
P2 产品开发	10
P3 产品开发	10
P4 产品开发	10

“最终权益×(1+A/100)”可在系统排行榜中查询。生产线建成即加分，无须生产出产品，也无须有在制品。“市场老大”和厂房无加分。

罚分可以由管理员定夺。其主要影响因素有：报表准确性；关账是否及时；广告投放是否及时；盘面与系统数据是否一致；是否有影响比赛的不良行为等。

第 11 章　Excel 模型的开发和使用

11.1　Excel 模型的概念及作用

在财务工作中，经常要进行大量复杂的计算，在这些计算中有一部分数据在不停地变化，而对应这些数据之间的关系是确定的，这样我们就可以利用 Excel 建立这些数据之间的关系，在需要计算的时候只要输入变量，Excel 就会自动计算出相应的结果。

使用模型，可以减少重复劳动，提高效率，还可以预测未来的经营状况并为制定决策提供依据。

在建立 Excel 模型之前，必须确定模型中将要用到的一些参数，通常这些参数会在沙盘的规则中给出。

11.2　生产部门模型的建立

对于一个长期经营的企业，其产能应该根据市场的需求来决定，即以需定产，然而由于市场的不确定性以及一些经营状况的限制(如必须提前订购原材料等)，通常就需要提前制订生产计划，所以从短期来看，则是根据制订好的生产计划来调整广告策略，即以产定销。

生产计划模型的建立思路如图 11-1 所示。

在建立生产计划模型时要确定的属性包括：生产线的编号、种类、线上产品、季度、转产周期，然后在每条生产线上输入各季度生产产品的名称(手工输入)，这样就模拟出一条生产线。例如，在年初我们制定了如图 11-2 所示的生产计划模型。

在输入每条生产线每季度投产的产品之后，利用 COUNTIF 公式据此生成的 P1、P2、P3、P4 在各个季度投产状况汇总表，COUNTIF 公式的作用是计算满足条件的单元格个数。例如，COUNTIF(A1:A10,"P1")的意思是计算 A1 到 A10 单元格中内容为 P1 的单元格的个数，这样就可以得出各产品的投产汇总表，如图 11-3 所示。

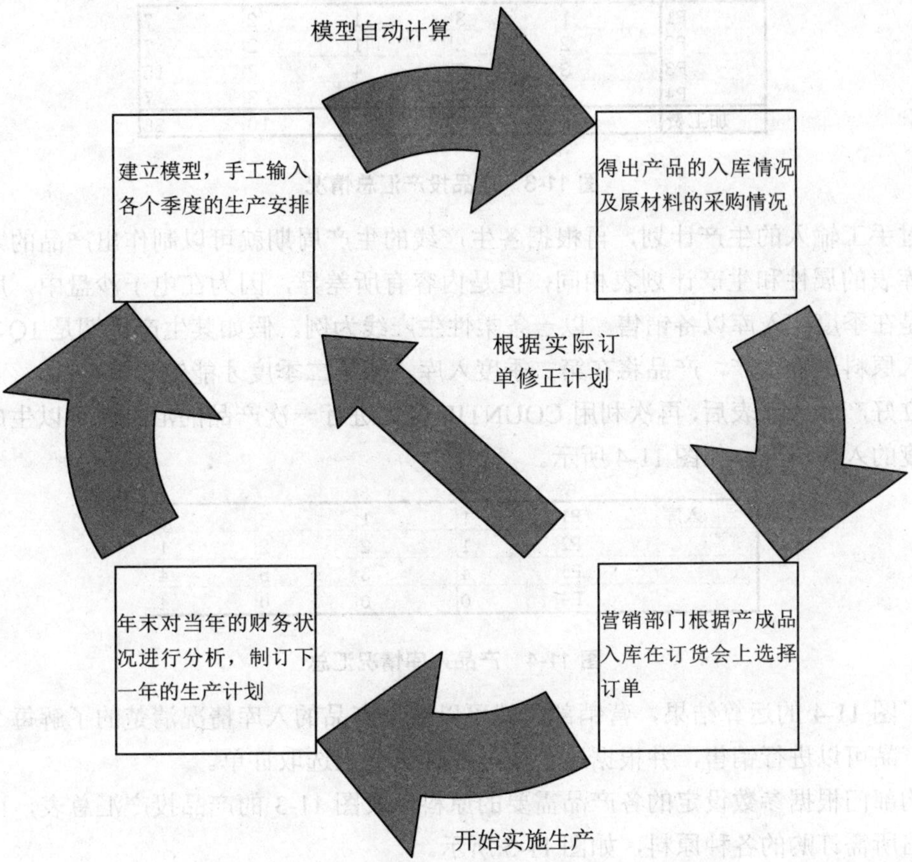

模型自动计算

建立模型，手工输入各个季度的生产安排

得出产品的入库情况及原材料的采购情况

根据实际订单修正计划

年末对当年的财务状况进行分析，制订下一年的生产计划

营销部门根据产成品入库在订货会上选择订单

开始实施生产

图 11-1 生产计划模型设计思路图

生产线编号	生产种类	产品	第一季度	第二季度	第三季度	第四季度
1	全	P1	P1	P1	P1	P1
2	全	P2	P2	P2	P2	P2
3	全	P3	P3	P3	P3	P3
4	柔		P3	P1	P3	P3
5	柔		P2	P3	P3	P4
6	柔		P3	P3	P3	P3
7	柔			P2	P4	P4
8	柔			P3	P4	P2
9	柔			P1	P4	P1
10	柔			P3	P4	P4

图 11-2 生产计划模型

					总计
P1	1	3	1	2	7
P2	2	2	1	2	7
P3	3	5	4	3	15
P4	0	0	4	3	7
加工费	6	10	10	10	36

图 11-3 产品投产汇总情况

通过手工输入的生产计划，再根据各生产线的生产周期就可以制作出产品的入库表。产品入库表的属性和生产计划表相同，但是内容有所差异，因为在电子沙盘中，所有的产成品都是在季度初入库以备销售。以一条柔性生产线为例，假如其生产周期是 1Q，在第一季度投入原料进行生产，产品将在第二季度入库，即第二季度才能销售该产品。

建立好产品入库表后，再次利用 COUNTIF 公式进行一次产品的汇总就可以生成产品在这个季度的入库情况，如图 11-4 所示。

入库	P1	1	1	3	1
	P2	1	2	2	1
	P3	4	3	5	4
	P4	0	0	0	4

图 11-4 产品入库情况汇总

有了图 11-4 的运算结果，营销部门就可以根据产品的入库情况清楚的了解每个季度能有多少产品可以进行销售，并根据这个数据在订货会上选取订单。

采购部门根据参数设定的各产品需要的原料以及图 11-3 的产品投产汇总表，可以通过计算得出所需订购的各种原料，如图 11-5 所示。

原材料订购		第一季度	第二季度	第三季度	第四季度
	R1	8	5	5	5
	R2	2	5	5	5
	R3	9	8	9	9
	R4	12	9	12	12

图 11-5 原材料订购计算结果

这样，通过模型的辅助就可以做到原材料“零库存”，从而提高资金的流动性。另外，生产计划还需要按照营销部门实际拿到的订单进行微调，争取做到产品的“零库存”，这样就避免了库存所占用的现金。

11.3 财务部门模型的建立

财务是企业发展的核心，企业的所有经营活动都需要资金来支持，在沙盘模拟经营中，一旦资金链断裂或所有者权益为负，就将被认定为破产，因此对财务风险的防范在企业经营过程中是一项非常重要的事情。通过模型，我们可以模拟出维持企业经营所需的现金流，并且可以在一定程度上“预测”企业在年末的财务状况，进而提前做出相应决策，避免可能出现的财务风险。

财务模型的建立思路如图 11-6 所示。

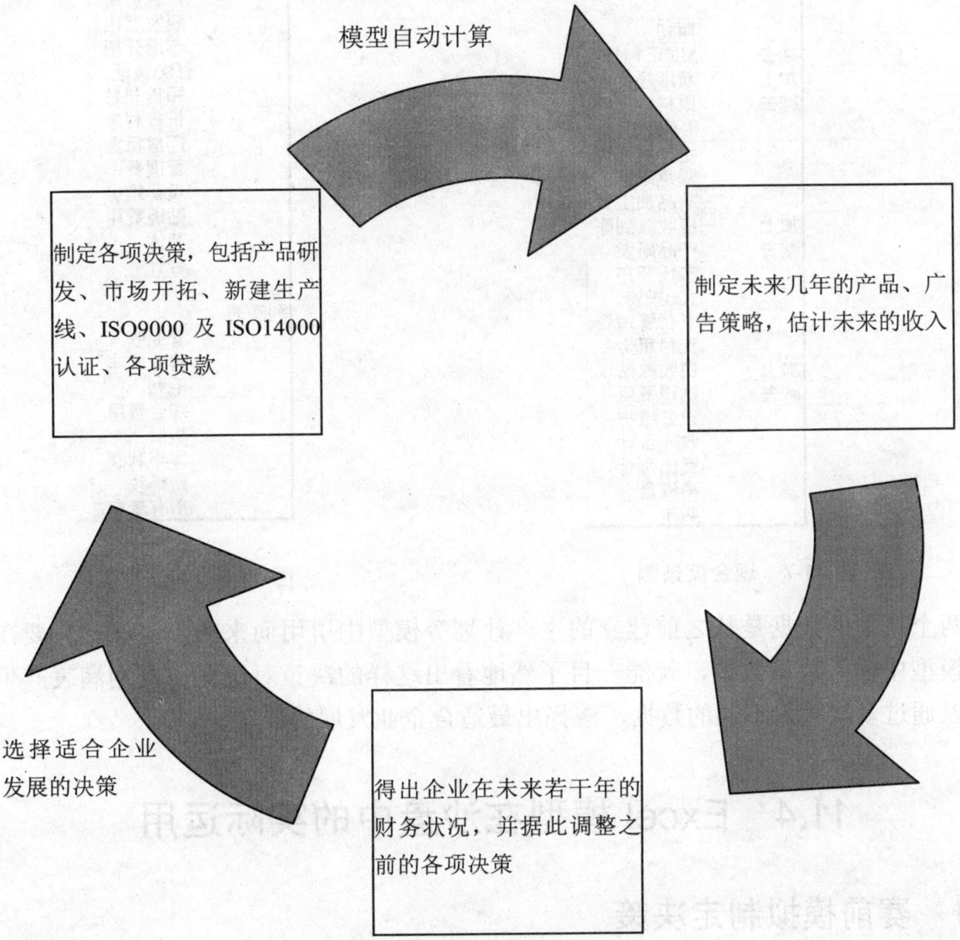

模型自动计算

制定各项决策，包括产品研发、市场开拓、新建生产线、ISO9000 及 ISO14000 认证、各项贷款

制定未来几年的产品、广告策略，估计未来的收入

选择适合企业发展的决策

得出企业在未来若干年的财务状况，并据此调整之前的各项决策

图 11-6　财务模型的建立思路

列出所有能影响现金的经营活动，并且按照逻辑顺序汇总，运用加或减进行计算，就可以建立现金流和利润表的模型，如图 11-7 和图 11-8 所示。

财务状况		
	年初	余额
	减去	广告费
		所得税
		长贷利息
		偿还长贷
	加上	新增长贷
		期初
	减去	短贷还本付息
	加上	新增短贷
	减去	原材料入库
		购买租用厂房
		生产线费用
		紧急采购
		产品加工费
	加上	应收款到账
	减去	产品研发
		市场开拓
		ISO投资
		支付管理费
		支付租金
	加上	应收款贴现
	减去	贴现费用
		设备维护
		收入合计
		支出合计
		净流量
		期末

图 11-7 现金流预测

综合费用	
	广告费用
	研发支出
	市场开拓
	ISO认证
	短贷利息
	长贷利息
	厂房租金
	管理费
	设备维护
	贴现费用
	其他
	合计
利润表	
	营业收入
	营业成本
	毛利
	综合费用
	折旧
	本年利润
	所得税
	所有者权益

图 11-8 利润预测

这两个模型的数据是从之前建立的生产计划等模型中引用而来的，这样，只要在先前建立的模型中输入决策数据，就能一目了然地看出这样的决策对现金流及利润表产生的影响；可以通过多次输入不同的数据，选择出最适合企业发展的决策。

11.4 Excel 模型在沙盘中的实际运用

11.4.1 赛前模拟制定决策

决策在一个企业的经营过程中起着至关重要的作用。在激烈的市场竞争中，虽然很多外部因素都是企业无法控制和把握的，但只要企业能做好自身的内部控制，同时在一定程度上降低外部因素带来的不确定风险，制定出适合企业自身发展的战略，就能在市场竞争中占得先机，脱颖而出。利用 Excel 模型可以模拟出企业未来的财务状况，帮助企业制定决策方案。

下面以电子沙盘为例，说明如何运用 Excel 模型制定决策方案。

假设新公司拥有初始资金 70M，市场预测为成长型市场，市场对产品的需求增加非常明显，为了满足市场需求，企业选择扩大产能作为发展方向。第一年，将对全部新产品和新市场进行开发，租赁大厂房，购入六条柔性生产线，并且向银行申请长期贷款 100M。据此，我们可以通过财务部门的模型模拟出第一年的财务状况，如图 11-9 和图 11-10 所示。

财务状况

年初	余额	70
减去	广告费	0
	所得税	
	长贷利息	
	偿还长贷	
加上	新增长贷	100

		第一季度	第二季度	第三季度	第四季度
	期初	170	134	98	63
减去	短贷还本付息				
加上	新增短贷				
减去	原材料入库	0	0	0	0
	购买租用厂房				
	生产线费用	30	30	30	30
	紧急采购				
	产品加工费	0	0	0	0
加上	应收款到账				
减去	产品研发	5	5	4	4
	市场开拓				5
	ISO投资				0
	支付管理费	1	1	1	1
	支付租金				5
加上	应收款贴现				
减去	贴现费用				
	设备维护				
	收入合计	100	0	0	0
	支出合计	36	36	35	45
	净流量	64	-36	-35	-45
	期末	134	98	63	18

图 11-9 现金流预测

综合费用		
	广告费用	0
	研发支出	18
	市场开拓	5
	ISO认证	0
	短贷利息	0
	长贷利息	0
	厂房租金	5
	管理费	4
	设备维护	0
	贴现费用	0
	其他	
	合计	32
利润表		
	营业收入	
	营业成本	
	毛利	0
	综合费用	32
	折旧	
	本年利润	-32
	所有者权益	38

图 11-10 利润预测

通过图 11-7 和图 11-8 我们就能清晰地了解第一年的财务状况：在第一年年末，企业还有 18M 的现金，权益将降至 38M。在第二年年初，企业还要偿还长期贷款的利息以及投放广告，18M 的现金显然不够。另外，企业的权益降至 38M，根据贷款的规则所有长贷和短贷之和不能超过上年权益的三倍，企业在第二年的贷款只剩 10M，这对维持企业经营所需要的现金来说显然是杯水车薪。由此可见，如果按照刚刚假定的经营方式，企业在第二年就会发生现金流断裂，从而破产。

这样，我们就需要利用 Excel 模型及时预测到经营决策可能会给企业带来的结果，以及将会出现的风险，因此我们在事先做决策时就应该尽量避免这些风险。

此外，在企业长期经营的过程中，经常会出现市场变化和企业预期不一致的情况。例如，市场需求的降低，或是市场竞争加剧导致企业出现大量的库存积压，利润也低于预期。

这时企业就要对以后的市场需求进行重新评估，调整一些决策，以应对市场的变化。

11.4.2 在竞争中取得优势

孙子曰：昔之善战者，先为不可胜，以待敌之可胜。不可胜在己，可胜在敌。故善战者，能为不可胜，不能使敌之必可胜。故曰：胜可知，而不可为。——《孙子兵法》

这段话的意思是：孙子说，善于用兵作战的人，总是首先创造自己不可战胜的条件，并等待可以战胜敌人的机会。使自己不被战胜，其主动权掌握在自己手中；敌人能否被战胜，在于敌人是否给我们以可乘之机。因此，善于作战的人只能够使自己不被战胜，而不能使敌人一定会被我军战胜。所以说，胜利可以预见，却不能强求。

这段话在企业竞争中同样适用，一个企业要想打败竞争对手，最重要的是将自己立于不被打败的境地，即做好自身内部控制和风险管理，面对市场上的各种变化要及时做出相应的对策，至于能否打败竞争对手，就看对方给不给这个机会了，企业这时候要做的，就是尽量创造出这种机会。

以沙盘为例，企业可以通过“商业间谍”这一操作了解对手的经营状况，从而建立对手的财务模型，做到知己知彼。如果企业发现对手的现金吃紧，甚至出现贴现，而我们企业又与竞争对手企业的产品研发和市场开拓程度相近，这时就可以通过一些营销手段，降低对手的开发进度，达到占领新市场的目的。例如，我们企业可以增加广告预算，在选单会上选择那些账期短的订单，从而影响对手的现金回笼速度，当对手现金流紧张时，为了避免贴现，就会放缓一些开发项目，这样我们企业就会先于对手开拓出新的市场和产品，获得“市场老大”的机会也随之增加，从而进一步控制市场上的订单，同时打压竞争对手。

第 12 章　企 业 评 价

企业评价是揭示企业内在价值和提供创造价值途径的行为，因而企业评价有明显的导向性。几年的经营下来，大家一定都很关注自己的业绩。本章主要从市场角度、财务角度和综合绩效评估三个方面对企业进行评价。

12.1　市场占有率分析

谁拥有市场，谁就拥有主动权。市场的获得又与各企业的市场分析与营销计划相关。营销策划在“ERP 沙盘模拟”课程中集中体现在广告费用的投放上，因此从广告投入产出分析和市场占有率分析可以部分地评价企业的营销策略。

12.1.1　广告投入产出分析

广告投入产出分析是评价广告投入收益率的指标，其计算公式如下。

广告投入产出比=订单销售额÷广告投入

广告投入产出分析用来比较各企业在广告投入上的差异。这个指标告诉经营者：本企业与竞争对手之间在广告投入策略上的差距，以警示营销总监深入分析市场和竞争对手，寻求节约成本、策略取胜的突破口。

图 12-1 中比较了第一年 A-F 六个企业的广告投入产出比。从中可以看出，E 企业每 1M 的广告投入为其带来 3.2M 的销售收入，因此广告投入产出比胜过其他企业。

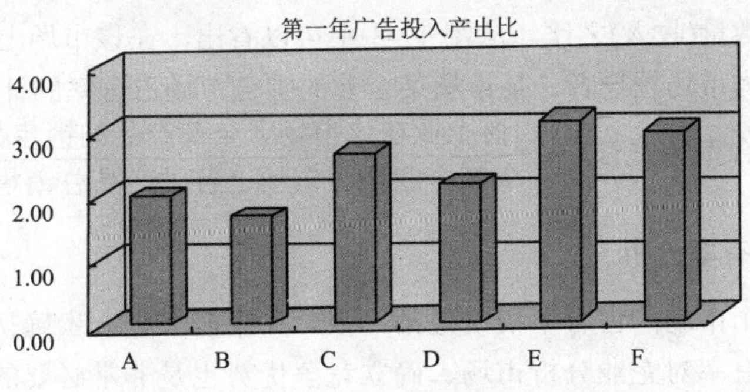

图 12-1　第一年各企业广告投入产出比

图 12-2 中展示了各企业六年的累计广告投入产出比。从中可以看出，经过六年的经营，A 企业在分析市场、制订营销计划上已经有了长足的进步，其广告投入产出比已经遥遥领先于其他企业。

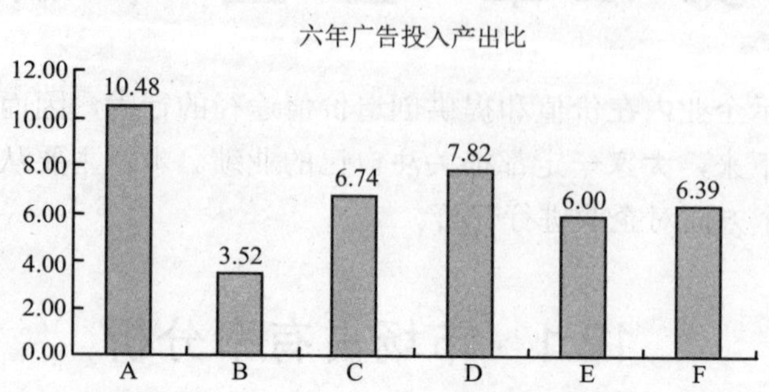

图 12-2　六年各企业累计广告投入产出比

12.1.2　市场占有率分析

市场占有率是企业能力的一种体现，企业只有拥有了市场才能获得更多收益的机会。

市场占有率指标可以按销售数量统计，也可以按销售收入统计，这两个指标综合评定了企业在市场中销售产品的能力和获取利润的能力。市场占有率分析可以在两个方向上展开，一是横向分析，二是纵向分析。横向分析是对同一期间各企业市场占有率的数据进行对比，用以确定某企业在本年度的市场地位。纵向分析是对同一企业不同年度市场占有率的数据进行对比，由此可以看到企业历年来市场占有率的变化，这也从一个侧面反映了企业成长的历程。

1. 综合市场占有率分析

综合市场占有率是指某企业在某个市场上全部产品的销售数量(收入)与该市场全部企业全部产品的销售数量(收入)之比。从图 12-3 中可以看出，在该市场上 A 企业因为拥有最大的市场份额而成为市场领导者。某市场某企业的综合市场占有率的计算公式如下。

$$\text{某市场某企业的综合市场占有率}=\frac{\text{该企业在该市场上全部产品的销售数量(收入)}}{\text{全部企业在该市场上各类产品总销售数量(收入)}}\times 100\%$$

2. 产品市场占有率分析

了解企业在各个市场的占有率仅仅是第一步，如果能够进一步确认企业生产的各类产品在各个市场的占有率对企业分析市场、确立竞争优势也是非常必要的。某产品的市场占有率的计算公式如下。

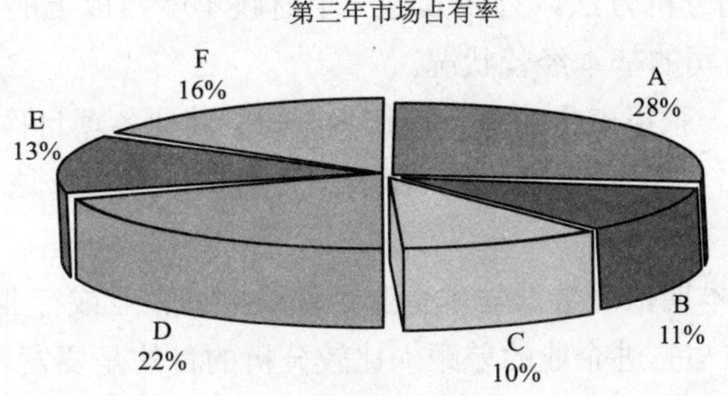

图 12-3　综合市场占有率分析

$$某产品市场占有率=\frac{该企业在市场中销售的该类产品总数量(收入)}{市场中该类产品总销售数量(收入)}\times 100\%$$

图 12-4 中显示了第三年 P2 产品各企业所占市场份额。

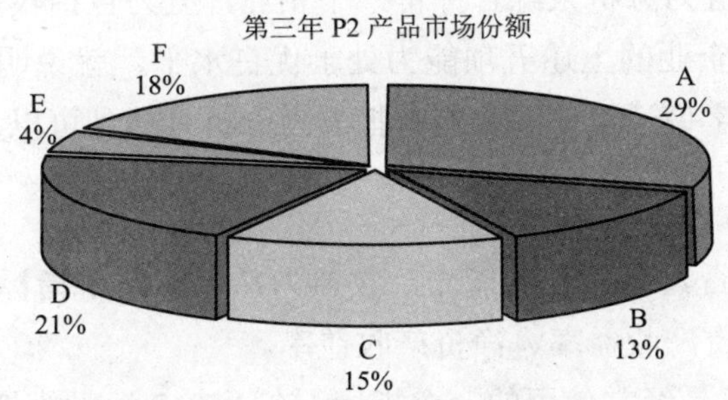

图 12-4　产品市场占有率分析

12.2　透过财务看经营

不同企业经营成果的差异是由决策引起的，而决策需要以准确、集成的数据为支撑。财务是企业全局信息的集合地，是数据的主要提供者。财务提供的分析数据可以通过各种决策指导企业各项业务的开展。

12.2.1　财务分析的基本方法

财务分析的基本方法一般有比率分析、结构分析、比较分析、趋势分析。

(1) 比率分析法是对财务报表内两个或两个以上项目之间的关系进行分析，用相对数表示，又称为财务比率。这些比率可以揭示企业的财务状况及经营成果。比率分析是一种简单、方便、广为应用的分析方法，只要具有一个财政年度及以上的资产负债表和利润表，就能完整地分析一家公司的基本经营状况。

(2) 结构分析是把一张报表中的总合计作为分母，其他各项目作为分子，以求出每一项目在总合计中的百分比，如百分比资产负债表、百分比利润表。这种分析的目的是要发现异常项目。

(3) 比较分析是将本期报表数据与本企业预算或标杆企业或行业平均水平作对比，以找出实际与预算的差异或与先进企业的差距。比较分析的目的是要发现企业自身的问题。

(4) 趋势分析是将三个年度以上的数据，就相同的项目，做多年度高低走向的观察，以判断企业的发展趋向。

12.2.2 五力分析

近年来，人们常用五力分析来综合评价一个企业，五力包括收益力、成长力、安定力、活动力、生产力。如果企业的上述五项能力处于优良水平，就说明企业的业绩优良。财务上讲求定量分析，用数字说话，下面我们就把五力分析具体到可以量化的指标。

1. 收益力

收益力表明企业是否具有盈利的能力。收益力从以下四个指标入手进行定量分析：毛利率、销售利润率、总资产收益率、净资产收益率。

(1) 毛利率。毛利率是经常使用的一个指标。在“ERP 沙盘模拟”课程中，其计算公式如下。

毛利率=(销售收入−直接成本)÷销售收入

毛利率说明了什么问题呢？理论上讲，毛利率说明了每 1 元销售收入所产生的利润。更进一步思考，毛利率是获利的初步指标，但利润表反映的是企业所有产品的整体毛利率，不能反映每个产品对整体毛利的贡献，因此还应该按产品计算毛利率。

(2) 销售利润率。销售利润率是毛利率的延伸，是毛利减掉综合费用后的剩余。在“ERP 沙盘模拟”课程中，其计算公式如下。

销售利润率=折旧前利润÷销售收入=(毛利−综合费用)÷销售收入

销售利润率代表了主营业务的实际利润，反映了企业主业经营的好坏。在毛利率一样的情况下，两个企业最终的销售利润率可能不同，原因就是三项费用不同的结果。

(3) 总资产收益率。总资产收益率是反映企业资产盈利能力的指标，包含了财务杠杆概念的指标，其计算公式如下。

总资产收益率=息税前利润÷资产合计

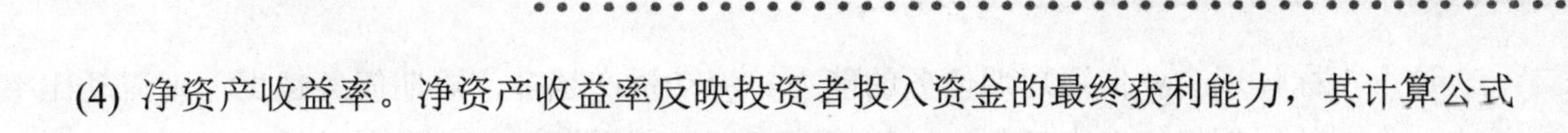

(4) 净资产收益率。净资产收益率反映投资者投入资金的最终获利能力，其计算公式如下。

净资产收益率=净利润÷所有者权益合计

这项指标是投资者最关心的指标之一，也是公司总经理向公司董事会年终交卷时关注的指标，但它涉及企业对负债的运用，根据负债的多少可以将经营者分为激进型或保守型。

负债与净资产收益率的关系是显而易见的。在总资产收益率相同时，负债的比率对净资产收益率有着放大和缩小的作用。例如，有 A、B 两家公司，总资产相同，负债不同，假定负债年利率为 10%，所得税率为 30%，比较计算相关指标如表 12-1 所示。

表 12-1　总资产收益率相同负债不同的两个企业相关指标计算对比

企　业	总 资 产	息税前利润	总资产收益率	负　债	所有者权益	净 利 润	净资产收益率
A	100	20	20%	60	40	9.8	24.5%
B	100	20	20%	40	60	11.2	18.7%

2. 成长力

成长力表示企业是否具有成长的潜力，即持续盈利能力。成长力指标由三个反映企业经营成果增长变化的指标组成：销售收入成长率、利润成长率和净资产成长率。

(1) 销售收入成长率。这是衡量产品销售收入增长的比率指标，以衡量经营业绩的提高程度，指标值越高越好，其计算公式如下。

销售收入成长率=(本期销售收入−上期销售收入)÷上期销售收入

(2) 利润成长率。这是衡量利润增长的比率指标，以衡量经营效果的提高程度，指标值越高越好，其计算公式如下。

利润成长率=[(本期(利息前)利润−上期(利息前)利润)]÷上期(利息前)利润

(3) 净资产成长率。这是衡量净资产增长的比率指标，以衡量股东权益提高的程度。对于投资者来说，这个指标是非常重要的，反映了净资产的增长速度，其计算公式如下。

净资产成长率=(本期净资产−上期净资产)÷上期净资产

3. 安定力

这是衡量企业财务状况是否稳定，会不会有财务危机的指标，由四个指标构成：流动比率、速动比率、固定资产长期适配率和资产负债率。

(1) 流动比率。流动比率的计算公式如下。

流动比率=流动资产÷流动负债

这个指标体现企业偿还短期债务的能力。流动资产越多，短期债务越少，则流动比率越大，企业的短期偿债能力越强。一般情况下，运营周期、流动资产中的应收账款数额和存货的周转速度是影响流动比率的主要因素。

(2) 速动比率。速动比率比流动比率更能体现企业偿还短期债务的能力，其计算公式如下。

速动比率=速动资产÷流动负债=(流动资产-在制品-产成品-原材料)÷流动负债

从公式中可以看出，在流动资产中，尚包括变现速度较慢且可能已贬值的存货，因此将流动资产扣除存货再与流动负债对比，以衡量企业的短期偿债能力。一般低于 1 的速动比率通常被认为是短期偿债能力偏低。影响速动比率可信性的重要因素是应收账款的变现能力，账面上的应收账款不一定都能变现，也不一定非常可靠。

(3) 固定资产长期适配率。固定资产长期适配率的计算公式如下。

固定资产长期适配率=固定资产÷(长期负债+所有者权益)

这个指标应该小于 1，说明固定资产的购建应该使用还债压力较小的长期贷款和股东权益，因为固定资产建设周期长，且固化的资产不能马上变现。如果用短期贷款来购建固定资产，由于短期内不能实现产品销售而带来现金回笼，势必会造成还款压力。

(4) 资产负债率。这是反映债权人提供的资本占全部资本的比例，该指标也被称为负债经营比率，其计算公式如下。

资产负债率=负债÷资产

负债比率越大，企业面临的财务风险越大，获取利润的能力也越强。如果企业资金不足，依靠欠债维持，则导致资产负债率特别高，偿债风险就应该特别注意了。资产负债率在 60%～70%比较合理、稳健，当达到 85%及以上时，应视为发出预警信号，企业必须引起足够的注意。

资产负债率指标不是绝对指标，需要根据企业本身的条件和市场情况判定。

4. 活动力

活动力是从企业资产的管理能力方面对企业的经营业绩进行评价，主要包括四个指标，应收账款周转率、存货周转率、固定资产周转率和总资产周转率。

(1) 应收账款周转率(周转次数)。应收账款周转率是在指定的分析期间内应收账款转为现金的平均次数，指标越高越好。其计算公式如下。

应收账款周转率(周转次数)=当期销售净额÷当期平均应收账款

=当期销售净额÷[(期初应收账款+期末应收账款)÷2]

应收账款周转率越高，说明其收回越快；反之，说明营运资金过多呆滞在应收账款上，

影响正常资金周转及偿债能力。

应收账款周转率可以以年为单位计算，也可以以季、月、周计算。

(2) 存货周转率。这是反映存货周转快慢的指标，其计算公式如下。

存货周转率=当期销售成本÷当期平均存货

=当期销售成本÷[(期初存货余额+期末存货余额)÷2]

从指标本身来说，销售成本越大，说明因为销售而转出的产品越多。销售利润率一定，赚的利润就越多。库存越小，周转率越大。

这个指标可以反映企业中采购、库存、生产、销售的衔接程度。衔接得好，原材料适合生产的需要，没有过量的原料，产成品(商品)适合销售的需要，没有积压。

(3) 固定资产周转率。固定资产周转率的计算公式如下。

固定资产周转率=当期销售净额÷当期平均固定资产

=当期销售净额÷[(期初固定资产余额+期末固定资产余额)÷2]

如果是制造业和交通运输业，要计算固定资产周转率。这项指标的含义是固定资产占用的资金参加了几次经营周转，赚了几次钱，用以评价固定资产的利用效率，即产能是否充分发挥。资产周转率越高，企业资金周转越快，赚钱的速度越快，赚的钱就越多。

(4) 总资产周转率。总资产周转率指标用于衡量企业运用资产赚取利润的能力。经常和反映盈利能力的指标一起使用，全面评价企业的盈利能力。其计算公式如下。

总资产周转率=当期销售收入÷当期平均总资产

=当期销售收入÷[(期初资产总额+期末资产总额)÷2]

该项指标反映总资产的周转速度，周转越快，说明销售能力越强。企业可以采用薄利多销的方法，加速资金周转，带来利润绝对额的增加。

5. 生产力

生产力是衡量人力资源的产出能力的指标，通过计算以下两个指标衡量。

人均利润=当期利润总额÷当期平均职工人数

=当期利润总额÷[(期初职工人数+期末职工人数)÷2]

人均利润指标衡量人力投入与利润之间的关系，指标数值越大越好。

人均销售收入=当期销售净额÷当期平均职工人数

=当期销售净额÷[(期初职工人数+期末职工人数)÷2]

人均销售收入指标衡量人力投入与销售收入之间的关系，指标数值越大越好。

生产力指标旨在说明：企业规模扩大，员工数量增加，增加的这些员工生产是否有效率。

6. 经营业绩的综合评价

经营业绩的综合评价的主要目的是与行业或特定的对手相比，发现自己的差距，以便在日后的经营中加以改进。在模拟训练中，一般参加训练的多个企业是同一个行业，所进行的分析可以理解为同行业中的对比分析，以发现自己企业与行业的平均水平之间的差别。

计算出了企业的各项经营比率后，各项单个的数据给人的印象是散乱的，我们无法判断企业整体的经营在同行业中处于一种什么样的位置。但是，通过图表可以清晰地反映出数据的各种特征，其中雷达图就是专门用来进行多指标体系分析的专业图表。

雷达图通常由一组坐标轴和三个同心圆构成。每个坐标轴代表一个指标。同心圆中最小的圆表示最差水平或是平均水平的 1/2；中间的圆表示标准水平或是平均水平；最大的圆表示最佳水平或是平均水平的 1.5 倍。其中，中间的圆与外圆之间的区域称为标准区，如图 12-5 所示。在雷达图上，企业的各项经营指标比率分别标在相应的坐标轴上，并用线段将各坐标轴上的点起来。图 12-5 中，坐标 1 值为行业的平均值，如果某项指标位于平均线以内，说明该指标有待改进，而对于接近甚至低于最小圆的指标，则是危险信号，应分析原因，抓紧改进。如果某项指标高于平均线，说明该企业相应方面具有优势。可见，各种指标越接近外圆越好。

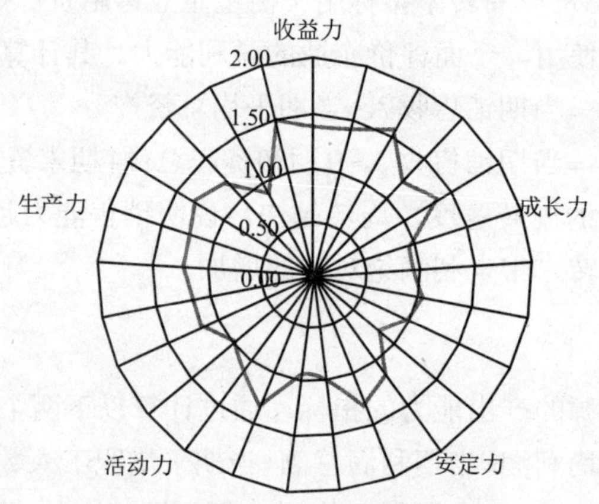

图 12-5 企业能力雷达图

12.2.3 成本结构变化分析

企业经营的本质是获取利润，而获取利润的途径是扩大销售或降低成本。企业成本由多项费用要素构成，了解各费用要素在总体成本中所占的比例，分析成本结构，从那些比例较高的费用支出项入手，是控制费用的有效方法。

在“ERP 沙盘模拟”课程中，从销售收入中扣除直接成本、综合费用、折旧、利息后

得到税前利润。明确各项费用在销售收入中的比例，可以清晰地指明工作方向。费用比例的计算公式如下。

费用比例=费用÷销售收入

如果将各费用比例相加，再与 1 相比，则可以看出总费用占销售比例的多少，如果超过 1，说明支出大于收入，企业亏损，并可以直观地看出亏损的程度，如图 12-6 所示。

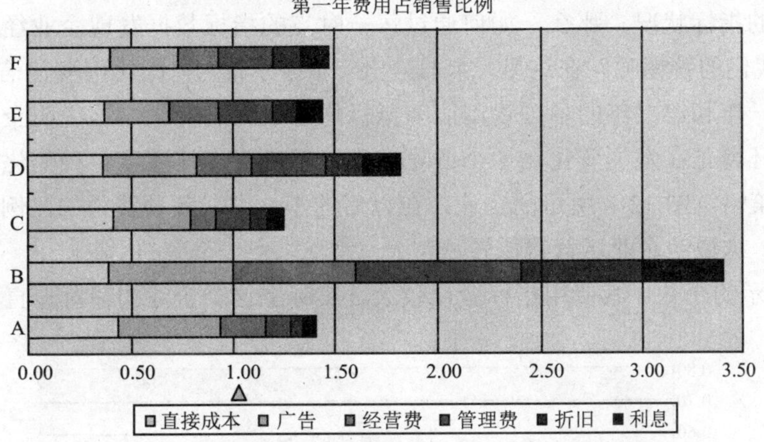

图 12-6 各企业第一年费用占销售比例

提示： 经营费由经常性费用组成，即扣除开发费用之外的所有经营性支出，按下式计算。

经营费=设备维修费+场地租金+转产费+其他费用

如果将企业各年成本费用变化情况进行综合分析，就可以通过比例变化透视企业的经营状况，如图 12-7 所示。

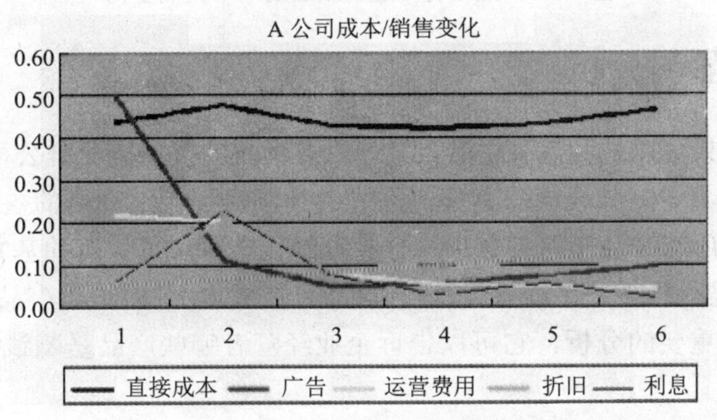

图 12-7 成本费用比例的变化

企业经营是持续性的活动，由于资源的消耗和补充是缓慢进行的，因此单从某一时间点上很难评价一个企业经营的好坏。例如，广告费用占销售的比例，单以一个时点来评价，无法评价好坏。但在一个时点上，可以将这个指标同其他同类企业进行比较，评价该企业在同类企业中的优劣。在企业经营过程中，很可能由于在某一时点出现了问题，而直接或间接地影响企业未来的经营活动，正所谓“千里之堤，溃于蚁穴”，因此不能轻视经营活动中每一个时点的指标状况。那么，如何通过每一时点的指标数据发现企业经营活动中的问题，从而引起我们的警惕呢？在这里，本书给出一个警示信号，即比例变化信号。从图 12-7 可以看到，第一年和第二年的各项费用比率指标均有很大的变化，这说明企业经营遇到了问题，经营的环境正在发生变化，这个信号提醒管理者要格外注意各种变化情况，及时调整经营战略和策略。图 12-7 所示的企业，在以后的年份中，各种费用的比例比较平稳，没有突变的情况，这说明企业运营得比较正常。

图 12-8 所示的企业，其费用指标变化较大，实际上这个企业的经营一直是有问题的。

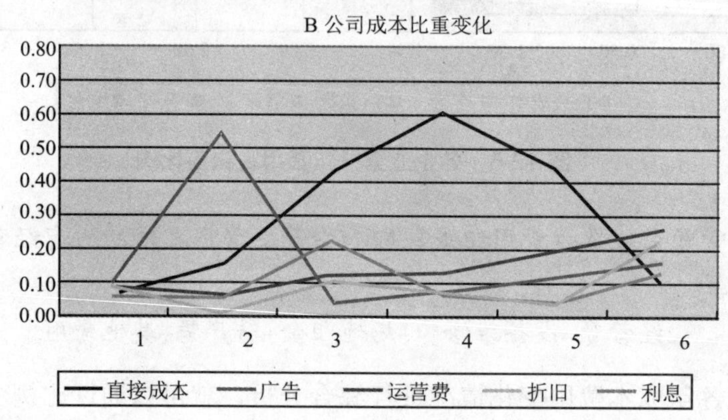

图 12-8 经营有问题的企业的成本比例变化

12.2.4 产品盈利分析

企业经营的成果可以从利润表中看到，但财务反映的损益情况是公司经营的综合情况，并没有反映具体业务、具体合同、具体产品、具体项目等明细项目的盈利情况。盈利分析就是对企业销售的所有产品和服务分项进行盈利细化核算，其核算的基本公式如下。

单产品盈利=某产品销售收入−该产品直接成本−分摊给该产品的费用

这是一项非常重要的分析，它可以告诉企业经营者哪些产品是赚钱的，哪些产品是不赚钱的。

在这个公式中，分摊费用是指不能够直接认定到产品(服务)上的间接费用，如广告费、管理费、维修费、租金、开发费等，都不能被直接认定到某一个产品(服务)上，需要在当年

的产品中进行分摊。分摊费用的方法有许多种，传统的方法有按收入比例、成本比例等进行分摊，但这些方法多是一些不精确的方法，很难谈到合理。本课程中的费用分摊是按产品数量进行的分摊，即

某类产品分摊的费用=分摊费用÷各类产品销售数量总和×某类产品销售的数量

按照这样的计算方法得出各类产品的分摊费用，根据盈利分析公式，计算出各类产品的贡献利润，再用利润率来表示对整个公司的利润贡献度，即：

$$\frac{\text{某类产品的贡献利润}}{\text{该类产品的销售收入}}=\frac{(\text{某类产品的销售收入}-\text{直接成本}-\text{分摊给该类产品的分摊费用})}{\text{该类产品的销售收入}}$$

其结果为如图 12-9 所示的产品贡献利润和如图 12-10 所示的产品利润率。

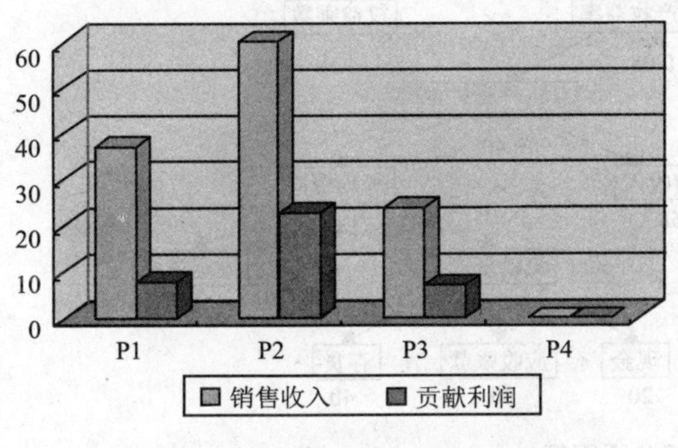

图 12-9　产品贡献利润

图 12-10　产品利润率

尽管分摊的方法有一定的偏差，但分析的结果可以说明哪些产品是赚钱的产品，值得企业大力发展，哪些产品赚得少或根本不赚钱。企业的经营者可以对这些产品进行更加仔细的分析，以确定企业发展的方向。

12.2.5　杜邦分析——挖掘影响利润原因的工具

财务管理是企业经营管理的核心之一，而如何实现股东财富最大化或企业价值最大化是财务管理的中心目标。任何一个企业的生存与发展都依赖于该企业能否创造价值。企业的每一个成员都负有实现企业价值最大化的责任。出于向投资者(股东)揭示经营成果和提高经营管理水平的需要，企业财务管理人员需要一套实用、有效的财务指标体系，以便据此评价和判断企业的经营绩效、经营风险、财务状况、获利能力和经营成果。杜邦财务分析体系就是一种比较实用的财务比率分析体系。这种分析方法最早由美国杜邦公司使用，故名杜邦分析法。

杜邦分析法利用几种主要的财务比率之间的关系来综合地分析企业的财务状况，用来评价企业盈利能力和股东权益回报水平。它的基本思想是将企业净资产收益率(ROE)逐级分

解为多项财务比率乘积，这样有助于深入分析比较企业的经营业绩。

如图 12-11 所示，杜邦分析图解告诉我们，净资产收益率是杜邦分析的核心指标，这是因为，任何一个投资人投资某一特定企业，其目的都在于希望该企业能给他带来更多的回报。因此，投资人最关心这个指标，同时，这个指标也是企业管理者制定各项财务决策的重要参考依据。通过杜邦分析，将影响这个指标的三个因素从幕后推向前台，使我们能够目睹它们的庐山真面目，所以在分析净资产收益率时，应该从构成该指标的三个因素分析入手。

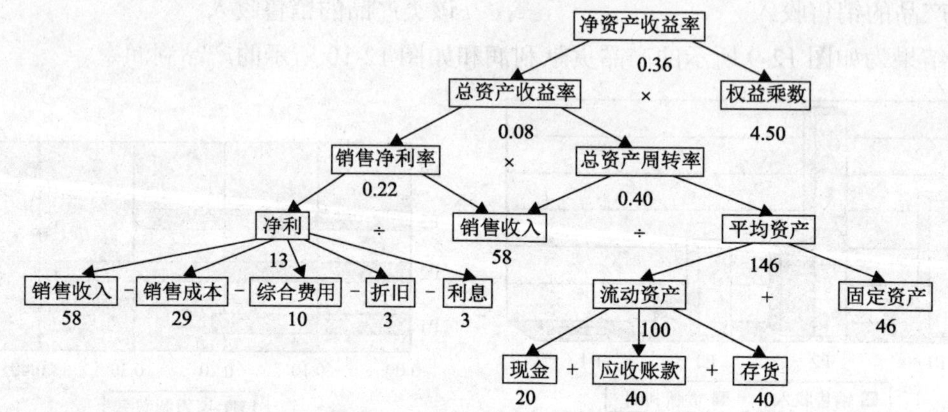

图 12-11 杜邦分析图解

为了找出销售利润率及总资产周转率水平高低的原因，可将其分解为财务报表有关项目，从而进一步发现问题产生的根源。销售利润率及总资产周转率与财务报表有关项目之间的关系在杜邦分析图中一目了然。有了这张图，就可以非常直观地发现是哪些项目影响了销售利润率，或者是哪个资产项目扯了资产周转率的后腿。

总资产收益率水平高低的原因可进行类似指标分解。总资产收益率低的原因可能在于销售利润率较低，也可能在于总资产周转率较低。如果属于前一种情况，则需要在开源节流方面挖掘潜力；倘若属于后一种情况，则需要提高资产的利用效率，减少资金闲置，加速资金周转。

权益乘数反映企业的负债能力。这个指标越高，说明企业资产总额中的大部分是通过负债形成，这样的企业将会面临较高的财务风险；而这个指标低，说明企业的财务政策比较稳健，负债较少，风险也小，但获得超额收益的机会也不会很多。

杜邦分析既涉及企业获利能力方面的指标(净资产收益率、销售利润率)，又涉及营运能力方面的指标(总资产周转率)，同时还涉及举债能力指标(权益乘数)，可以说杜邦分析法是一个三足鼎立的财务分析方法。

12.2.6　资金周转分析——筹集资金的依据

财务管理的目标主要与筹资管理、流动性管理及风险管理有关，其目标如下。

(1) 确保满足企业预期经营规模的资金需求。

(2) 保持充分的流动性。

(3) 将信用风险、外汇风险及利率风险控制在可接受的范围内。

(4) 利用过剩的现金进行投资为企业盈利。

所有这些均与现金流量相关。现金流对企业来说至关重要。企业为了生存，必须获取现金以便支付各种商品和服务的开销。理解公司现金如何循环，不仅对老板非常重要，对职员也一样。即使在非常小的公司里，如果想使其他资产占用的现金最小化，老板也需要职员的配合。图 12-12 所示的水箱图以工程师的语言表明了公司如何使用现金。现金循环就像水流过水箱系统，部分依靠重力，部分依靠水泵。

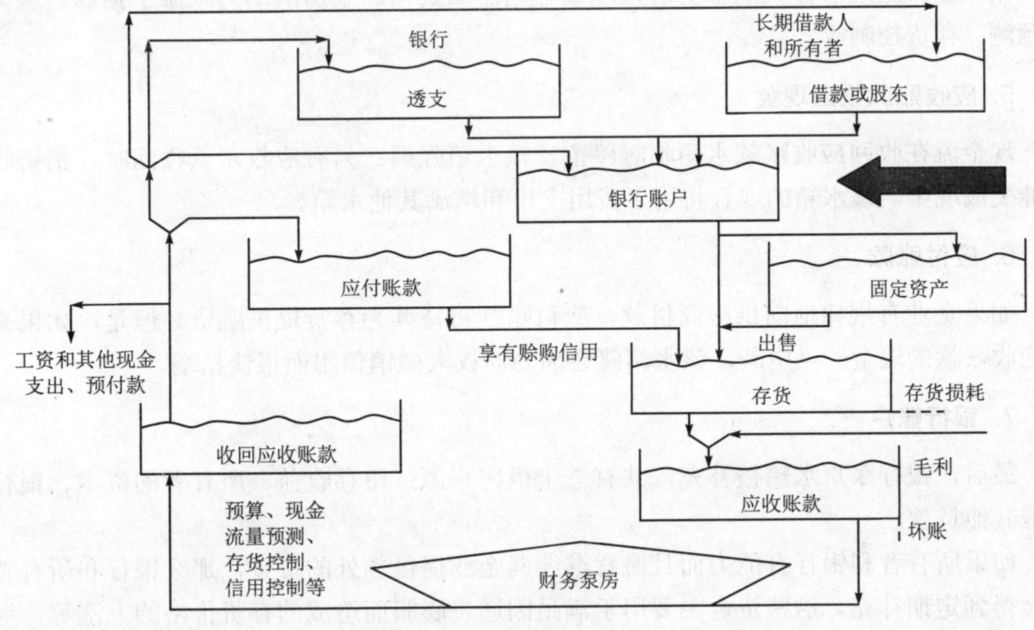

图 12-12　水箱图

从水箱图中可以看出如下问题。

1. 现金来源于何处

在企业经营初期，所有者向企业投入股本，银行也向企业提供贷款或透支额度。现金流入银行账户，所有的钱就在银行账户中，不可能来源于其他地方。

2. 重力流

花钱非常容易。现金从银行账户流出，就如同打开的水龙头一样，流向固定资产和存货。一些现金由于存货浪费丧失，其他一小部分现金将在出售资产时收回。

也许在毫无准备的情况下，现金已经被赊销收入(应收账款)占用了。如果应收账款得不到回收而形成了坏账，也会导致现金流出。每一个“水箱”吸收多少现金取决于如何经营企业。

3. 毛利

销售成本是指花费在生产产品或提供服务方面的现金。销售成本加上毛利就得出资产负债表中的应收账款。毛利只增加了应收账款，并没有增加公司实际持有的现金。

4. 泵房收回现金

当现金流通过财务控制泵房时，现金开始流回公司。泵房的动力来源于预算、现金流量预测、存货控制等。

5. 应收账款收回现金

现金流在收回应收账款水箱临时停留。该水箱强调：只有应收账款收回时，销售收入才能变成现金。该水箱的现金将用于费用支出和填满其他水箱。

6. 应付账款

如果企业有规律地向供应商付款，应付账款将持续为存货提供融资。但是，如果来源于应收账款的现金一旦中断，该水箱就会因为债权人撤销信用而很快枯竭。

7. 银行账户

最后，银行账户水箱被补充，共有三个供应来源：留存收益、所有者的资本、银行透支或其他贷款。

如果所有者和银行有能力而且愿意继续向企业提供额外的资金，那么银行和所有者水箱会得到定期补充。这些资金主要用于满足因通货膨胀而造成的存货价格的上涨等，对于企业扩张的需要则不予考虑。

8. 不正常的情况

某一水箱超额占用现金会削弱其他处的现金供应。由于企业的现金供应是有限的，某一水箱超额占用现金都会抽干其他水箱的现金，造成现金短缺。超额占用现金的原因可能是支出决策控制不力或无法收回应收账款。

12.2.7 资金使用效果分析——资金利用的优劣评判

现金循环与交易循环是相关联的。在制造业企业中，交易循环始于原材料购买，在经过生产和产品入库后，最后结束于产品的销售。现金循环则与之相对应，从付款购买原材料开始，到从客户手中收款后结束。在零售企业中，交易循环始于购买用于再销售的商品，结束于商品销售。尽管一些零售商可以在销售商品后再支付购货款，但现金循环还是应从付款开始，到收取商品销售收入时结束。在大多数企业中，交易循环是从向外部供应商购买货物开始，而现金循环则是从向供应商付款开始。然而，仍存在许多不是支付给供应商的付款，如支付给雇员的工资薪金，日常管理费用(包括支付的租金、利息、电话费、咨询费、广告费等)。在这些项目中，也存在着现金循环，因为在支付费用和取得销售收入之间有一定的时间间隔。现金循环如图 12-13 所示。

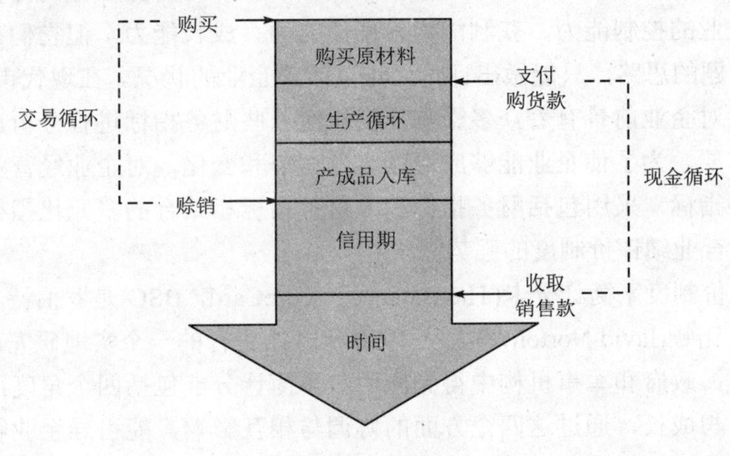

图 12-13 现金循环

现金管理要解决的问题是：①尽快取得现金收入并缩短现金循环的周期；②保证有足够的现金来偿还到期的支出款项并且妥善利用销售收入。

12.3 企业综合评价

在日常生活中，人们往往习惯于用财务指标去衡量一个企业的业绩表现，但财务指标是一种滞后的指标，不能指示出企业的未来，并且会导致企业管理人员严重短视，阻碍对未来发展的投资，使企业丧失可持续发展能力。

12.3.1 企业决胜

在“ERP 沙盘模拟”课程中，企业评价如何接近企业的真实价值，并且反映企业未来的发展和成长性，需要集中体现在总成绩计算算法中。在综合考虑各方面因素的基础上，定义了企业决胜的算法，公式如下。

总成绩=所有者权益×(1+企业综合发展潜力÷100)

企业综合发展潜力要综合考虑企业目前的资产状况、产品研发水平、市场、所取得的认证资格等。

12.3.2 平衡计分卡

传统的基于财务报表的业绩评价制度，大多数离不开对财务指标的分析。虽然这种分析有助于认识企业的控制能力、获利能力、偿债能力、成长能力，但它们只能发现问题而不能提供解决问题的思路，只能做出评价而难以改善企业的状况。在现代市场竞争环境下，各种不确定因素对企业前景有着众多影响，仅仅对一些财务指标进行分析已经难以满足企业经营管理的需要。为了使企业能够应对顾客、竞争和变化，对企业经营业绩的评价必须突破单一的财务指标，采用包括财务指标和非财务指标相结合的多元化指标体系。由此，引发了对企业综合业绩评价制度的强势需求。

综合业绩评价制度平衡计分卡(The Balanced ScoreCard，BSC)是罗伯特·卡普兰(Robert Kaplan)和戴维·诺顿(Iavid Norton)等人从 1990 年开始进行的一个实地研究项目，目前已经在美国很多企业、政府和军事机构中得到应用。平衡计分卡包括四个角度：财务、客户、业务流程及学习与成长，通过这四个方面的协调与相互影响，能引导企业管理层对企业发展战略做出全方位的思考，确保日常业务运作与企业远景和经营战略保持一致。

综合业绩评价制度将结果(如利润或现金流量)与原因(如顾客或员工满意)联系在一起。财务是最终目标，顾客是关键，企业内部业务流程是基础，企业学习与成长是核心。只有企业学习与成长了，才能持续改善企业内部业务流程，更好地为企业的顾客服务，从而实现企业最终的财务目标。综合业绩评价指标的重要性在于将战略、过程和管理人员联系在一起，提供一种综合的计划与控制系统。它是一种将超越数字的动态评价与静态评价相统一，将财务(货币)指标与非财务(非货币)指标相结合的革命性的业绩评价制度，也是推动企业可持续发展的业绩评价制度。

第 13 章　创业之星操作实践

“创业之星”操作实践的目的是帮助学生在虚拟的商业社会中完成企业从注册创建、运营、管理等所有决策的过程，在实践中学习创业，体验创业，开展创业。通过实践，可以有效地将所学知识转化为实际动手能力，提升学生的综合素质，增强学生的就业与创业能力。

13.1 软 件 安 装

(1) 单击“创业之星客户端 安装”图标进入安装程序。

(2) 单击“下一步”按钮继续安装，如图 13-1 所示。

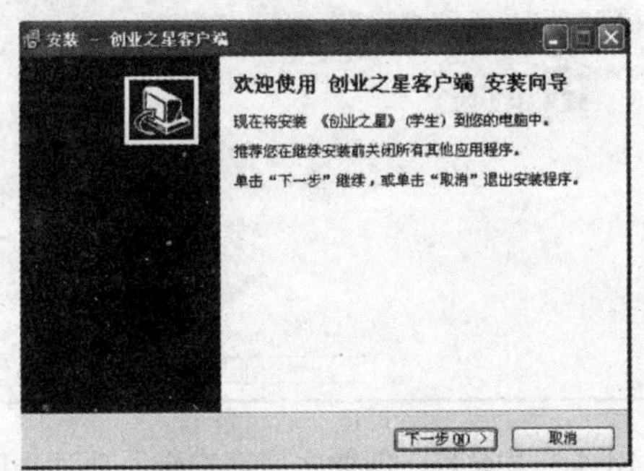

图 13-1　“安装—创业之星客户端”对话框一

(3) 选择软件安装位置，如图 13-2 所示。

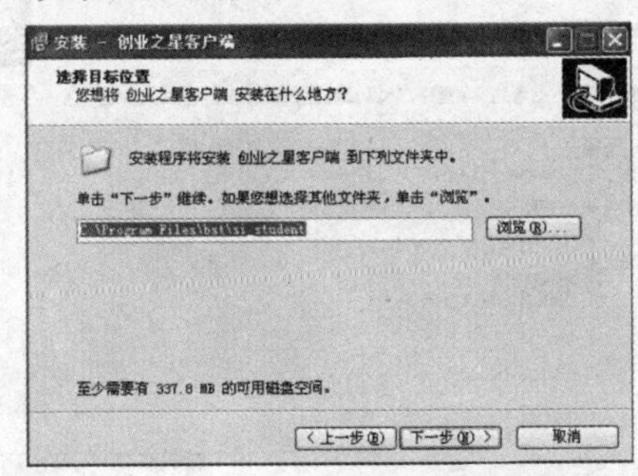

图 13-2　“安装—创业之星客户端”对话框二

(4) 决定是否在开始菜单创建快捷方式(建议勾选)，如图 13-3 所示。

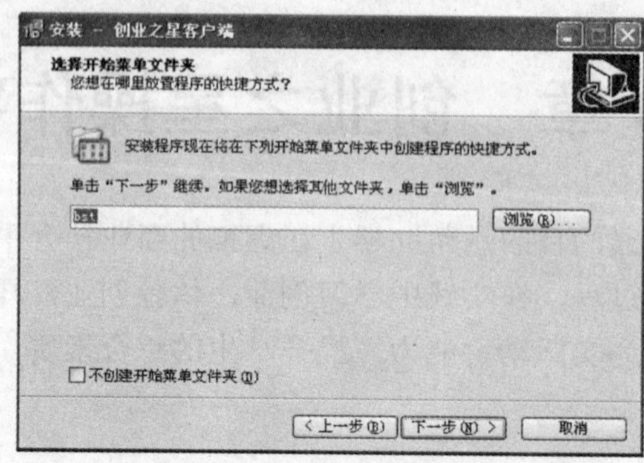

图 13-3 “安装一创业之星客户端”对话框三

(5) 决定是否在桌面创建快捷方式(建议勾选)，如图 13-4 所示。

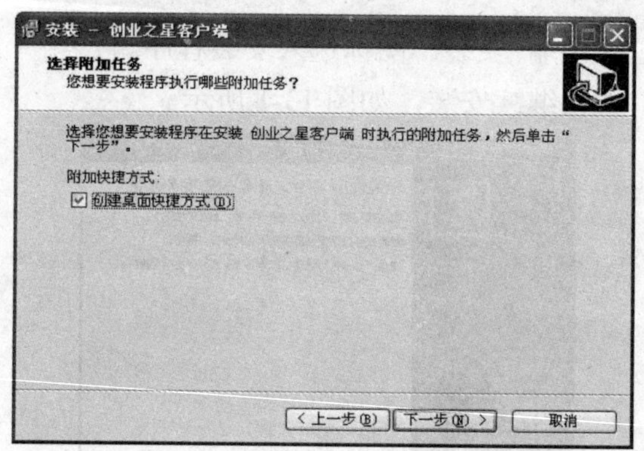

图 13-4 “安装一创业之星客户端”对话框四

(6) 单击“安装”按钮即可完成安装，如图 13-5 所示。

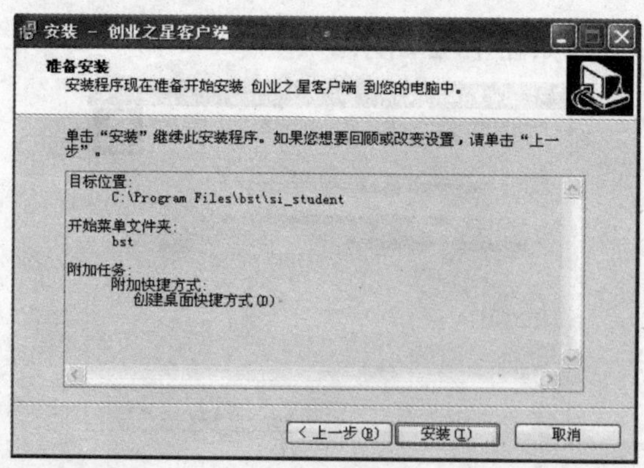

图 13-5 “安装一创业之星客户端”对话框五

(7) 安装完成后，在桌面可以看到相应的“创业之星”图标。

13.2 进 入 软 件

(1) 双击桌面的“创业之星”图标。

(2) 进入“创业之星”客户端登录界面，如图 13-6 所示。

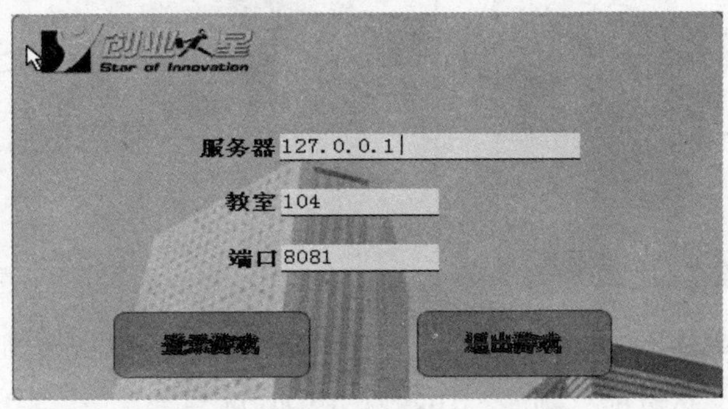

图 13-6 “创业之星”登录界面

① 在“服务器”文本框中输入数据处理服务器的网络 IP 地址。

② 在“教室”文本框中输入教室号码，该教室号码可询问授课教师，由教室控制程序控制并决定在哪个教室开课。

③ 在“端口”文本框中输入数据处理服务器使用的计算机端口，该端口可询问授课教师。

(3) 单击“登录游戏”按钮进入。

13.3 注册新用户

(1) 进入“注册登录”对话框，如图 13-7 所示。

(2) 单击“注册新用户”按钮，弹出如图 13-8 所示。

① “姓名”：必填项。输入使用该学生端的学员姓名。

② “密码”：可选项。登录该学生端的密码，若为空，则在登录学生客户端时无须密码验证。

③ “民族”：必填项。

④ “家庭住址”：必填项。填写完整、详细的家庭地址。

⑤ “身份证号码”：必填项。一般为 18 位数字。

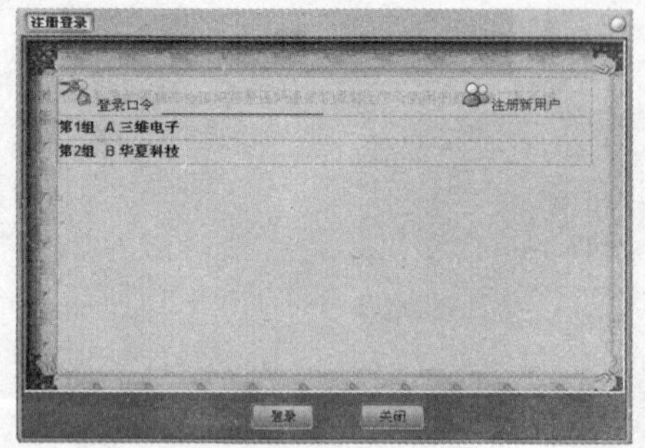

图 13-7 “注册登录”对话框

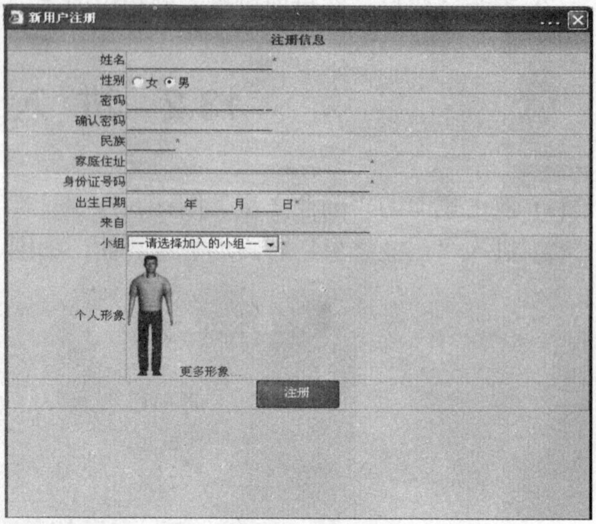

图 13-8 “新用户注册”对话框

⑥ “出生日期”：必填项。例如：1985 年 12 月 24 日。

⑦ “小组”：在此下拉列表框中可选择所要加入的小组(即要加入的公司名称)。若下拉列表框中无可选项，说明教师端还未创建小组，请联系教师端。

⑧ “个人形象”：单击“更多形象”按钮弹出图像，然后再单击所选图像，即可选择个人形象，如图 13-9 所示。

(3) 单击“注册”按钮，弹出如图 13-10 所示的提示框。

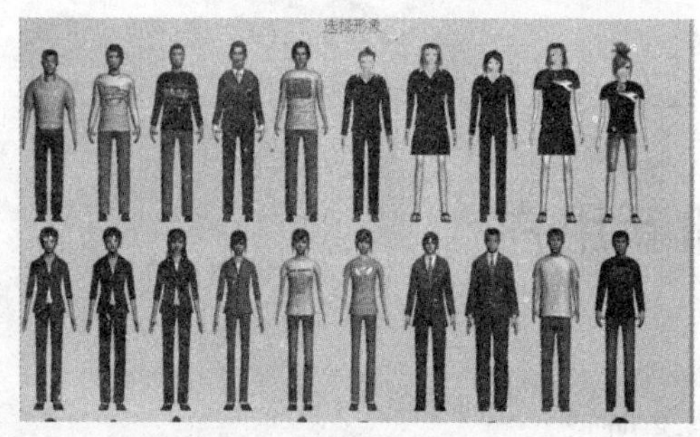

图 13-9 “个人形象”界面

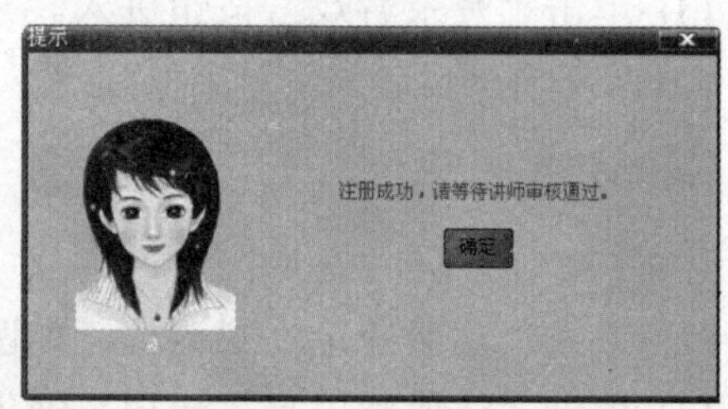

图 13-10 注册等待界面

此时，请等待或通知教师端审核你的注册请求。

(4) 审核通过后，请重新登录或刷新本页面，然后选择自己的账号，单击“登录”按钮即可。

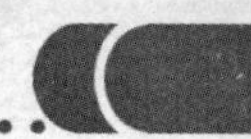

13.4　经营决策

13.4.1　公司内部界面

公司主要部门如图 13-11 所示。

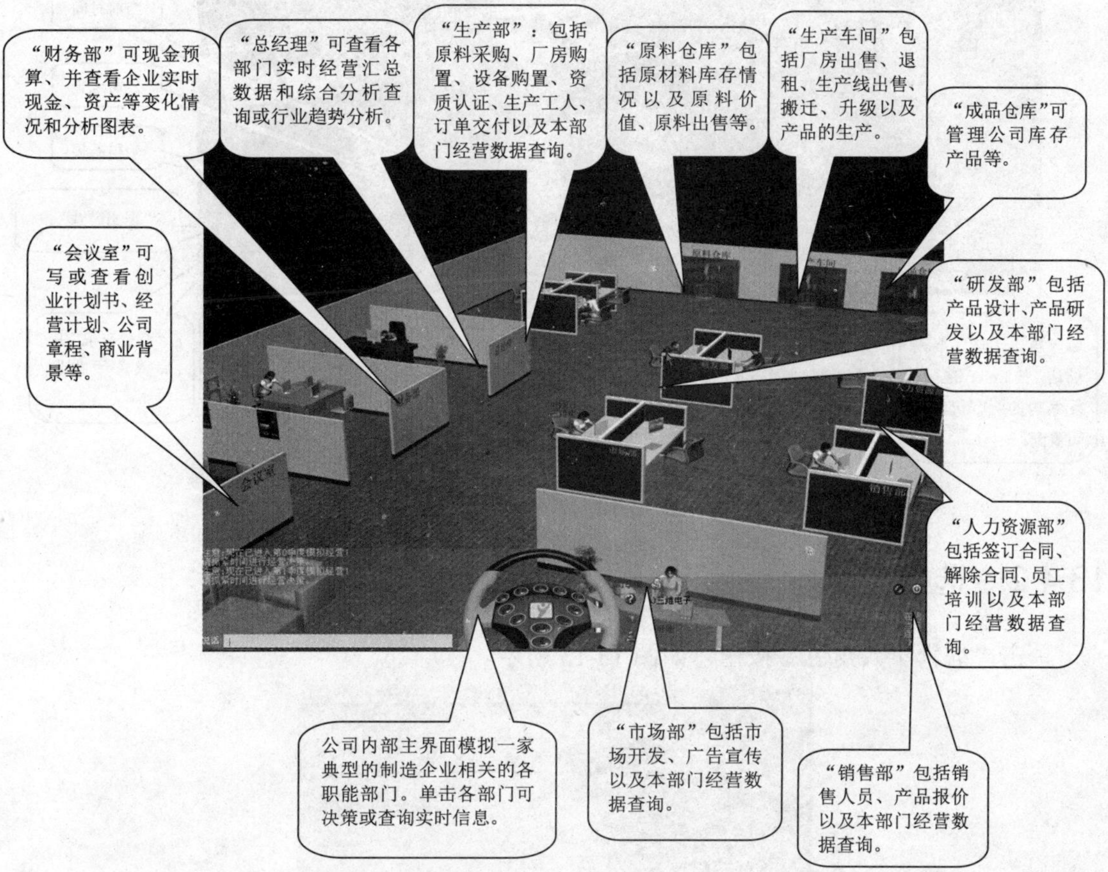
"财务部"可现金预算、并查看企业实时现金、资产等变化情况和分析图表。
"总经理"可查看各部门实时经营汇总数据和综合分析查询或行业趋势分析。
"生产部"：包括原料采购、厂房购置、设备购置、资质认证、生产工人、订单交付以及本部门经营数据查询。
"原料仓库"包括原材料库存情况以及原料价值、原料出售等。
"生产车间"包括厂房出售、退租、生产线出售、搬迁、升级以及产品的生产。
"成品仓库"可管理公司库存产品等。
"会议室"可写或查看创业计划书、经营计划、公司章程、商业背景等。
"研发部"包括产品设计、产品研发以及本部门经营数据查询。
"人力资源部"包括签订合同、解除合同、员工培训以及本部门经营数据查询。
公司内部主界面模拟一家典型的制造企业相关的各职能部门。单击各部门可决策或查询实时信息。
"市场部"包括市场开发、广告宣传以及本部门经营数据查询。
"销售部"包括销售人员、产品报价以及本部门经营数据查询。
原料仓库
会议室
销售部

图 13-11　公司主要部门示意图

常用操作按钮如图 13-12 所示。

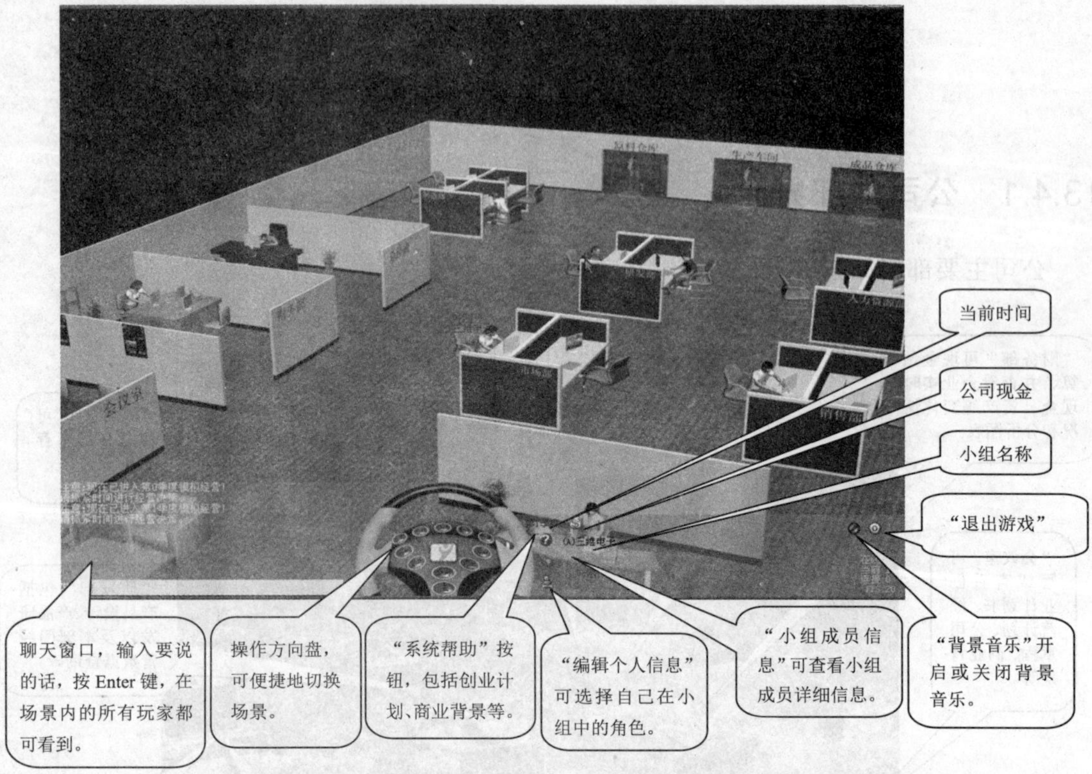

当前时间
公司现金
小组名称
“退出游戏”
聊天窗口，输入要说的话，按Enter键，在场景内的所有玩家都可看到。
操作方向盘，可便捷地切换场景。
“系统帮助”按钮，包括创业计划、商业背景等。
“编辑个人信息”可选择自己在小组中的角色。
“小组成员信息”可查看小组成员详细信息。
“背景音乐”开启或关闭背景音乐。

图 13-12　常用操作按钮

13.4.2　选择角色

单击“编辑个人角色”按钮，如图 13-13 所示。

角色配置
公司信息
小组序号 A
公司名称 三维电子
公司目标
工商注册模板
叶刚的个人信息
用户名 叶刚
登录密码
新登录密码
确认新登录密码
来自
场景最多显示角色 15 人
角色 --请选择角色--
个人形象
更多形象

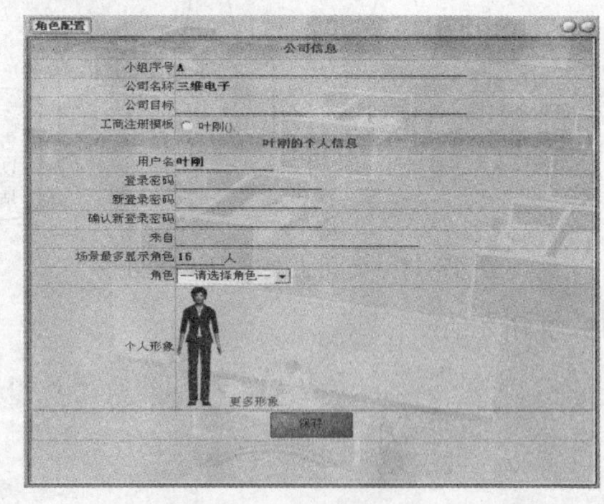

图 13-13　“角色配置”界面

依次编辑好“公司信息”“个人信息”，个人信息可编辑角色(即在公司中所处的职位)，完成后单击“保存”按钮，然后再重新登录游戏。

13.4.3　经营第一步(产品设计)

单击“研发部”，在弹出的对话框中选择“产品设计”，如图 13-14 所示。

产品设计

决策内容　规则说明

新产品名称	目标消费群体
	⊙家庭用户 ○商务办公 ○娱乐媒体

新产品研发BOM配置表

原料大类	原料子类	本期原料报价	选择
基本件	普及型套件	1,400.00	⊙
	经济型套件	1,600.00	○
	高性能套件	2,300.00	○
	服务器套件	3,600.00	○
显示器			⊙不选
	17"LCD	1,350.00	○
	19寸LCD	1,700.00	○
	21寸LCD	2,000.00	○
	22寸LCD	2,600.00	○
显卡			⊙不选
	32M独立显卡	50.00	○
	64M独立显卡	250.00	○
	128M独立显卡	380.00	○
	256M独立显卡	650.00	○
			⊙不选
	80G	280.00	○
	120G	350.00	○

图 13-14　“产品设计”界面

“决策内容”选项卡可设计新产品，“规则说明”选项卡则显示有关设计产品的操作说明。鼠标移到带有①图标的地方即可显示详细信息。

(1) 首先输入新产品名称，在“目标消费群体”区域选择消费群体。

(2) 然后选择产品配置，在“保存”按钮下方可实时显示你为该产品配置的原料成本和预计研发时间。

(3) 完成后单击“保存”按钮保存。设计完成的新产品可以在页面底部撤销。

13.4.4　经营第二步(产品研发)

单击“研发部”，在弹出的对话框中选择“产品研发”，如图 13-15 所示。

“决策内容”选项卡可研发新产品，“规则说明”选项卡则显示有关产品研发的操作说明。鼠标移到带有①图标的地方即可显示详细信息。

单击“投入”按钮即可投入本季度的产品研发经费。单击“撤销”按钮可撤销本季度的投入。

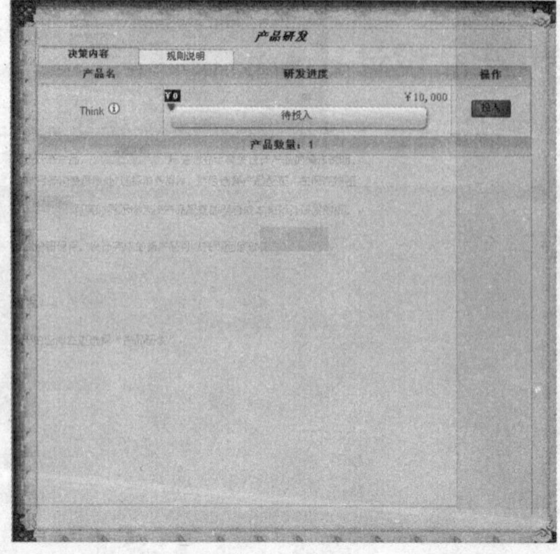

图 13-15　“产品研发”界面

13.4.5　经营第三步(原料采购)

单击“生产部”，在弹出的对话框中选择“原料采购”，如图 13-16 所示。

原料采购

决策内容　规则说明

原料大类	原料子类	到货周期	付款周期	单价	采购数量	合计金额	合计税额	价税合计
基本件	普及型套件	0	0	1,400.00	0	0.00	0.00	0.00
	经济型套件	0	0	1,600.00	0	0.00	0.00	0.00
	高性能套件	0	0	2,300.00	0	0.00	0.00	0.00
	服务器套件	1	1	3,600.00	0	0.00	0.00	0.00
显示器	17"LCD	0	0	1,350.00	0	0.00	0.00	0.00
	19寸LCD	0	0	1,700.00	0	0.00	0.00	0.00
	21寸LCD	0	0	2,000.00	0	0.00	0.00	0.00
	22寸LCD	1	1	2,600.00	0	0.00	0.00	0.00
显卡	32M独立显卡	0	0	50.00	0	0.00	0.00	0.00
	64M独立显卡	0	0	250.00	0	0.00	0.00	0.00
	128M独立显卡	0	0	380.00	0	0.00	0.00	0.00
	256M独立显卡	0	1	650.00	0	0.00	0.00	0.00
硬盘	80G	0	0	280.00	0	0.00	0.00	0.00
	120G	0	0	350.00	0	0.00	0.00	0.00
	160G	0	0	400.00	0	0.00	0.00	0.00
	250G	1	1	520.00	0	0.00	0.00	0.00
光驱	DVD光驱	0	0	240.00	0	0.00	0.00	0.00
	DVD-RW光驱	0	0	350.00	0	0.00	0.00	0.00
	正版操作系统	0	0	680.00	0	0.00	0.00	0.00

图 13-16　“原料采购”界面

“决策内容”选项卡可采购原料，“规则说明”选项卡则显示有关原料采购的操作说明。

鼠标移到带有①图标的地方即可显示详细信息。

在“采购数量”一栏输入采购数量，完成后单击“保存”按钮即可。

鼠标移到“原料子类”下相关的原料上(普及型套件)，如图 13-17 所示。

普及型套件

原料状态

数量	单价	购买时间	到货时间	合计金额	合计税额	状态	操作
3	1,400.00	1	1	4,200.00	714.00	在库中	撤销
2	1,400.00	1	1	2,800.00	476.00	在库中	撤销
合计							
5	在库中:5	未到货:0	总价值：8,190.00				

图 13-17　“原料子类—普及型套件”界面

单击“撤销”按钮可撤销本季度采购的原料。

13.4.6　经营第四步(厂房购置)

单击“生产部”，在弹出的对话框中选择“厂房购置”，如图 13-18 所示。

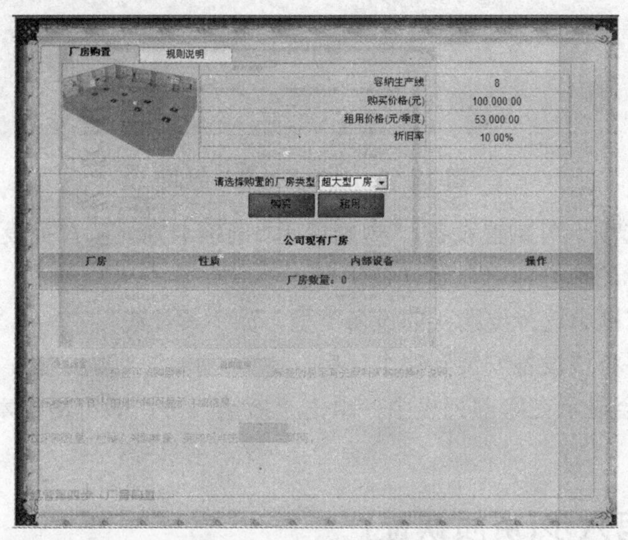

图 13-18　“厂房购置”界面

“决策内容”选项卡可购置厂房，“规则说明”选项卡则显示有关厂房购置的操作说明。鼠标移到带有①图标的地方即可显示详细信息。

在下拉列表框中选择要购买的厂房类别，如“超大型厂房”。然后单击“购买”或“租用”按钮。

已被购买或租用的厂房会显示在底部列表中，单击“撤销”按钮即可撤销本季度购买或租用的厂房。

13.4.7 经营第五步(设备购置)

单击“生产部”，在弹出的对话框中选择“设备购置”，如图 13-19 所示。

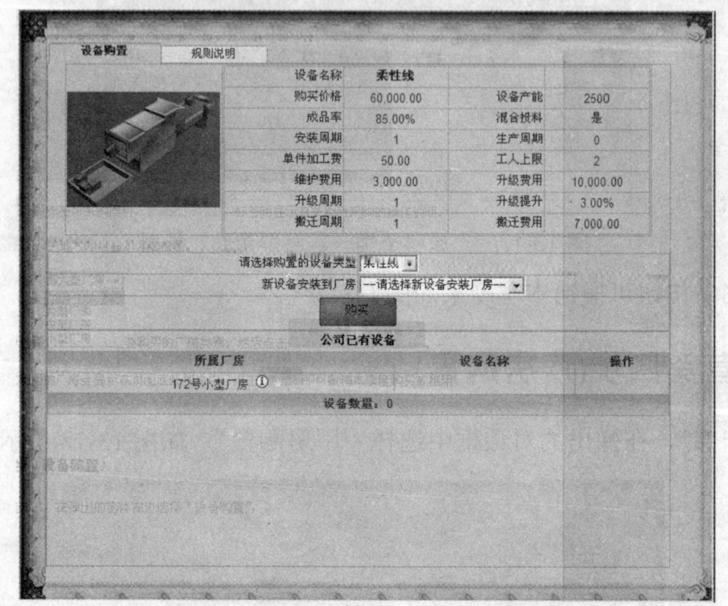

图 13-19 “设备购置”界面

“决策内容”选项卡可购置设备，“规则说明”选项卡则显示有关设备购置的操作说明。鼠标移到带有①图标的地方即可显示详细信息。

(1) 在下拉列表框中选择要购买的设备类型，如“柔性线”。

(2) 再选择需要将该设备安装到哪个厂房，完成后单击“购买”。

已购买的设备会显示在底部列表中，单击“撤销”按钮即可撤销本季度购买或租用的设备。

13.4.8 经营第六步(资质认证)

单击“生产部”，在弹出的对话框中选择“资质认证”，如图 13-20 所示。

“决策内容”选项卡可认证资质，“规则说明”选项卡则显示有关资质认证的操作说明。

鼠标移到带有①图标的地方即可显示详细信息。

单击“投入”按钮即可投入本季度认证资金；单击“撤销”按钮即可撤销本季度投入的资金。

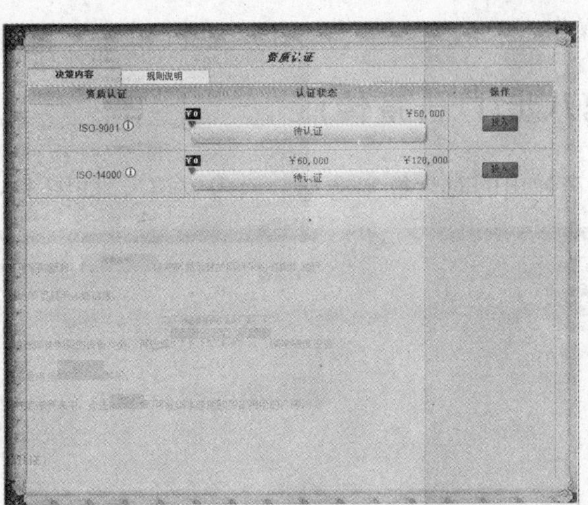

图 13-20　“资质认证”界面

13.4.9　经营第七步(市场开发)

单击“市场部”，在弹出的对话框中选择“市场开发”，如图 13-21 所示。

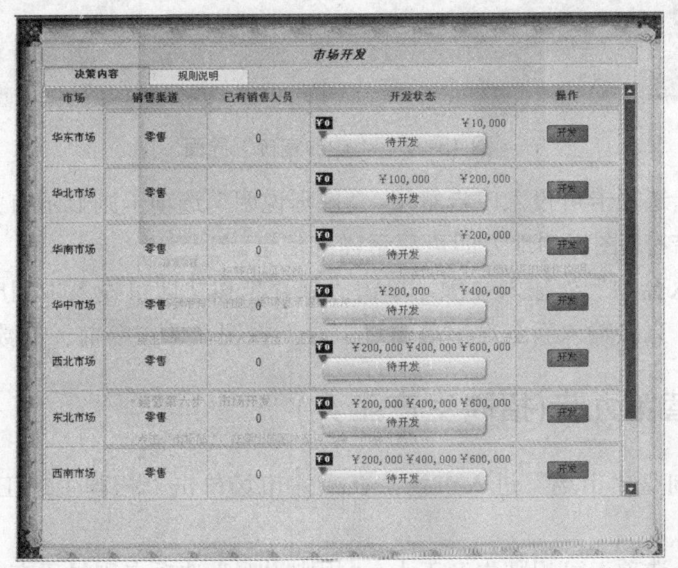

图 13-21　“市场开发”界面

“决策内容”选项卡可开发市场，“规则说明”选项卡则显示有关市场开发的操作说明。鼠标移到带有ⓘ图标的地方即可显示详细信息。

选中相应的市场，单击“开发”按钮即可投入本期的市场开发费用，单击“撤销”按钮即可撤销本季度的操作。

13.4.10　经营第八步(广告宣传)

单击“市场部”，在弹出的对话框中选择“广告宣传”，如图 13-22 所示。

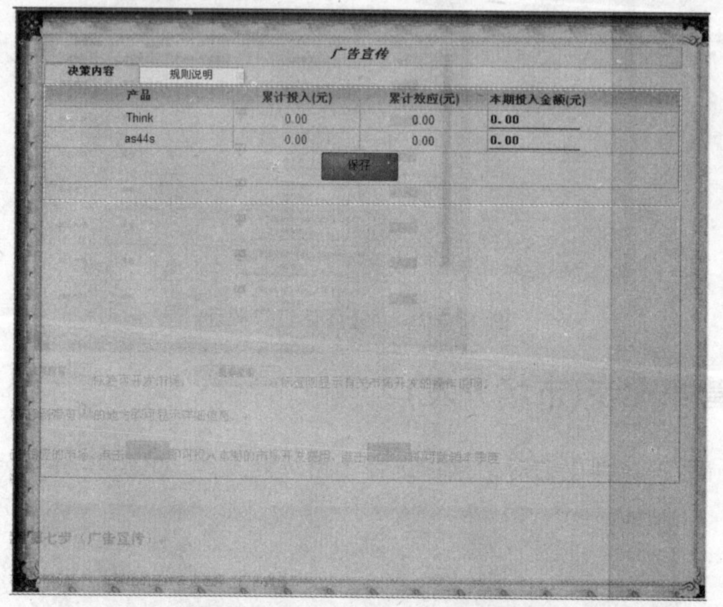

图 13-22　“广告宣传”界面

“决策内容”选项卡可投入广告费用，“规则说明”选项卡则显示有关广告宣传的操作说明。鼠标移到带有①图标的地方即可显示详细信息。

在“本期投入金额”处输入金额，单击“保存”按钮即可投入本期广告宣传费用，若需要修改此金额，直接输入新金额后单击“保存”按钮，即覆盖前一次数据。

13.4.11　经营第九步(招聘生产工人)

单击操作方向盘“市场”进入市场，在人才市场单击“招聘生产工人”，如图 13-23 所示。

“决策内容”选项卡可招聘生产工人，“规则说明”选项卡则显示有关招聘生产工人的操作说明。鼠标移到带有①图标的地方即可显示详细信息。

在“请选择招聘的工人类型”下拉列表框中选择招聘生产工人的类型，如“普通工人”，同样在“工人安排到生产线”下拉列表框中安排工人工作的生产线。最后单击“招聘”按钮即可完成招聘。

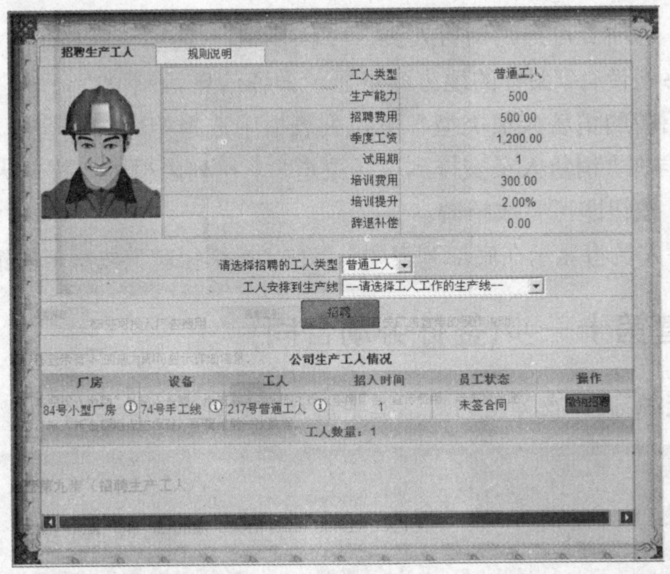

图 13-23　“招聘生产工人”界面

招聘到的生产工人将显示在底部列表中，单击“撤销招聘”按钮可撤销本期的招聘任务。

13.4.12 经营第十步(招聘销售人员)

单击操作方向盘“市场”进入市场，在人才市场单击“招聘销售人员”，如图 13-24 所示。

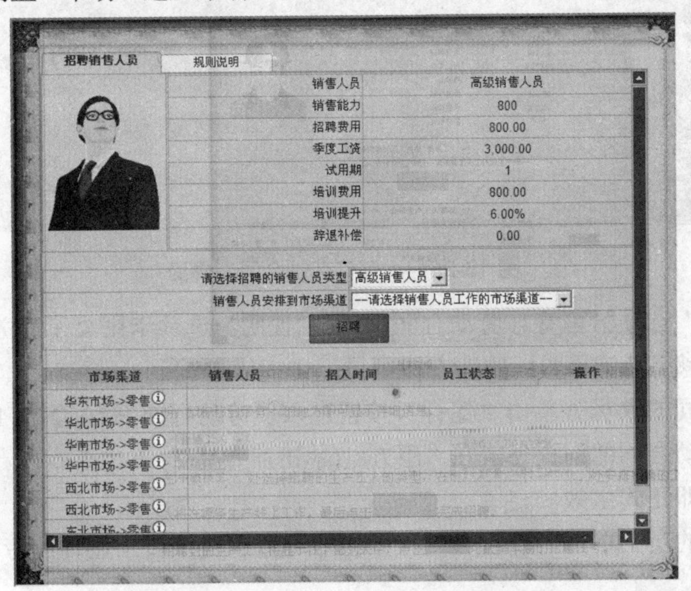

图 13-24　“招聘销售人员”界面

“决策内容”选项卡可招聘销售人员，“规则说明”选项卡则显示有关招聘销售人员的操作说明。鼠标移到带有ⓘ图标的地方即可显示详细信息。

在“请选择招聘的销售人员类型”下拉列表框中选择招聘的销售人员的类型，如“高级销售人员”，同样在“销售人员安排到市场渠道”下拉列表框中安排工人工作的市场渠道。最后单击“招聘”按钮即可完成招聘。

招聘到的销售人员将显示在底部列表中，单击“撤销招聘”按钮可撤销本期的招聘任务。

13.4.13 经营第十一步(签订劳动合同)

单击“人力资源部”，在弹出的对话框中选择“签订劳动合同”，如图 13-25 所示。

签订合同

签订劳动合同 | 规则说明

类别	人员	入职时间	能力	薪金	操作
生产工人	217号普通工人 ⓘ	第1季度	500	1,200.00	签订
	336号普通工人 ⓘ	第3季度	500	1,200.00	签订
销售人员	103号高级销售人员 ⓘ	第3季度	100	3,000.00	签订
	102号低级销售人员 ⓘ	第3季度	40	1,000.00	签订
管理人员	叶刚(总经理)	----	----	----	签订

图 13-25 “签订劳动合同”界面

“决策内容”选项卡可签订劳动合同，“规则说明”选项卡则显示有关签订劳动合同的操作说明。鼠标移到带有ⓘ图标的地方即可显示详细信息。

在要签订合同的人员处单击“签订”按钮进入“劳动合同书”，如图 13-26 所示。

在同意该劳动合同的前提下，在“甲方：(单击盖章)”处单击盖章，当出现小组合同专用章时，该合同即正式生效。

已签订合同的员工单击“查看合同”按钮即可查看与该员工签订的劳动合同。

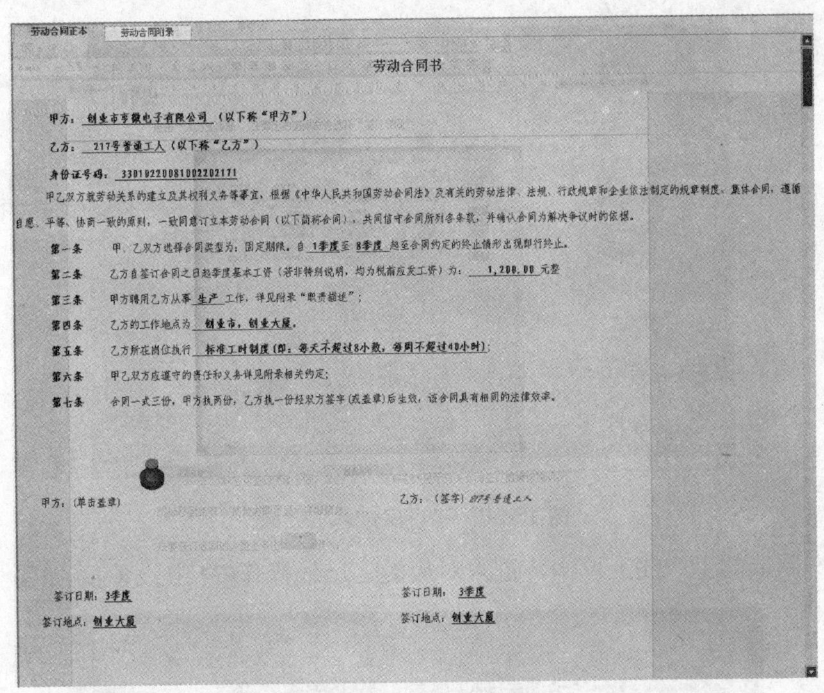

劳动合同正本　劳动合同附录

劳动合同书

甲方：创业市亨微电子有限公司（以下称“甲方”）

乙方：217号普通工人（以下称“乙方”）

身份证号码：33010220081002202171

甲乙双方就劳动关系的建立及其权利义务等事宜，根据《中华人民共和国劳动合同法》及有关的劳动法律、法规、行政规章和企业依法制定的规章制度、集体合同，遵循自愿、平等、协商一致的原则，一致同意订立本劳动合同（以下简称合同），共同信守合同所列各条款，并确认合同为解决争议时的依据。

第一条　甲、乙双方选择合同类型为：固定期限。自 1季度 至 8季度 起至合同约定的终止情形出现即行终止。

第二条　乙方自签订合同之日起季度基本工资（若非特别说明，均为税前应发工资）为：1,200.00 元整

第三条　甲方聘用乙方从事 生产 工作，详见附录“职责描述”；

第四条　乙方的工作地点为 创业市，创业大厦。

第五条　乙方所在岗位执行 标准工时制度（即：每天不超过8小数，每周不超过40小时）；

第六条　甲乙双方应遵守的责任和义务详见附录相关约定；

第七条　合同一式三份，甲方执两份，乙方执一份经双方签字（或盖章）后生效，该合同具有相同的法律效率。

甲方：（单击盖章）　　乙方：（签字）217号普通工人

签订日期：3季度　　签订日期：3季度

签订地点：创业大厦　　签订地点：创业大厦

图 13-26　“劳动合同书”界面

13.4.14　经营第十二步(生产制造)

控制游戏中的人物走到生产车间门口，单击“厂房列表”，如图 13-27 所示。

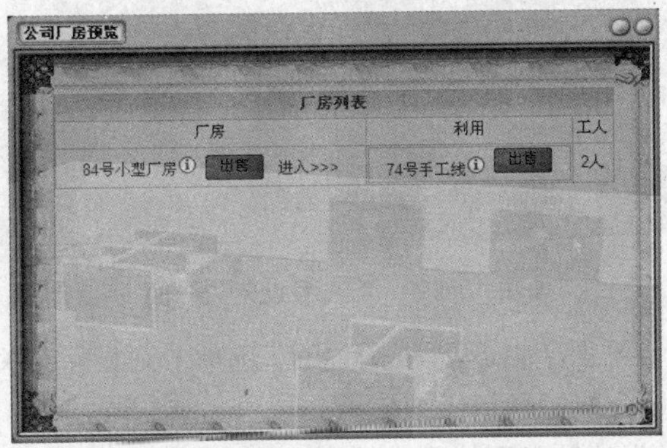

图 13-27　“公司厂房预览”界面

在要进入的厂房处单击“进入”按钮，如图 13-28 所示。

图 13-28　“厂房进入”界面

在要生产制造的生产线上单击，进入对应的生产线操作(74 号设备)，如图 13-29 所示。

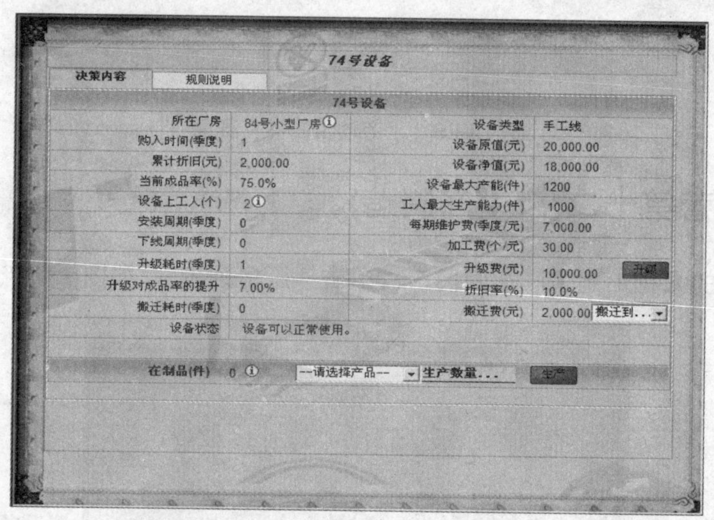

图 13-29　“74 号设备”界面

“决策内容”选项卡可生产制造，“规则说明”选项卡则显示有关生产制造的操作说明。鼠标移到带有①图标的地方即可显示详细信息。

(1) 在“在制品(件)”选项卡下拉列表框中选择要生产的产品，选择后页面底部会提示该产品详细信息。

(2) 再在“生产数量”文本框中输入生产数量，确认无误后单击“生产”按钮开始生产任务。

(3) 鼠标移到“在制品(件)”后的生产数量上时将显示该产品的详细信息，如图 13-30 所示。

在制品

批号	产品	生产数量(件)	上线(季度)	下线(季度)	操作
1411	游戏异族	10	3	3	撤销
1412	游戏异族	50	3	3	撤销
1413	游戏异族	30	3	3	撤销
1414	游戏异族	11	3	3	撤销

图 13-30　“在制品”界面

单击“撤销”按钮可撤销本期生产的产品。完成后在操作方向盘“公司”处可回到公司内部。

13.4.15　经营第十三步(产品报价)

单击“销售部”，在弹出的对话框中选择“产品报价”，如图 13-31 所示。

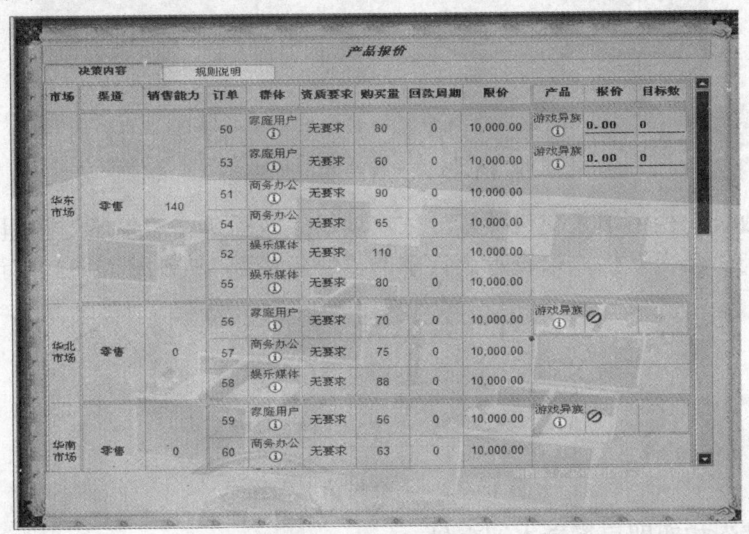
产品报价

决策内容　规则说明

市场	渠道	销售能力	订单	群体	资质要求	购买量	回款周期	限价	产品	报价	目标数
华东市场	零售	140	50	家庭用户	无要求	80	0	10,000.00	游戏异族	0.00	0
			53	家庭用户	无要求	60	0	10,000.00	游戏异族	0.00	0
			51	商务办公	无要求	90	0	10,000.00			
			54	商务办公	无要求	65	0	10,000.00			
			52	娱乐媒体	无要求	110	0	10,000.00			
			55	娱乐媒体	无要求	80	0	10,000.00			
华北市场	零售	0	56	家庭用户	无要求	70	0	10,000.00	游戏异族	⊘	
			57	商务办公	无要求	75	0	10,000.00			
			58	娱乐媒体	无要求	88	0	10,000.00			
华南市场	零售	0	59	家庭用户	无要求	56	0	10,000.00	游戏异族	⊘	
			60	商务办公	无要求	63	0	10,000.00			

图 13-31　“产品报价”界面

“决策内容”选项卡可进行产品报价，“规则说明”选项卡则显示有关产品报价的操作说明。鼠标移到带有①图标的地方即可显示详细信息。

(1) 在“报价”栏中输入报价。

(2) 然后在“目标数”栏中输入该产品在该订单上最多可出售的数量。

(3) 依次填写完成后单击“保存”按钮即可完成报价。

13.4.16 经营第十四步(订单交付)

当完成以上十三步时，本季度的任务就已基本完成，此时，教师端进入下一季度，在下季度初的首要任务是交付上季度得到的订单。

单击“制造部”，在弹出的对话框中选择“订单交付”，如图 13-32 所示。

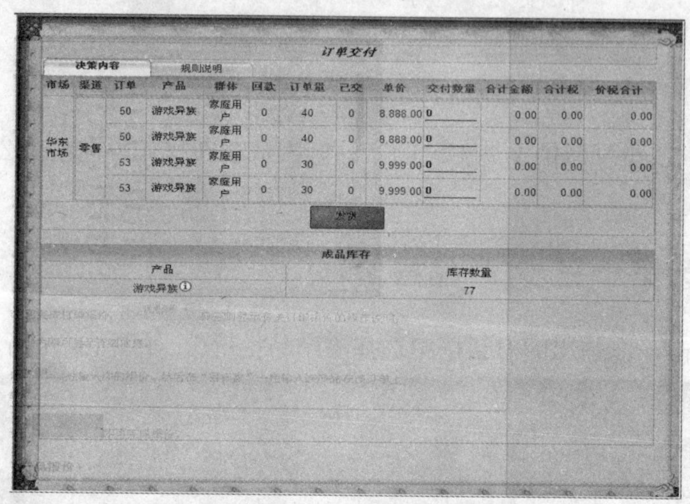

市场	渠道	订单	产品	群体	回款	订单量	已交	单价	交付数量	合计金额	合计税	价税合计
华东市场	零售	50	游戏异族	家庭用户	0	40	0	8,888.00	0	0.00	0.00	0.00
		50	游戏异族	家庭用户	0	40	0	8,888.00	0	0.00	0.00	0.00
		53	游戏异族	家庭用户	0	30	0	9,999.00	0	0.00	0.00	0.00
		53	游戏异族	家庭用户	0	30	0	9,999.00	0	0.00	0.00	0.00

产品	库存数量
游戏异族①	77

图 13-32 “订单交付”界面

在“支付数量”栏中填入交付数量，依次填写完成后单击“发货”按钮。

将鼠标移到“已交”栏，可查看该订单的“交付情况”，如图 13-33 所示。

交付情况

发货批次	交付数量	销售价格	销项税	操作
1418	10	8,888.00	15,109.60	撤销
1419	10	8,888.00	15,109.60	撤销
1420	20	8,888.00	30,219.20	撤销

图 13-33 “交付情况”界面

单击“撤销”按钮即可撤销本期交付。

13.4.17 其他操作

1. 生产工人

单击“制造部”，在弹出的对话框中选择“生产工人”，如图 13-34 所示。

“决策内容”选项卡可进行生产工人操作，“规则说明”选项卡则显示有关生产工人的操作说明。鼠标移到带有①图标的地方即可显示详细信息。

(1) 调整工作岗位：在下拉列表框中选择目标设备即可。

(2) 计划培训员工：培训生产工人是由生产部提出培训计划，人力资源部在收到生产部的培训计划后开始对该员工进行培训。单击“计划培训”按钮即可向人力资源部提出培训计划。若需撤销，则在人力资源部没有开始正式培训之前，单击“撤销培训”按钮即可撤销培训计划。

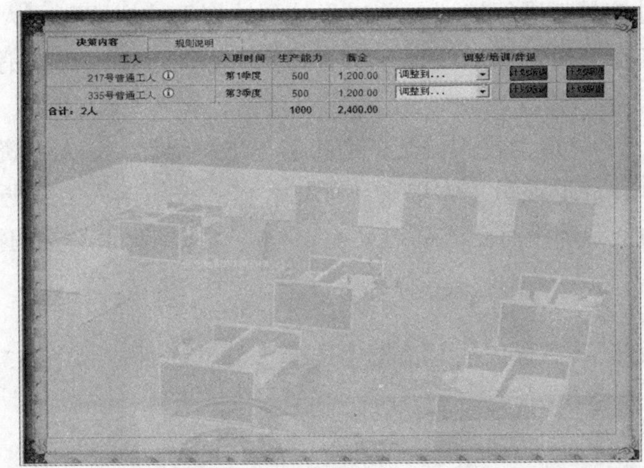

图 13-34　“生产工人”界面

(3) 计划辞退员工：辞退生产工人是由生产部提出辞退计划，人力资源部在收到生产部的辞退计划后，确认并辞退该员工。单击“计划辞退”按钮向人力资源部提出辞退计划。若需撤销，则在人力资源部没有正式辞退之前，单击“撤销辞退”按钮即可撤销辞退计划。

2. 销售人员

单击“销售部”，在弹出的对话框中选择“销售人员”，如图 13-35 所示。

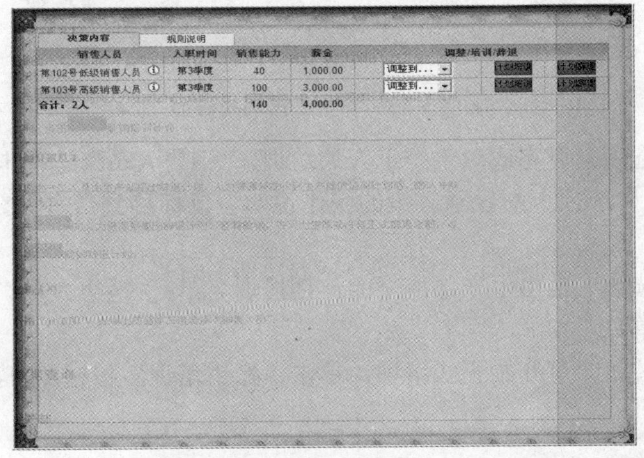

图 13-35　“销售人员”界面

“决策内容”选项卡可进行销售人员操作，“规则说明”选项卡则显示有关销售人员的操作说明。鼠标移到带有①图标的地方即可显示详细信息。

(1) 调整工作岗位：在下拉列表框中选择目标市场即可。

(2) 计划培训员工：培训销售人员是由销售部提出培训计划，人力资源部在收到销售部的培训计划后开始对该员工进行培训。单击“计划培训”按钮即可向人力资源部提出培训计划。若需撤销，则在人力资源部没有开始正式培训之前，单击“撤销培训”按钮即可撤销培训计划。

(3) 计划辞退员工：辞退销售人员是由销售部提出辞退计划，人力资源部在收到销售部的辞退计划后，确认并辞退该员工。单击“计划辞退”按钮向人力资源部提出辞退计划。若需撤销，则在人力资源部没有正式辞退之前，单击“撤销辞退”按钮撤销辞退计划。

3. 员工培训

单击“人力资源部”，在弹出的对话框中选择“员工培训”，如图 13-36 所示。

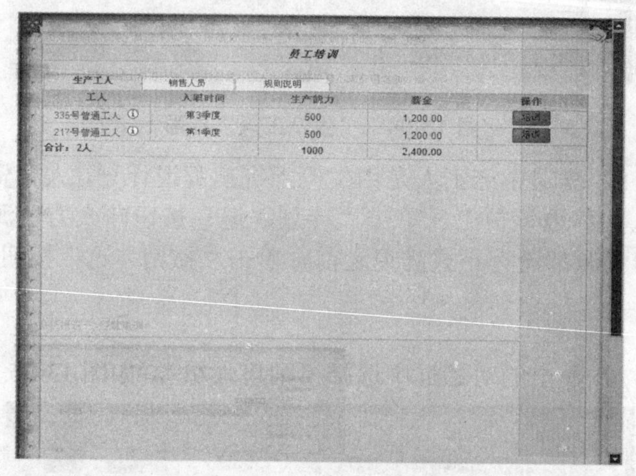

图 13-36 “员工培训”界面

“生产工人”选项卡可完成对生产工人的培训，“销售人员”选项卡可完成对销售人员的培训，“规则说明”选项卡则显示决策的操作说明。鼠标移到带有①图标的地方即可显示详细信息。

“生产工人”选项卡是由生产部提交的计划培训名单；“销售人员”选项卡是由销售部提交的计划培训名单。

单击“培训”按钮即可开始正式培训，单击“撤销培训”按钮即可撤销培训操作。

4. 解除合同

单击“人力资源部”，在弹出的对话框中选择“解除合同”，如图 13-37 所示。

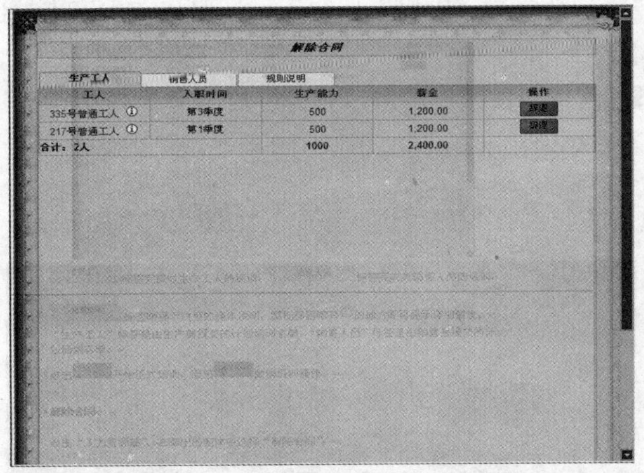

图 13-37　“解除合同”界面

“生产工人”选项卡可辞退生产工人，“销售人员”选项卡可辞退销售人员，“规则说明”选项卡则显示决策的操作说明。鼠标移到带有①图标的地方即可显示详细信息。

“生产工人”选项卡是由生产部提交的计划辞退名单；“销售人员”选项卡是由销售部提交的计划辞退名单。

单击“辞退”按钮即可开始辞退员工，单击“撤销辞退”按钮即可撤销辞退操作。

5. 出售设备和厂房

在生产车间处单击“厂房列表”，如图 13-38 所示。

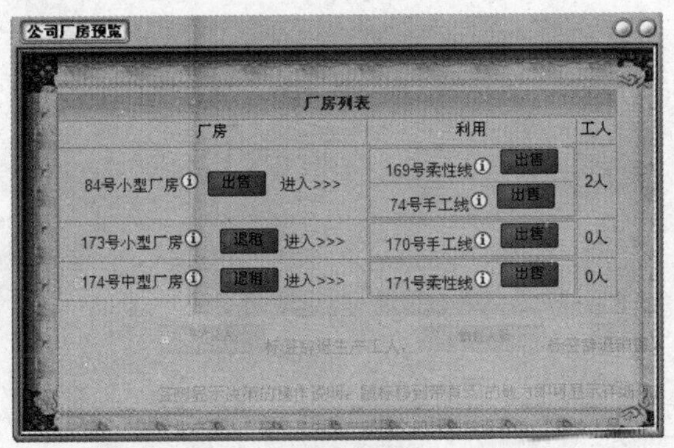

图 13-38　“出售设备和厂房”界面

鼠标移到带有①图标的地方即可显示详细信息。

若生产线处于生产、搬迁状态，则单击“出售”按钮后，设备将在季度末被出售；反之，可以立即出售。

若厂房存在生产线，则单击“出售”按钮后，厂房将在季度末被出售；反之，可以立即出售。

购买的厂房单击“出售”按钮可出售，而租赁的厂房单击“退租”按钮可退租。

6. 银行贷款

在操作方向盘处单击“银行”即可进入银行，如图 13-39 所示。

图 13-39 “银行”界面

单击“信贷业务窗口”，即可进入“申请贷款”界面，如图 13-40 所示。

图 13-40 “申请贷款”界面

在“贷款金额”处输入贷款金额，单击“申请贷款”按钮即可完成贷款。

13.5　数 据 查 询

13.5.1　研发部

1. 经营查询

研发部→分析报告→产品设计与研发，可查看产品的研发状态及配置，如图 13-41 所示。

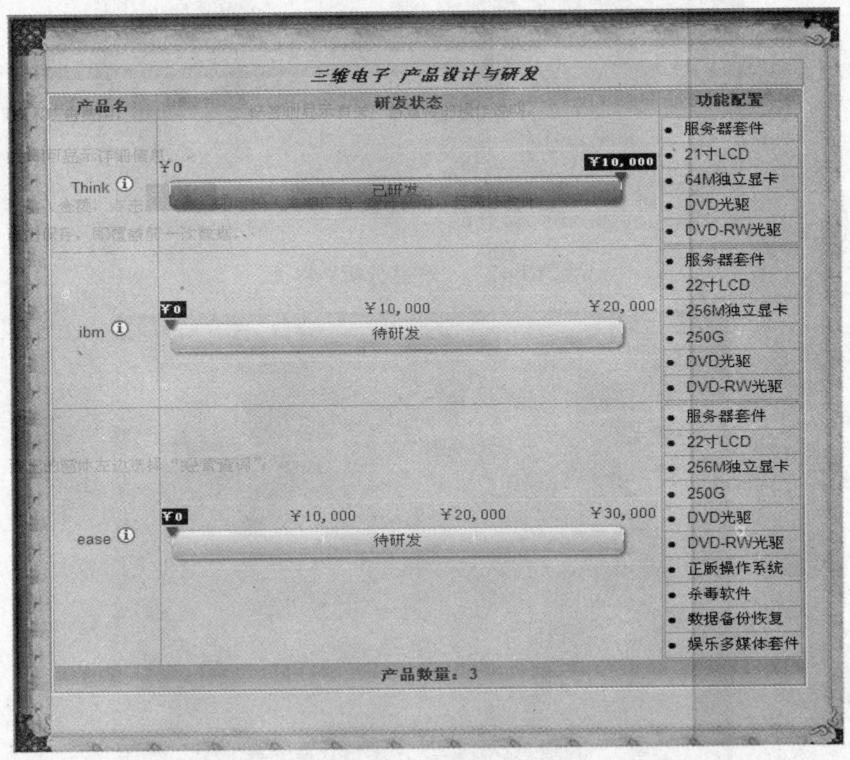

图 13-41　“产品设计与研发”界面

2. 产品分析

研发部→分析报告→产品分析，可对比分析各产品之间的配置差异情况，如图 13-42 所示。

3. 参与市场

研发部→分析报告→参与市场，可查询市场下各公司产品参与情况，如图 13-43 所示。

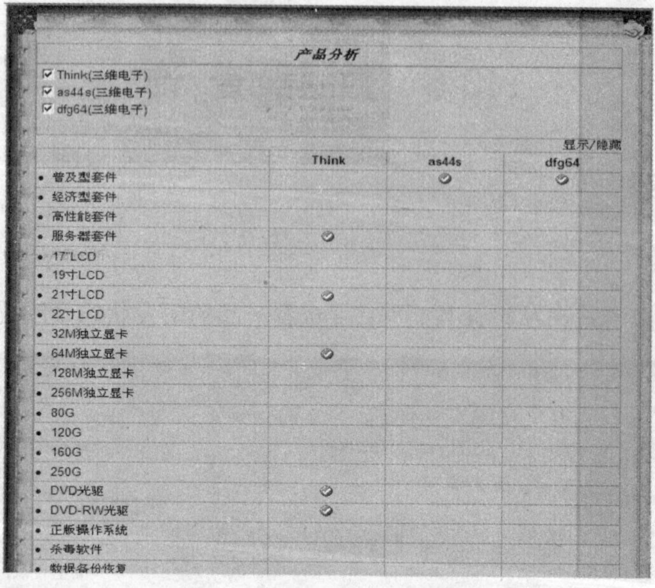

图 13-42 “产品分析”界面

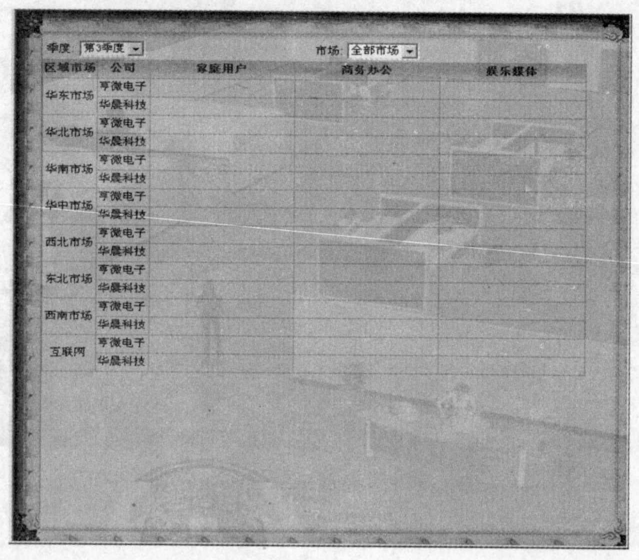

图 13-43 参与市场界面

13.5.2 生产部

1. 经营状况

生产部→分析报告→经营状况，可查询制造部实时经营情况，如图 13-44 所示。

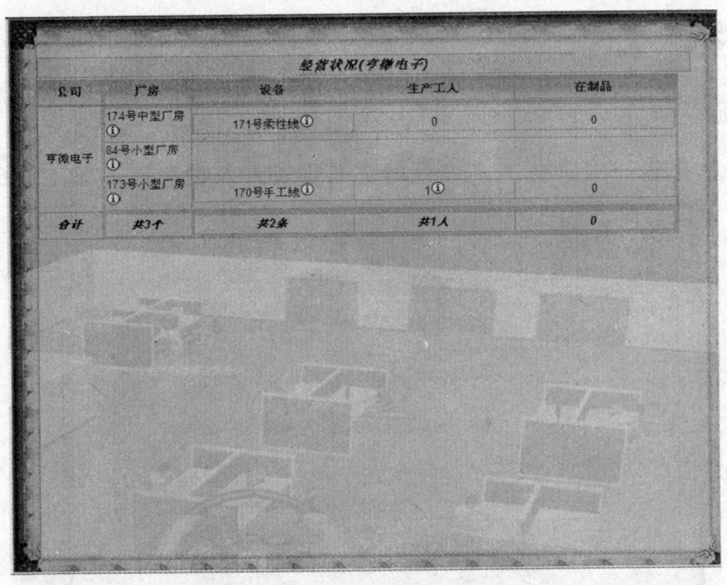

图 13-44　“经营状况”界面

2. 资质认证

生产部→分析报告→资质认证，可查询小组实时资质认证情况，如图 13-45 所示。

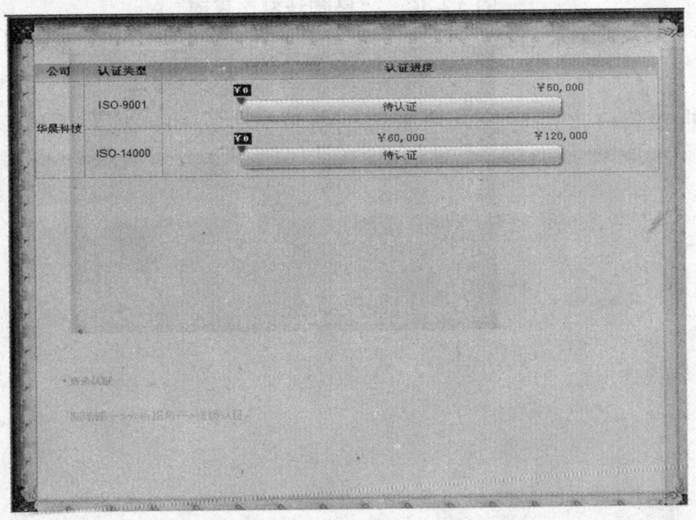

图 13-45　“资质认证”界面

13.5.3 市场部

1. 经营状况

市场部→分析报告→经营状况，可查询实时市场开发情况，如图 13-46 所示。

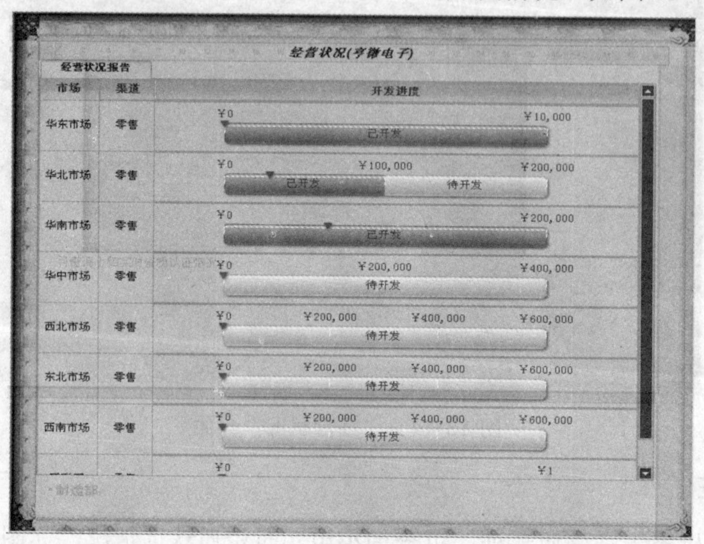

图 13-46 “经营状况”界面

2. 产品评价

市场部→分析报告→产品评价，可查询消费群体对公司产品的评价，如图 13-47 所示。

产品评价

3 季度 | 华东市场 | 零售 | --全部消费群体--

市场	渠道	群体	产品	价格	广告	配置	完成率	销售	总分
华东市场	零售	家庭用户	游戏异族（亨微电子）	20	10	30	5	0	65
			游戏异族（亨微电子）	20	10	30	5	0	65
			游戏异族（亨微电子）	20	10	30	5	0	65
			游戏异族（亨微电子）	20	10	30	5	0	65
		商务办公							
		娱乐媒体							

图 13-47 “产品评价”界面

3. 产品分析

市场部→分析报告→产品分析，可对比分析各公司产品之间的配置差异，如图 13-48 所示。

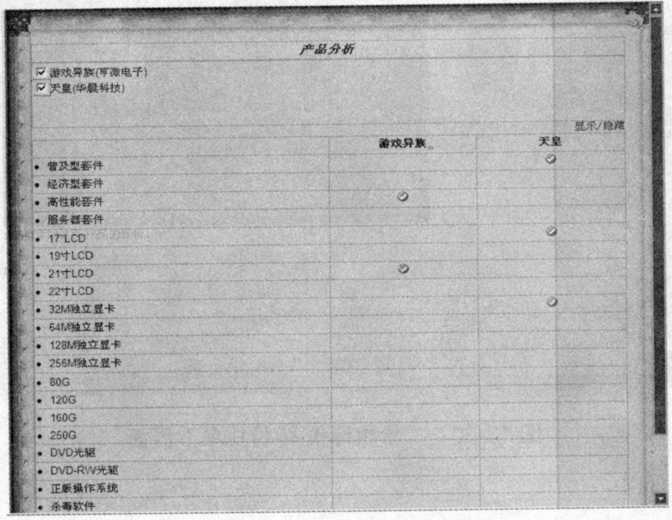

图 13-48　“产品分析”界面

4. 价格评价

市场部→分析报告→价格评价，可查询消费群体对产品价格的评价，如图 13-49 所示。单击“评价排名”可以图表形状显示排名情况，如图 13-50 所示。

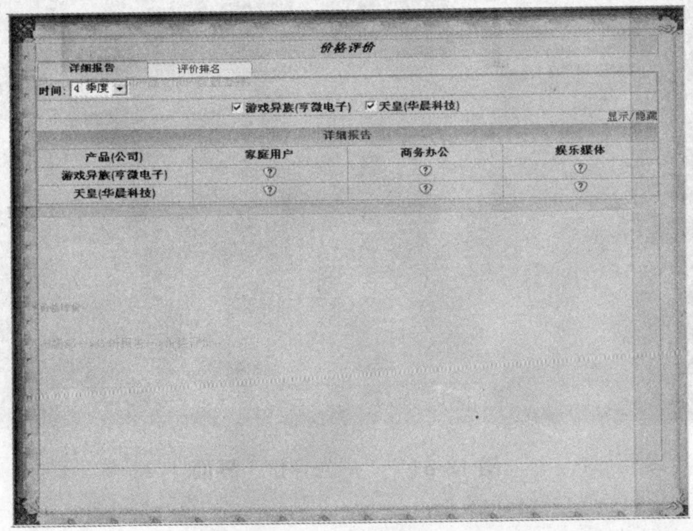

图 13-49　“价格评价”界面

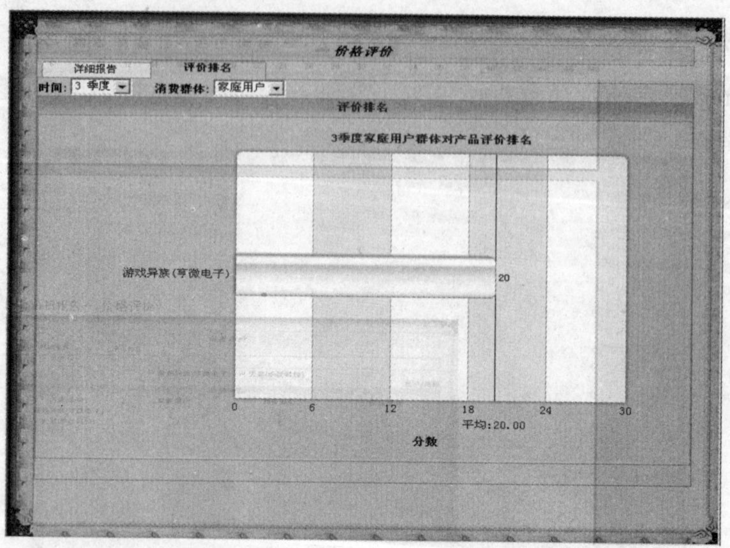

图 13-50 “价格评价-评价排名”界面

5. 广告评价

市场部→分析报告→广告评价，可查询消费者对产品广告投入费用的评价，如图 13-51 所示。单击“评价排名”可以图表形式显示排名情况，如图 13-52 所示。

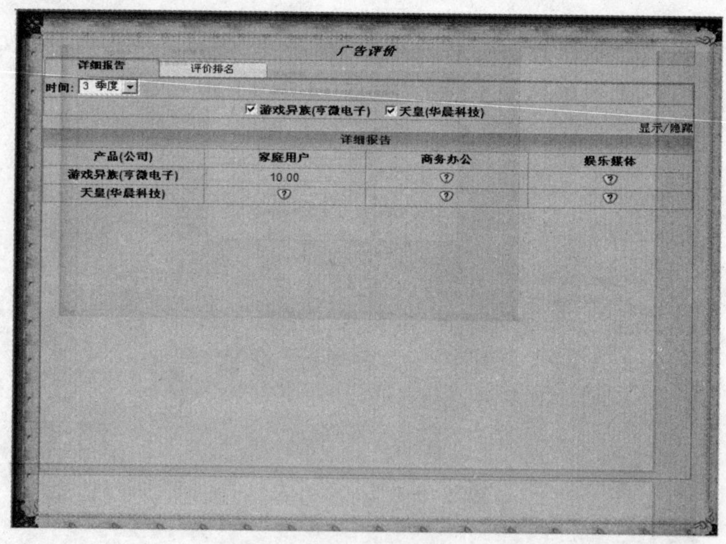

产品(公司)	家庭用户	商务办公	娱乐媒体
游戏异族(亨微电子)	10.00	?	?
天皇(华晨科技)	?	?	?

图 13-51 “广告评价”界面

广告评价
详细报告
评价排名
时间: 3 季度
消费群体: 家庭用户
评价排名
3季度家庭用户群体对广告评价排名
游戏异族(亨微电子)
10
0
3
6
9
12
15
平均:10.00
分数

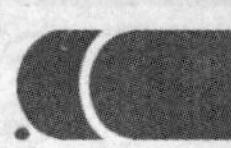

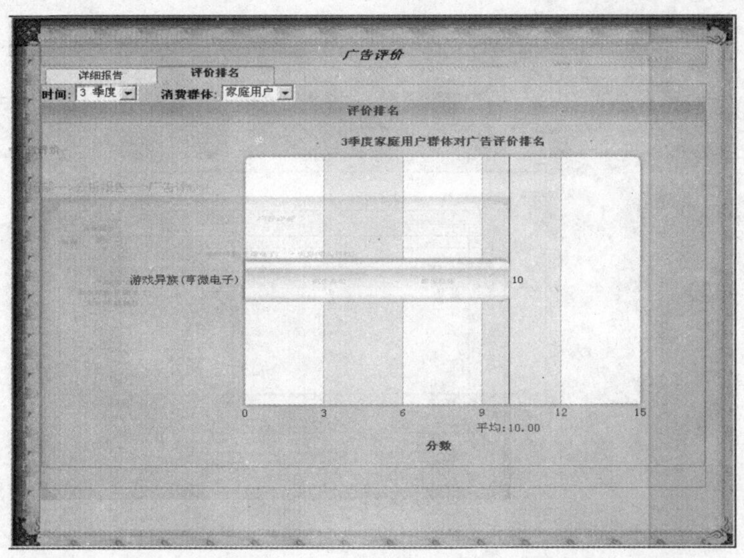

图 13-52　“广告评价-评价排名”界面

6. 广告投放

市场部→分析报告→广告投放，可对比分析显示各小组产品的广告投入情况，如图 13-53 所示。单击“曲线对比”即可以图标形式分析，如图 13-54 所示。

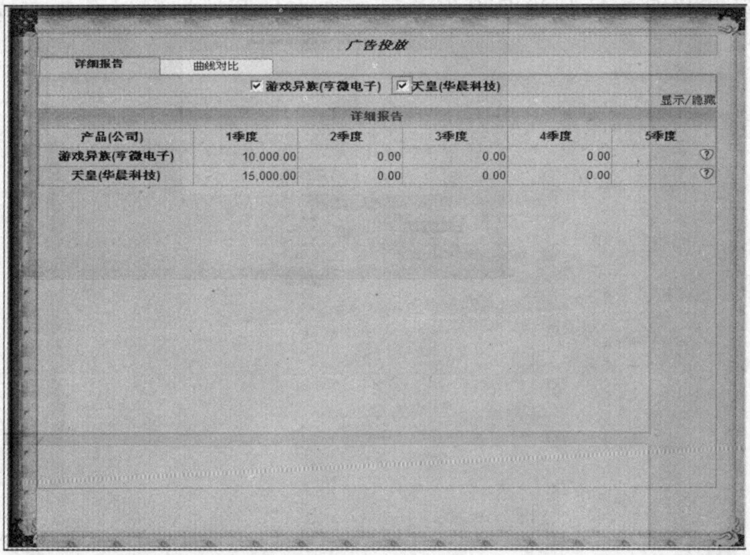

广告投放
详细报告
曲线对比
游戏异族(亨微电子)
天皇(华晨科技)
显示/隐藏
详细报告
产品(公司)
1季度
2季度
3季度
4季度
5季度
游戏异族(亨微电子)
10,000.00
0.00
0.00
0.00
天皇(华晨科技)
15,000.00
0.00
0.00
0.00

图 13-53　“广告投放”界面

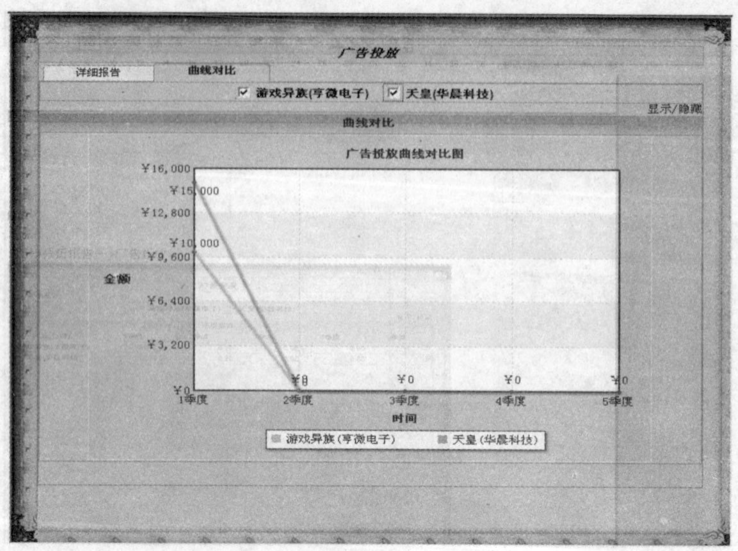

图 13-54 “广告投放-曲线对比”界面

13.5.4 销售部

1. 经营状况

销售部→经营状况→经营状况报告，可查询市场开发情况以及各市场销售能力，如图 13-55 所示。

经营状况(亨微电子)

经营状况报告

市场	渠道	开发进度	人员数量	人员工资	销售能力
华东市场	零售	¥0 ¥10,000 已开发	2 (查看)	4000	140
华北市场	零售	¥0 ¥100,000 ¥200,000 已开发 待开发	0	0	0
华南市场	零售	¥0 ¥200,000 已开发	0	0	0
华中市场	零售	¥0 ¥200,000 ¥400,000 待开发	0	0	0
西北市场	零售	¥0 ¥200,000 ¥400,000 ¥600,000 待开发	0	0	0
东北市场	零售	¥0 ¥200,000 ¥400,000 ¥600,000 待开发	0	0	0
西南市场	零售	¥0 ¥200,000 ¥400,000 ¥600,000 待开发	0	0	0
		¥0 ¥1			

图 13-55 “经营状况”界面

2. 销售收入

销售部→经营状况→市场分布，可查询小组在各个市场不同消费群体间的销售、占有情况，如图 13-56 所示。

各家公司市场表现　　小号字体　中号字体　大号字体

从第1季度　到第5季度

亨徽电子(A)第1季度到第5季度细分市场情况

细分市场	细分渠道	家庭用户		商务办公		娱乐媒体		合计	
		占有量	占有率	占有量	占有率	占有量	占有率	占有量	占有率
华东市场	零售	140	11.73%	0	0.00%	0	0.00%	140	5.03%
华北市场	零售	0	0.00%	0	0.00%	0	0.00%	0	0.00%
华南市场	零售	0	0.00%	0	0.00%	0	0.00%	0	0.00%
华中市场	零售	0	0.00%	0	0.00%	0	0.00%	0	0.00%
西北市场	零售	0	0.00%	0	0.00%	0	0.00%	0	0.00%
东北市场	零售	0	0.00%	0	0.00%	0	0.00%	0	0.00%
西南市场	零售	0	0.00%	0	0.00%	0	0.00%	0	0.00%
互联网	零售	0	0.00%	0	0.00%	0	0.00%	0	0.00%
合计		140	2.52%	0	0.00%	0	0.00%	140	0.89%

图 13-56　“销售收入-细分市场”界面

3. 市场表现

销售部→经营状况→市场表现，可查询市场占有率情况，如图 13-57 所示。单击“柱状图”即可以柱状图形式显示订单量和已交付比例，如图 13-58 所示。

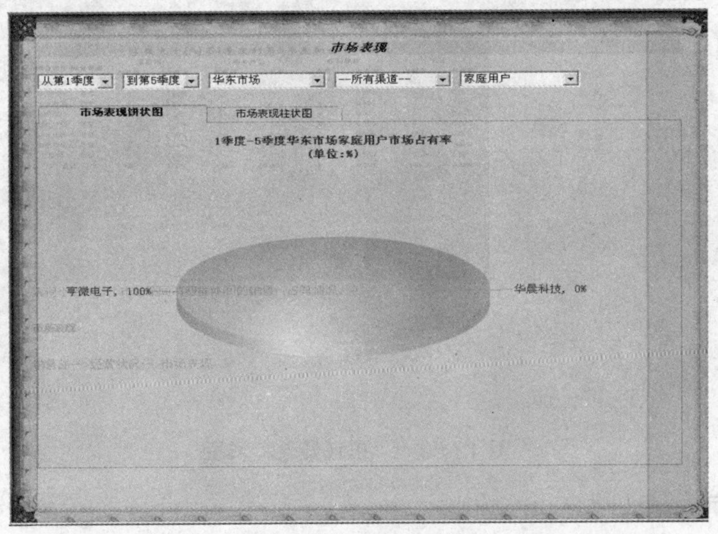

图 13-57　“市场表现-市场占有率”界面

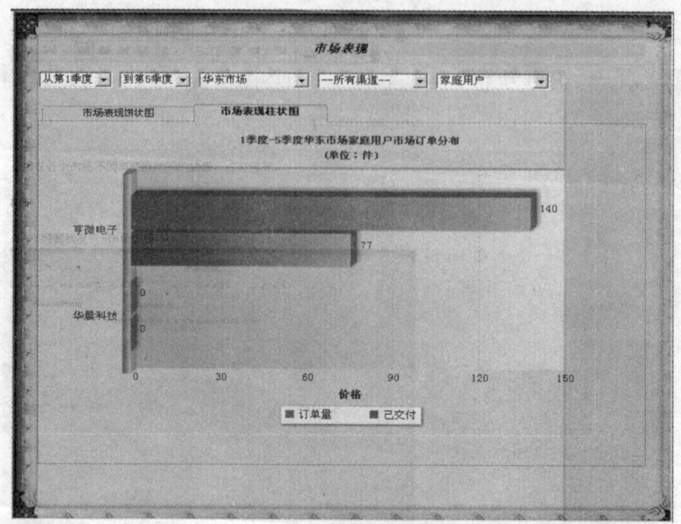

图 13-58 “市场表现-市场占有率柱状图”界面

4. 市场最佳

销售部→经营状况→市场最佳，可查询各个市场上表现最佳的小组，如图 13-59 所示。

细分市场最佳表现　　小号字体　中号字体　大号字体

从第1季度　到第5季度

从第1季度到第5季度细分市场最佳表现

细分市场	细分渠道	家庭用户		商务办公		娱乐媒体		合计	
		公司	占有率	公司	占有率	公司	占有率	公司	占有率
华东市场	零售	亨微电子A	11.73%		18.35%		16.91%	亨微电子A	5.03%
华北市场	零售		0.00%		0.00%		0.00%		0.00%
华南市场	零售		0.00%		0.00%		0.00%		0.00%
华中市场	零售		0.00%		0.00%		0.00%		0.00%
西北市场	零售		0.00%		0.00%		0.00%		0.00%
东北市场	零售		0.00%		0.00%		0.00%		0.00%
西南市场	零售		0.00%		0.00%		0.00%		0.00%
互联网	零售		0.00%		0.00%		0.00%		0.00%
合计		亨微电子A	2.52%		2.88%		2.61%	亨微电子A	0.89%

图 13-59 “市场最佳”界面

5. 产品利润

销售部→经营状况→产品利润，可查询各小组产品销售的毛利润，如图 13-60 所示。单击“堆栈图”即可以图表形式直观显示，如图 13-61 所示。

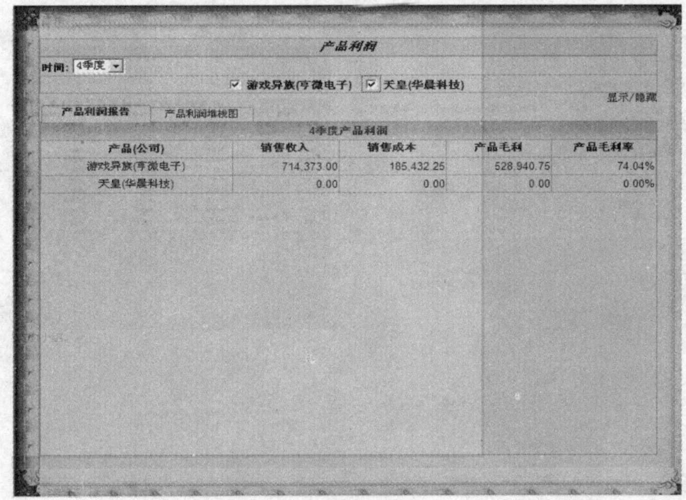

图 13-60　“产品利润”界面

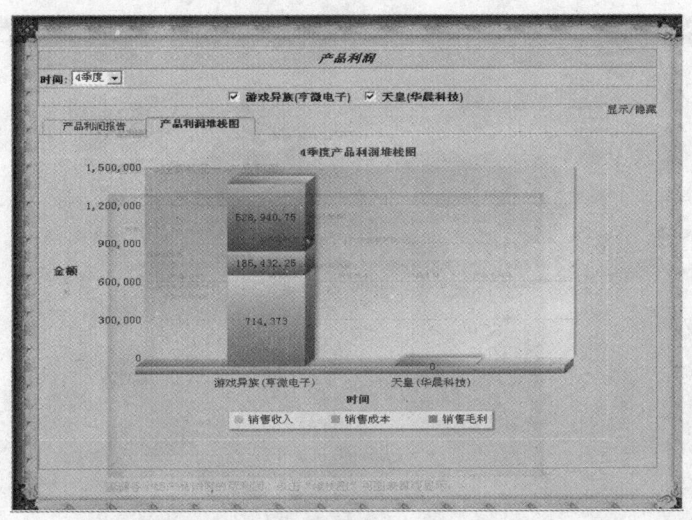

图 13-61　“产品利润-销售毛利润堆栈图”界面

6. 人均收入

销售部→经营状况→人均收入，如可查询各市场上的人均收入，如图 13-62 所示。

7. 区域利润

销售部→经营状况→区域利润，可查询一个市场的销售收入、销售成本、销售毛利，如图 13-63 所示。

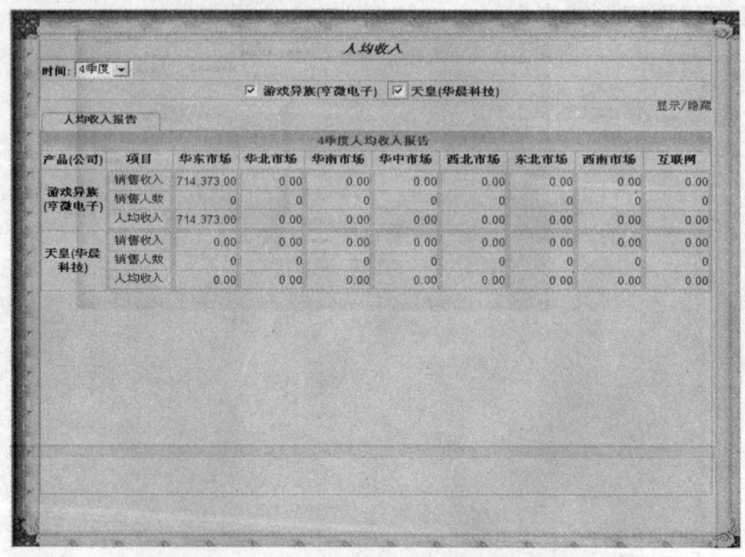

4季度人均收入报告									
产品(公司)	项目	华东市场	华北市场	华南市场	华中市场	西北市场	东北市场	西南市场	互联网
游戏异族(亨微电子)	销售收入	714,373.00	0.00	0.00	0.00	0.00	0.00	0.00	0.00
	销售人数	0	0	0	0	0	0	0	0
	人均收入	714,373.00	0.00	0.00	0.00	0.00	0.00	0.00	0.00
天皇(华晨科技)	销售收入	0.00	0.00	0.00	0.00	0.00	0.00	0.00	0.00
	销售人数	0	0	0	0	0	0	0	0
	人均收入	0.00	0.00	0.00	0.00	0.00	0.00	0.00	0.00

图 13-62　“人均收入”界面

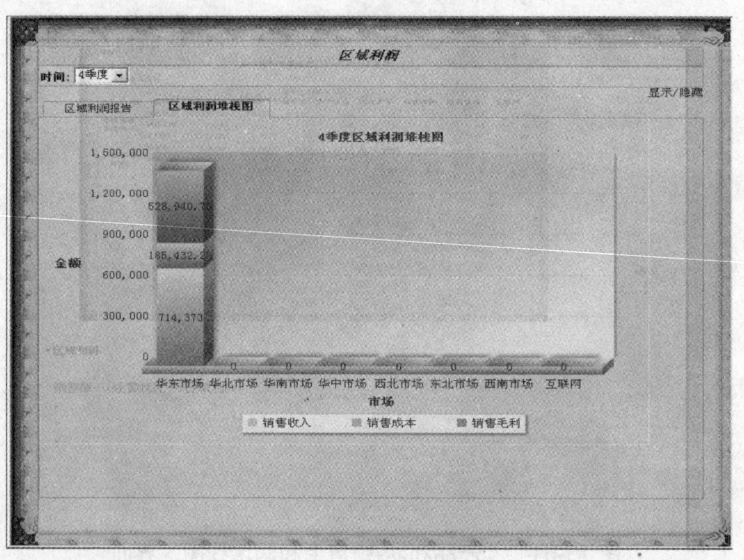

图 13-63　“区域利润-区域利润堆栈图”界面

13.5.5　人力资源部

1. 经营查询

人力资源部→经营状况→经营查询，可查询小组人员详细情况，如图 13-64 所示。

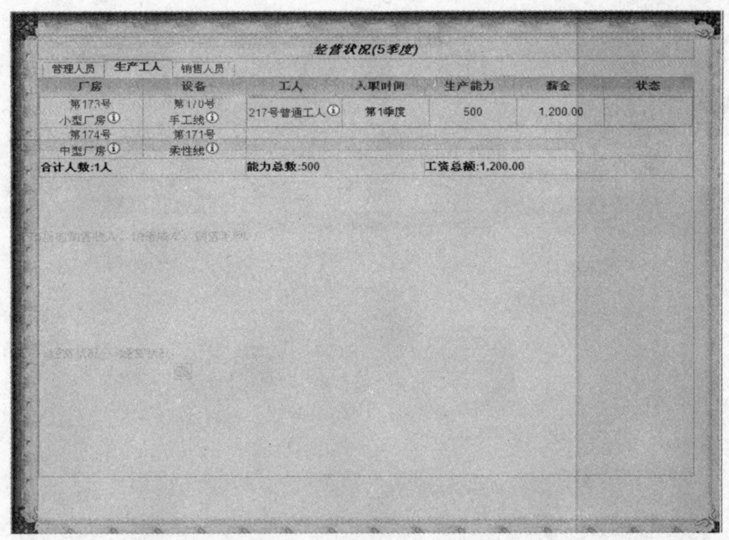

图 13-64　小组人员情况示意图

2. 人员分析

人力资源部→分析报告→人员分析，可分析人员入职、工资、保险、能力等，如图 13-65 所示。

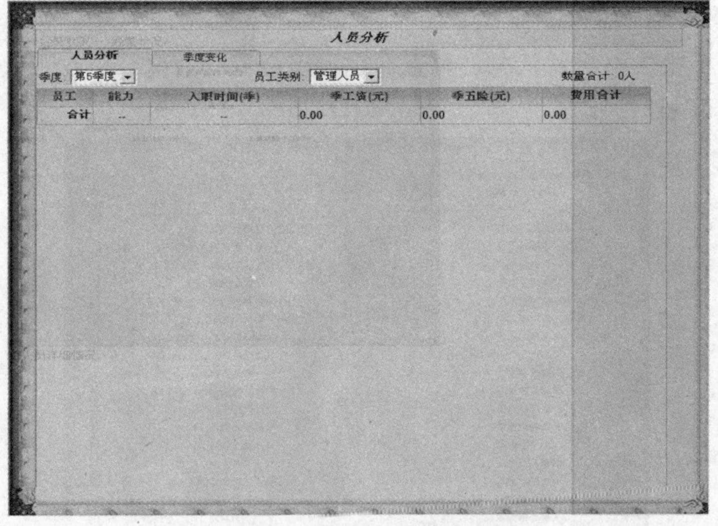

图 13-65　“人员分析”界面

3. 人力成本

人力资源部→分析报告→人力成本，可对比分析人力成本季度变化情况，如图 13-66

所示。

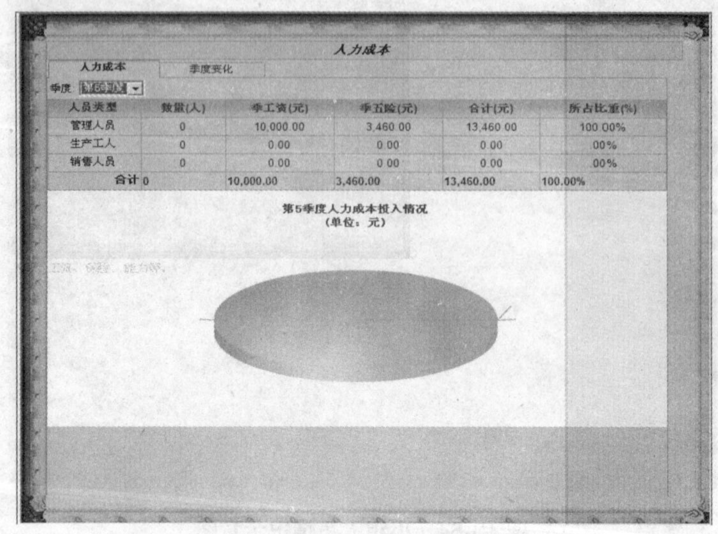

人力成本

人力成本　季度变化

季度

人员类型	数量(人)	季工资(元)	季五险(元)	合计(元)	所占比重(%)
管理人员	0	10,000.00	3,460.00	13,460.00	100.00%
生产工人	0	0.00	0.00	0.00	.00%
销售人员	0	0.00	0.00	0.00	.00%
合计	0	10,000.00	3,460.00	13,460.00	100.00%

图 13-66　“人力成本”界面

13.5.6　财务部

1. 经营状况

财务部→分析报告→经营状况，可查询小组现金流动情况、应收账款、应付账款、银行贷款等，如图 13-67 所示。

基本费用　应收账款　应付账款　银行贷款

现金余额 2,622,825.61

项目	值	项目	值
本期公司注册费	0.00	累计公司注册费	0.00
本期所得税	0.00	累计所得税	0.00
本期增值税	0.00	累计增值税	10,369,718.31
本期营业税	0.00	累计营业税	0.00
本期教育附加税	0.00	累计教育附加税	312,471.00
本期地方教育附加税	0.00	累计地方教育附加税	208,314.00
本期城建税	0.00	累计城建税	729,098.99
本期行政费用	36,000.00	累计行政费用	132,000.00
本期招聘费用	1,500.00	累计招聘费用	3,500.00
本期工资费用	0.00	累计工资费用	48,000.00
本期医疗保险	0.00	累计医疗保险	5,520.00
本期养老保险	0.00	累计养老保险	16,000.00
本期失业保险	0.00	累计失业保险	1,720.00
本期工伤保险	0.00	累计工伤保险	240.00
本期生育保险	0.00	累计生育保险	288.00
本期贴现利息	0.00	累计贴现利息	0.00
本期培训费用	0.00	累计培训费用	0.00
本期员工辞退补偿	0.00	累计员工辞退补偿	0.00
本期员工保险罚金	0.00	累计员工保险罚金	0.00
本期产品设计费用	0.00	累计产品设计费用	25,000.00
本期产品研发费用	0.00	累计产品研发费用	10,000.00
本期资质认证费用	0.00	累计资质认证费用	0.00
本期购买生产线费用	0.00	累计购买生产线费用	80,000.00

图 13-67　“经营状况”界面

2. 财务报告

财务部→分析报告→财务报告，可查询分析财务三大报表，如图 13-68 所示。

5季度　现金流量表

现金流量表

公司：亨微电子(A) 时间:5季度　　单位：元

项目	本期发生	累计发生
一、经营活动产生的现金流量		
销售商品、提供劳务收到的现金	0.00	1,801,066.41
收到的税费返还	0.00	0.00
收到的其它与经营活动有关的现金	0.00	0.00
现金流入小计	0.00	1,801,066.41
购买商品、接收劳务支付的现金	157,341.60	1,543,089.60
支付给职工以及为职工支付的现金	0.00	26,920.00
支付的各项税费	0.00	0.00
支付的其他与经营活动有关的现金	1,500.00	388,000.00
现金流出小计	158,841.60	1,958,009.60
经营活动产生的现金流量净额	-158,841.60	-156,943.19
二、投资活动产生的现金流量		
收回投资所收到的现金	0.00	0.00
取得投资收益所收到的现金	0.00	0.00
处置固定资产、无形资产和其它长期资产收回的现金	0.00	14,000.00
收到其他与投资活动有关的现金	0.00	0.00
现金流入小计	0.00	14,000.00
购建固定资产、无形资产和其它长期资产支付的现金	40,000.00	160,000.00
投资所支付的现金	0.00	0.00
支付的其他与投资活动有关的现金	0.00	0.00
现金流出小计	40,000.00	160,000.00
投资活动产生的现金流量净额	-40,000.00	-146,000.00

图 13-68　“财务报告”界面

3. 财务分析

财务部→分析报告→财务分析，可对销售数据进行分析，如图 13-69 所示。

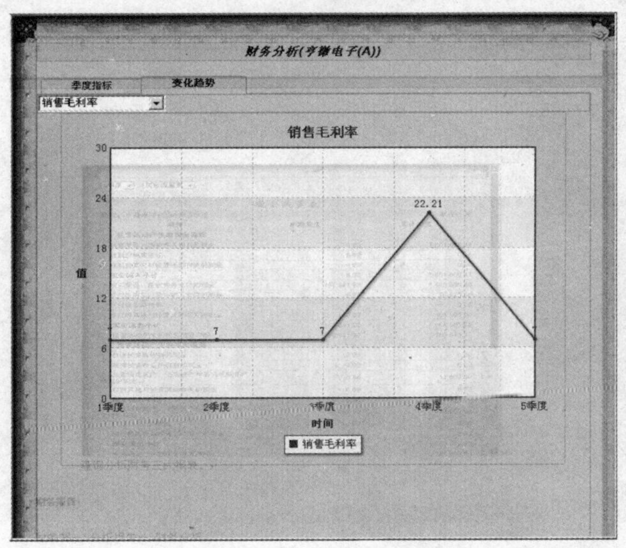

图 13-69　“财务分析”界面

4. 趋势分析

财务部→分析报告→趋势分析，包括财务三大报表的详细趋势走势、图标分析，如图 13-70～图 13-72 所示。

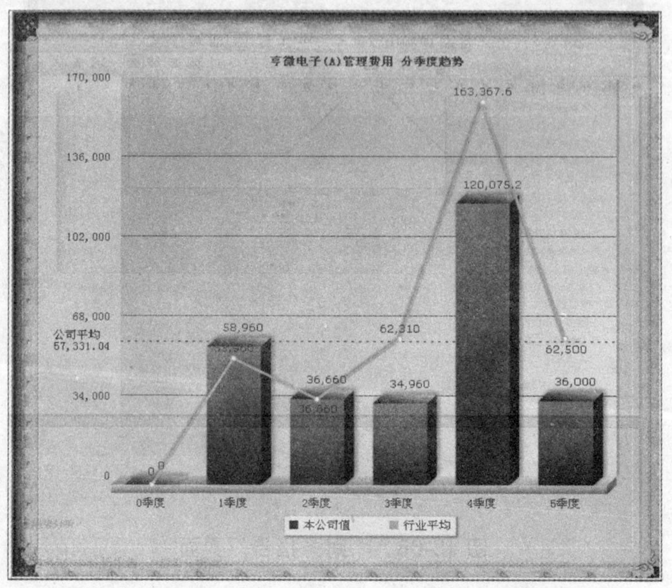

图 13-70 “趋势分析-管理费用”界面

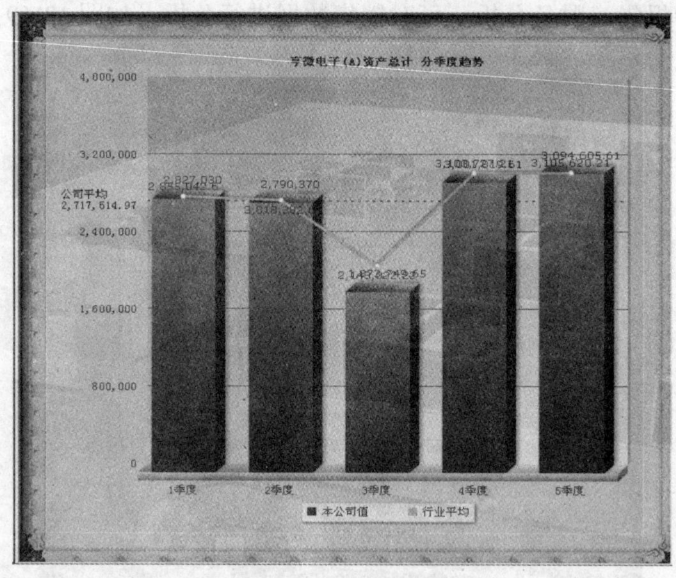

图 13-71 “趋势分析-资产总计”界面

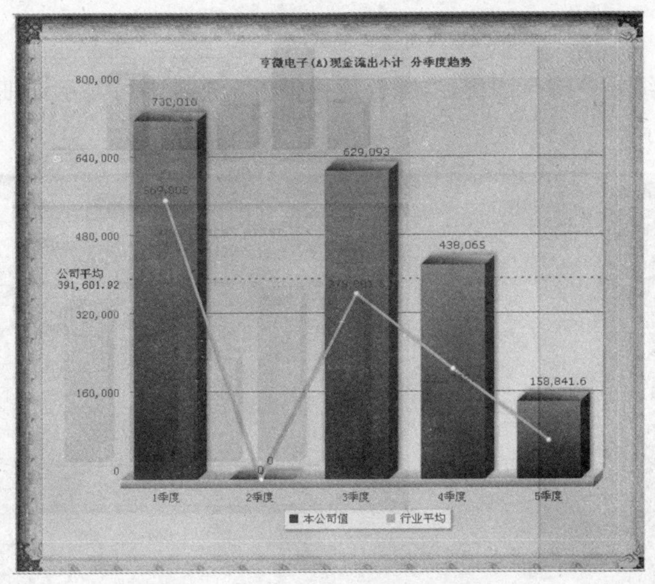

图 13-72　“趋势分析-现金流出小计”界面

13.5.7　总经理

1. 财务管理

总经理→管理驾驶舱→财务管理，可分析小组各季度的盈利能力、经营能力、偿债能力，如图 13-73 所示。

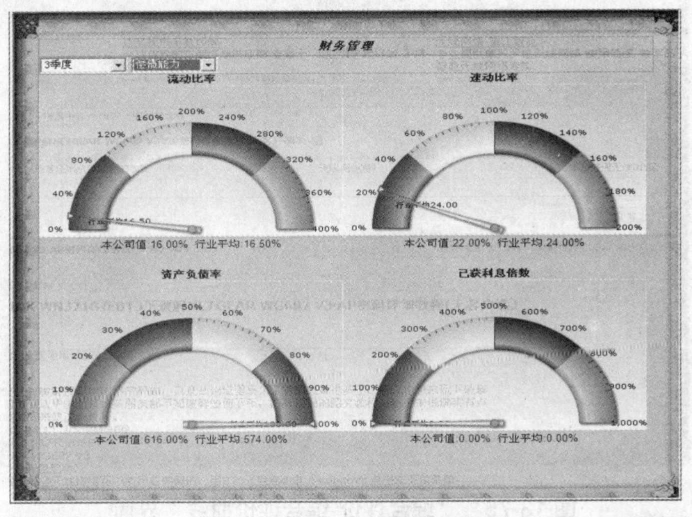

图 13-73　“财务管理”界面

2. 综合评价

总经理→经营绩效→综合评价，“综合评价报告”选项卡可显示详细的评价分数以及排名，如图 13-74 所示。

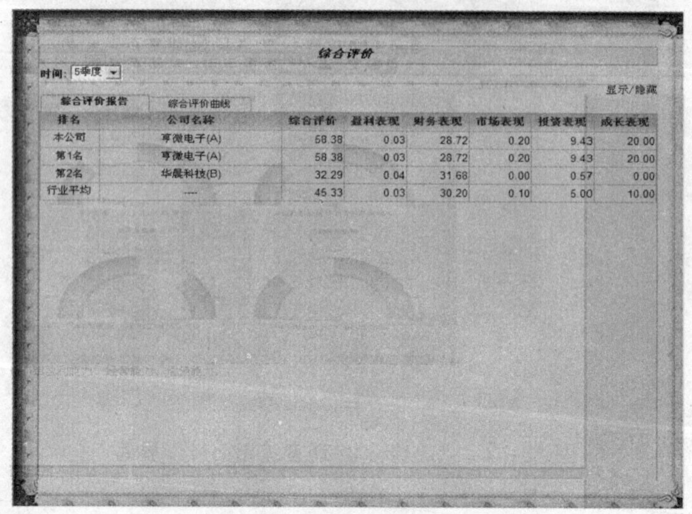

排名	公司名称	综合评价	盈利表现	财务表现	市场表现	投资表现	成长表现
本公司	亨微电子(A)	58.38	0.03	28.72	0.20	9.43	20.00
第1名	亨微电子(A)	58.38	0.03	28.72	0.20	9.43	20.00
第2名	华晨科技(B)	32.29	0.04	31.68	0.00	0.57	0.00
行业平均	---	45.33	0.03	30.20	0.10	5.00	10.00

图 13-74　“综合评价”界面

“综合评价曲线”选项卡以曲线方式直观显示综合评价季度变化趋势以及与行业平均的对比，如图 13-75 所示。

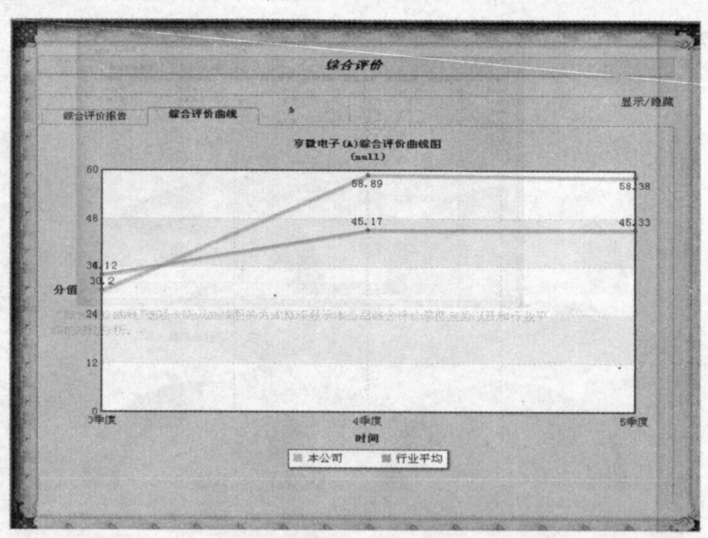

图 13-75　“综合评价-综合评价曲线”界面

3. 盈利表现

总经理→经营绩效→盈利表现，“盈利表现报告”选项卡显示的是综合评价项目中的盈利表现详细分数情况。显示盈利表现在前三的公司，如图 13-76 所示。

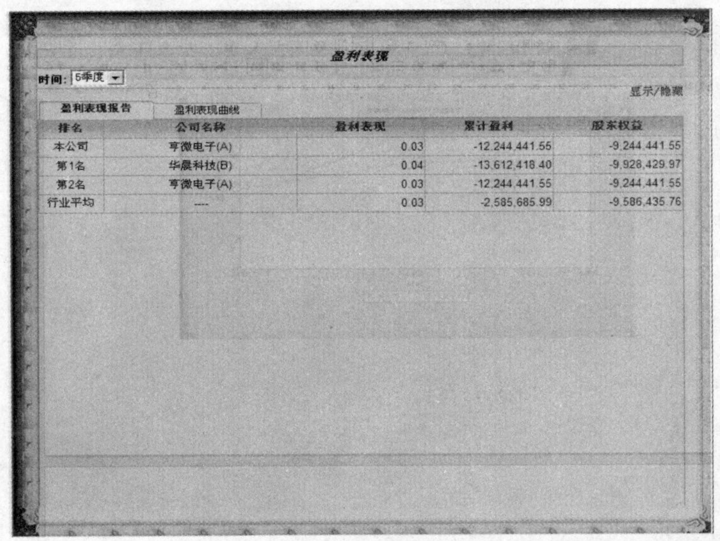

图 13-76　“盈利表现”界面

“盈利表现曲线”选项卡是以曲线方式直观显示盈利表现季度变化趋势以及与行业平均的对比，如图 13-77 所示。

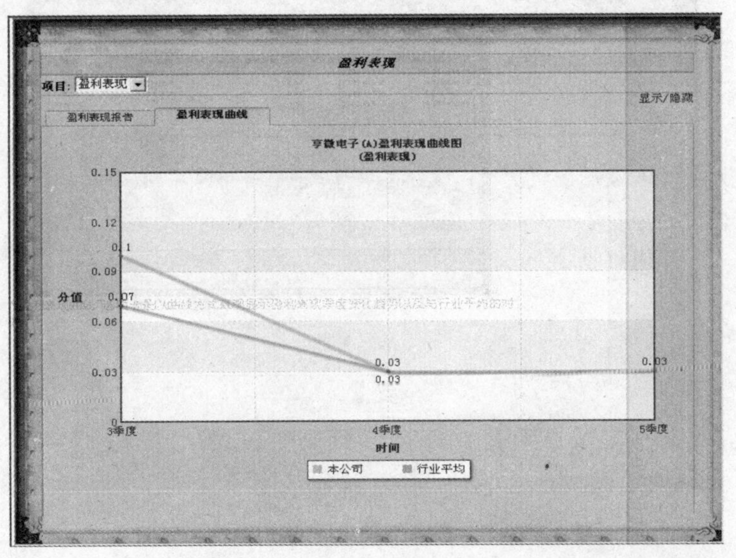

图 13-77　“盈利表现-盈利表现曲线”界面

4. 财务表现

总经理→经营绩效→财务表现，“财务表现报告”选项卡显示的是综合评价项目中的财务表现详细分数情况。显示财务表现在前三的公司，如图 13-78 所示。

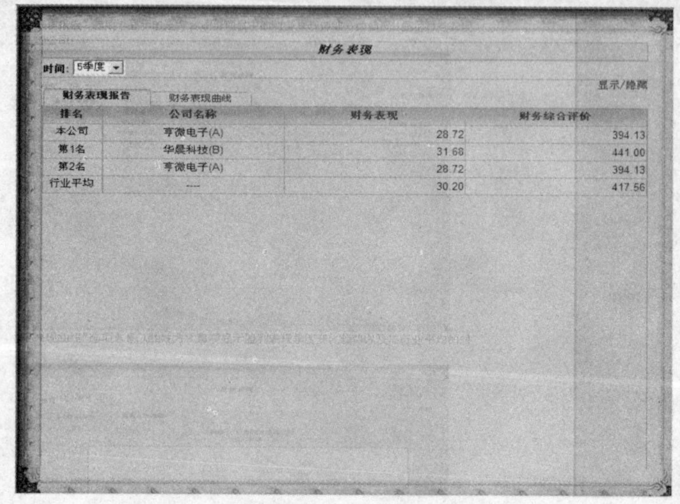

财务表现

时间：5季度

显示/隐藏

财务表现报告 财务表现曲线

排名	公司名称	财务表现	财务综合评价
本公司	亨微电子(A)	28.72	394.13
第1名	华晨科技(B)	31.68	441.00
第2名	亨微电子(A)	28.72	394.13
行业平均	---	30.20	417.56

图 13-78 “财务表现”界面

“财务表现曲线”选项卡是以曲线方式直观显示财务表现季度变化趋势以及与行业平均的对比，如图 13-79 所示。

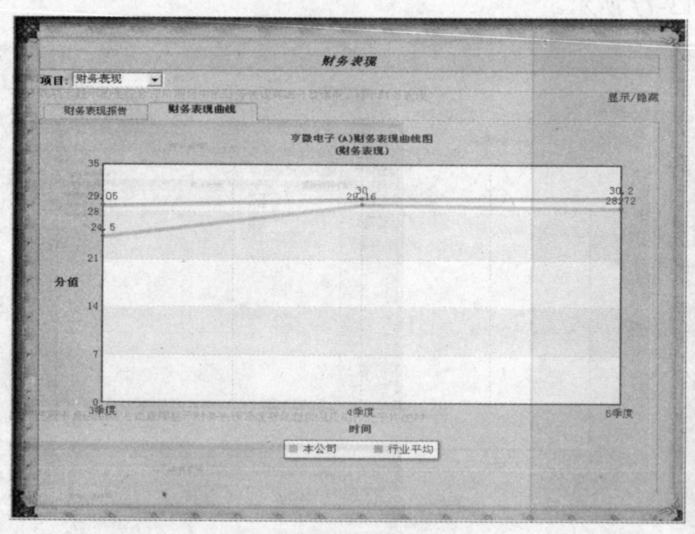

图 13-79 “财务表现-财务表现曲线”界面

5. 市场表现

总经理→经营绩效→市场表现，“市场表现报告”选项卡显示的是综合评价项目中的市场表现详细分数情况。显示市场表现在前三的公司，如图 13-80 所示。

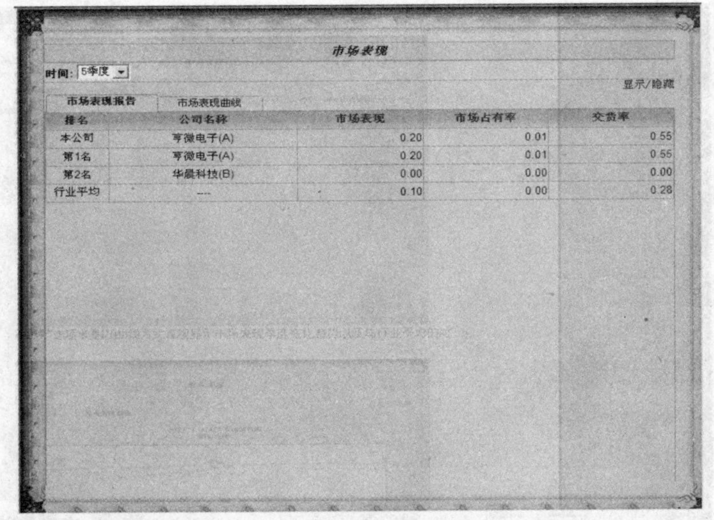

图 13-80　“市场表现”界面

“市场表现曲线”选项卡是以曲线方式直观显示市场表现季度变化趋势以及与行业平均的对比，如图 13-81 所示。

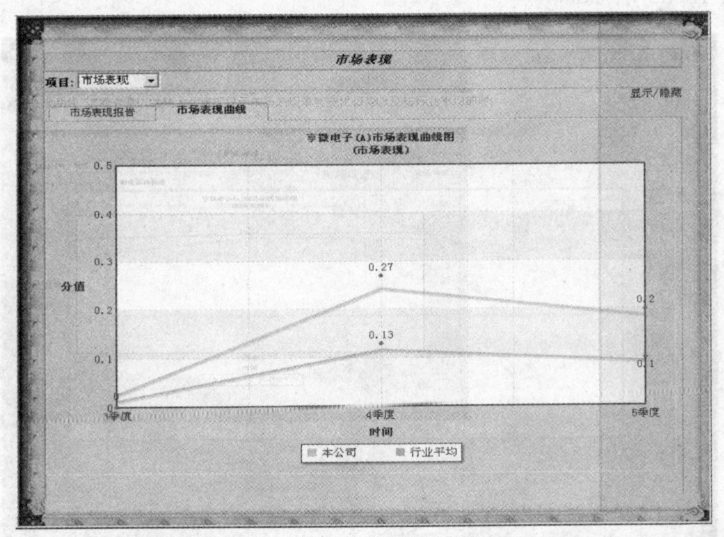

图 13-81　“市场表现-市场表现曲线”界面

6. 投资表现

总经理→经营绩效→投资表现，“投资表现报告”选项卡显示的是综合评价项目中的投资表现详细分数情况。显示投资表现在前三的公司，如图 13-82 所示。

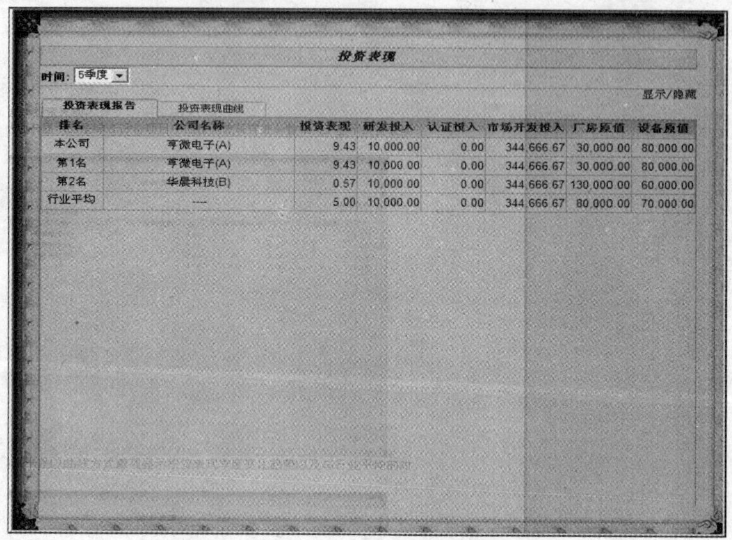

图 13-82 “投资表现”界面

“投资表现曲线”选项卡是以曲线方式直观显示投资表现季度变化趋势以及与行业平均的对比，如图 13-83 所示。

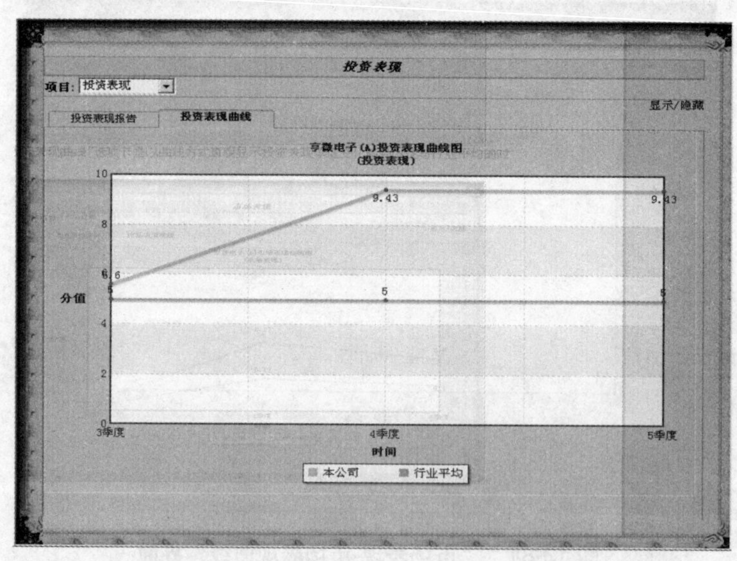

图 13-83 “投资表现-投资表现曲线”界面

7. 成长表现

总经理→经营绩效→成长表现，“成长表现报告”选项卡显示的是综合评价项目中的成长表现详细分数情况。显示成长表现在前三的公司，如图 13-84 所示。

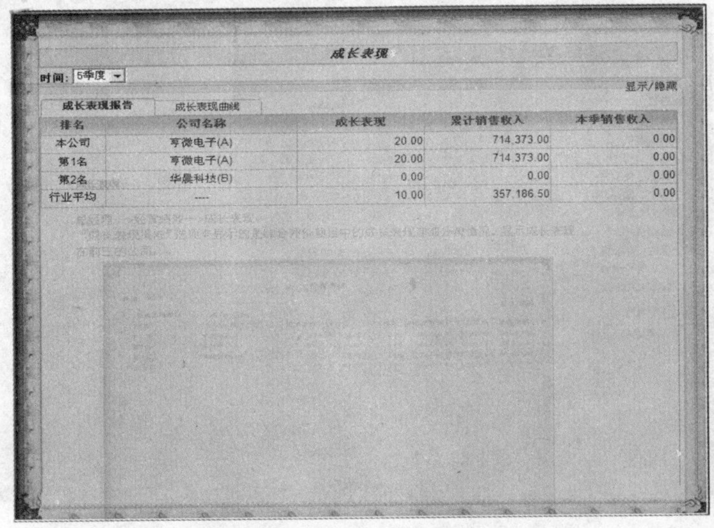

成长表现

时间：5季度

显示/隐藏

成长表现报告　成长表现曲线

排名	公司名称	成长表现	累计销售收入	本季销售收入
本公司	亨微电子(A)	20.00	714,373.00	0.00
第1名	亨微电子(A)	20.00	714,373.00	0.00
第2名	华晨科技(B)	0.00	0.00	0.00
行业平均	----	10.00	357,186.50	0.00

图 13-84　“成长表现”界面

“成长表现曲线”选项卡是以曲线方式直观显示成长表现季度变化趋势以及与行业平均的对比，如图 13-85 所示。

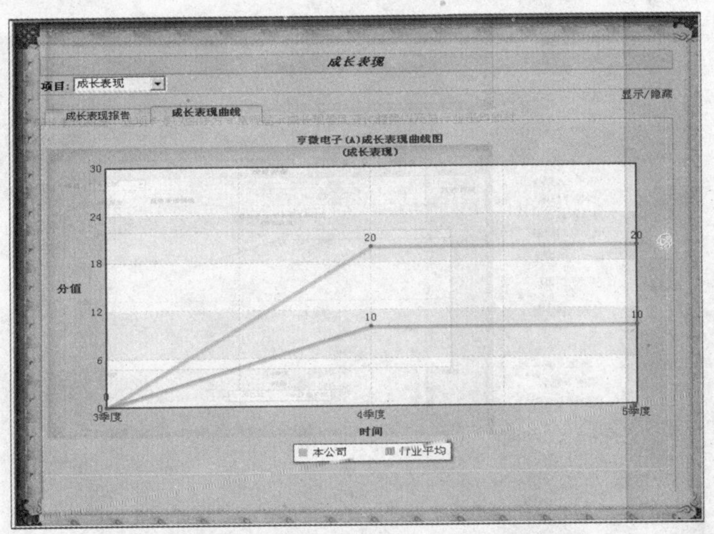

图 13-85　“成长表现-成长表现曲线”界面

8. 财务报表

总经理→财务报告→财务报表，查询财务三大报表——现金流量表、损益表、资产负债表详细数据，如图 13-86 所示。

5季度 | 资产负债表（下拉选项：现金流量表、损益表、资产负债表）

资产负债表

公司：亨微电子(A) 时间:5季度　　单位：元

资产	期初数	期末数	负债和股东权益	期初数	期末数
流动资产：			流动负债：		
货币资金	2,666,019.61	2,624,325.61	短期借款	0.00	0.00
应收账款	0.00	0.00	应付账款	0.00	0.00
存货	234,800.00	369,280.00	应交税费	110,572.10	-22,861.60
其中：原材料	234,800.00	369,280.00	其他应付款	5,166.92	0.00
成品	0.00	0.00	流动负债合计	115,739.02	-22,861.60
流动资产合计	2,900,819.61	2,993,605.61	非流动负债		
非流动资产：			非流动负债合计	0.00	0.00
固定资产原值	110,000.00	110,000.00	负债合计	115,739.02	-22,861.60
减：累计折旧	9,000.00	9,000.00	股东权益：		
固定资产净值	101,000.00	101,000.00	实收资本	3,000,000.00	3,000,000.00
无形资产	0.00	0.00	未分配利润	-12,208,441.55	-12,244,441.55
非流动资产合计	101,000.00	101,000.00	股东权益合计	-9,208,441.55	-9,244,441.55
资产总计	3,001,819.61	3,094,605.61	负债和股东权益总计	-9,092,702.53	-9,267,303.15

图 13-86　“财务报表-资产负债表”界面

9. 财务分析

总经理→财务报告→财务分析，“季度指标”选项卡以列表方式显示详细数据，如图 13-87 所示。

财务分析(亨微电子(A))

季度指标 | 变化趋势

5季度

财务分析(亨微电子(A))

分析类别	指标	权重分	上/下限	参考值	实际值	实际值/参考值（资产负债率相反）	实际得分
盈利能力分析	销售毛利率	15	30/7.0	0%	--	--	7.00
	销售净利率	10.0	20.0/5.0	15.0%	--	--	5.00
	净资产收益率	10.0	20.0/5.0	10.0%	--	--	5.00
	成本费用利润率	10.0	20.0/5.0	50.0%	--	--	5.00
经营能力分析	固定资产周转率	5.0	10.0/2.0	100.0%	--	--	2.00
	应收账款周转率	5.0	10.0/2.0	100.0%	--	--	10.00
	总资产周转率	10.0	20.0/5.0	400.0%	--	--	5.00
	存货周转率	10.0	20.0/5.0	50.0%	--	--	5.00
偿债能力分析	流动比率	5.0	10.02.0	200.0%	--	--	2.00
	速动比率	5.0	10.0/5.0	100.0%	--	--	5.00
	资产负债率	10.0	20.0/5.0	50.0%	--	--	5.00
	已获利息倍数	5.0	10.0/5.0	500.0%	--	--	10.00
合计		100					66.00

图 13-87　“财务分析”界面

“变化趋势”选项卡以曲线图方式显示季度指标变化趋势，如图 13-88 所示。

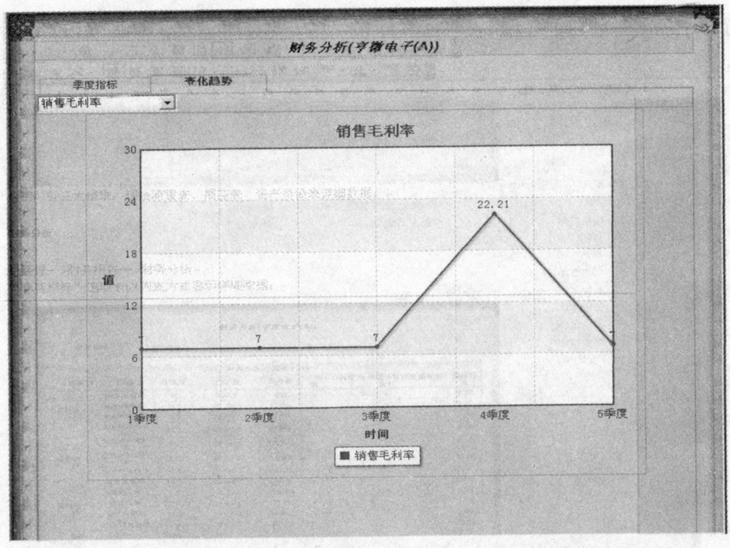

图 13-88 “财务分析-变化趋势”界面

10. 渠道开发

总经理→市场报告→渠道开发，查询详细渠道开发建设情况以及各渠道下的销售能力，如图 13-89 所示。

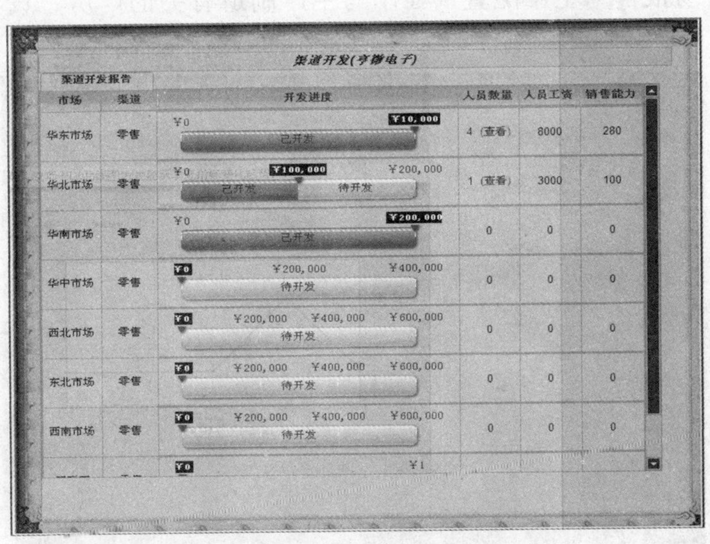

图 13-89 “渠道开发”界面

11. 销售力量

总经理→市场报告→销售力量,“销售力量报告”选项卡列表显示详细的销售力量情况,如图 13-90 所示。

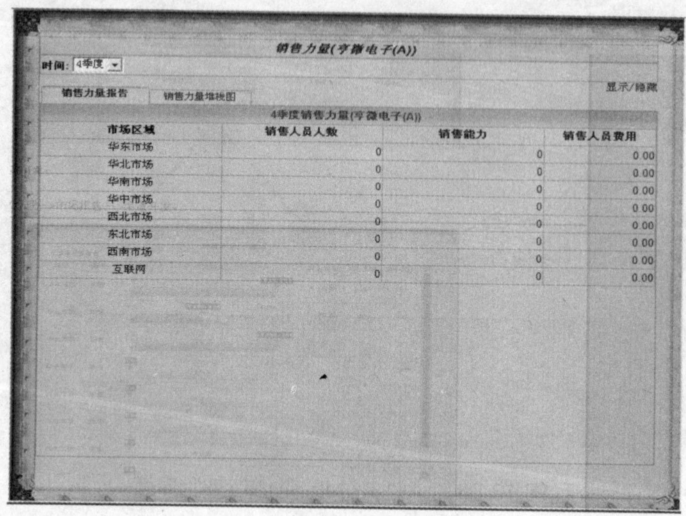

市场区域	销售人员人数	销售能力	销售人员费用
华东市场	0	0	0.00
华北市场	0	0	0.00
华南市场	0	0	0.00
华中市场	0	0	0.00
西北市场	0	0	0.00
东北市场	0	0	0.00
西南市场	0	0	0.00
互联网	0	0	0.00

图 13-90 “销售力量”界面

12. 生产配置

总经理→市场报告→生产配置，显示与生产制造有关的厂房、设备、工人等，如图 13-91 所示。

生产配置(亨微电子)

公司	厂房	设备	生产工人	在制品
亨微电子	174号中型厂房	171号柔性线	0	0
	84号小型厂房			
	173号小型厂房	170号手工线	1	0
合计	共3个	共2条	共1人	0

图 13-91 “生产配置”界面

13. 群体评价

总经理→市场报告→群体评价，可查询不同市场不同渠道下消费群体对产品的评价，如图 13-92 所示。

第3季度 所有市场 全部消费群体 对产品评价

3 季度 | --所有市场-- | --全部渠道-- | --全部消费群体--

市场	渠道	消费群体	产品	产品价格	品牌广告	产品配置	产品完成率	销售能力	评价总分
华东市场	零售	家庭用户	游戏异族（亭微电子）	20	10	30	5	0	65
			游戏异族（亭微电子）	20	10	30	5	0	65
			游戏异族（亭微电子）	20	10	30	5	0	65
			游戏异族（亭微电子）	20	10	30	5	0	65
		商务办公							
		娱乐媒体							
华北市场	零售	家庭用户							
		商务办公							
		娱乐媒体							
华南市场	零售	家庭用户							
		商务办公							
		娱乐媒体							
华中市场	零售	家庭用户							
		商务办公							
		娱乐媒体							
		家庭用户							

图 13-92　“群体评价”界面

14. 原料库存

总经理→市场报告→原料库存，可查询原材料状态，如图 13-93 所示。

原料库存

原料库存报告

原料大类	原料小类	数量	原料价值
基本件	普及型套件	21	27,300.00
	经济型套件	21	31,500.00
	高性能套件	41	83,000.00
	服务器套件	41	134,480.00
显示器	17"LCD	0	0.00
	19寸LCD	0	0.00
	21寸LCD	10	19,500.00
	22寸LCD	0	0.00
显卡	32M独立显卡	0	0.00
	64M独立显卡	0	0.00
	128M独立显卡	0	0.00
	256M独立显卡	0	0.00
硬盘	80G	0	0.00
	120G	0	0.00
	160G	0	0.00
	250G	0	0.00
光驱	DVD光驱	0	0.00
	DVD-RW光驱	0	0.00
软件系统	正版操作系统	100	68,000.00
	杀毒软件	0	0.00
	数据备份恢复	0	0.00
	娱乐多媒体套件	10	5,500.00

图 13-93　“原料库存”界面

15. 成品库存

总经理→市场报告→成品库存，可查询成品库存数量，如图 13-94 所示。

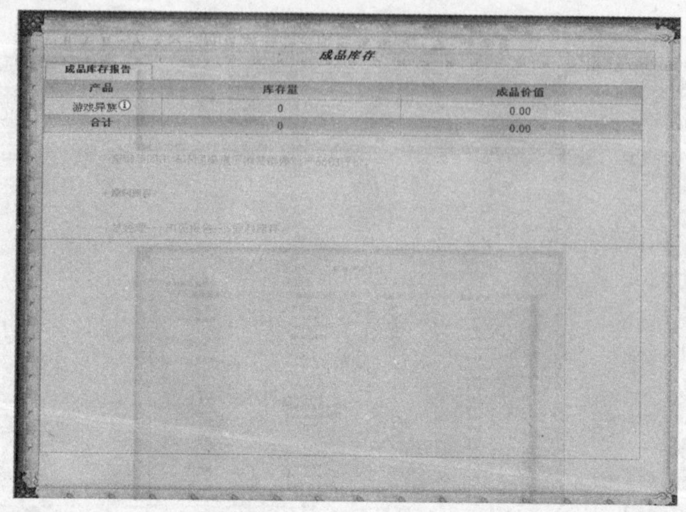

图 13-94 “成品库存”界面

16. 产品研发

总经理→研发报告→产品研发，可查询产品研发进度以及产品功能配置，如图 13-95 所示。

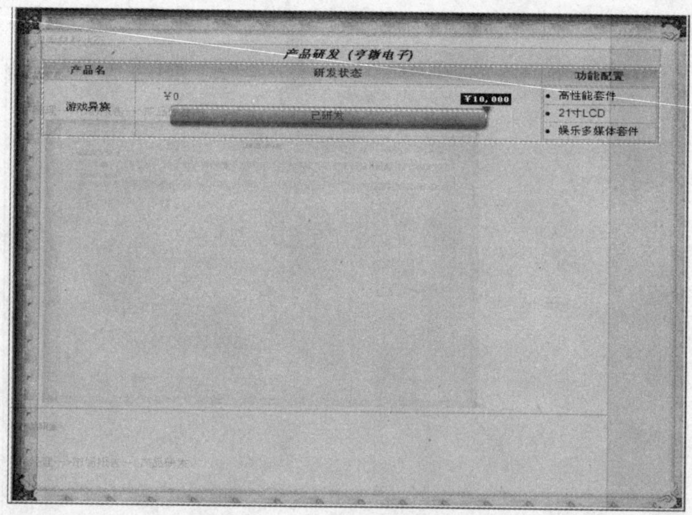

图 13-95 “产品研发”界面

17. 当前决策

总经理→决策历史→当前决策，可实时显示财务部、人力资源部、市场部、制造部、销售部等经营情况，如图 13-96 所示。

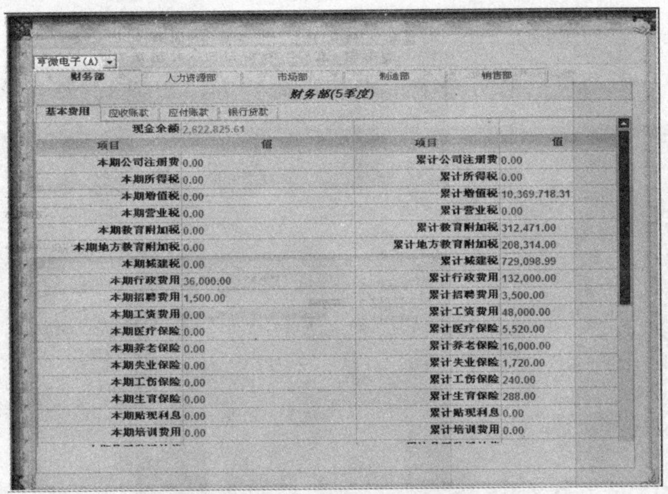

图 13-96　“当前决策-财务部”界面

18. 历史决策

总经理→决策历史→历史决策，此处可查询小组内所有人员的操作历史数据，如图 13-97 所示。

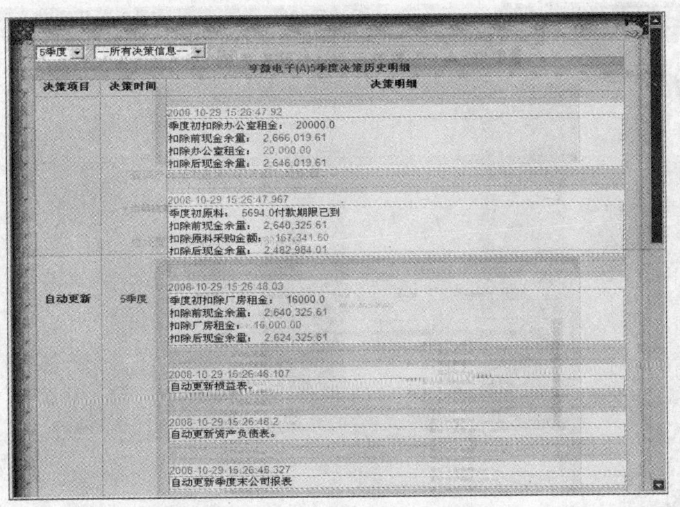

图 13-97　“历史决策”界面

19. 公司资料

总经理→公司资料，可查询有关公司的所有资料和合同，如创业计划书、经营计划书、房屋租赁合同、公司章程、公司印章、营业执照、税务登记证、组织机构代码证等。

20. 趋势分析

总经理→趋势分析，包括财务三大报表的走势分析，如图 13-98 和图 13-99 所示。

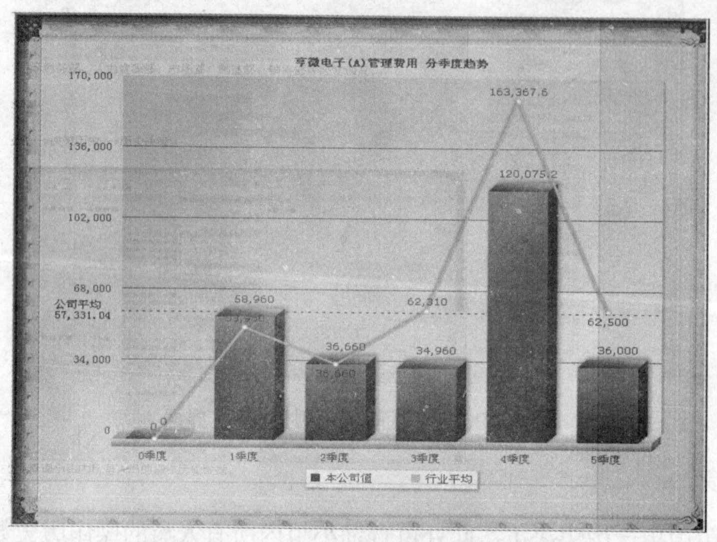

图 13-98 “趋势分析-管理费用”界面

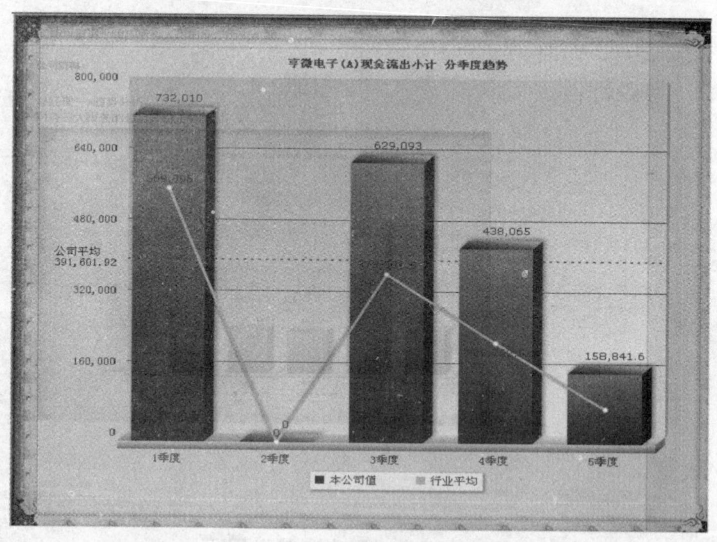

图 13-99 “趋势分析-现金流出小计”界面

13.6　常 见 问 题

13.6.1　登录问题

问：单击“登录”按钮后出现错误提示？

答：(1) 若此时程序无反应(程序和鼠标无任何反应)，请不要强行结束程序，此时有可能是网络速度较慢而影响到学生端与数据服务器之间的通信，请耐心稍等片刻。

(2) 若出现 10060 号错误(见图 13-100)，则说明学生端程序“服务器”一栏的 IP 地址填写错误。

(3) 若出现如图 13-101 所示的情况，说明学生端程序“教室”一栏填写错误或教师端程序未登录此教室。

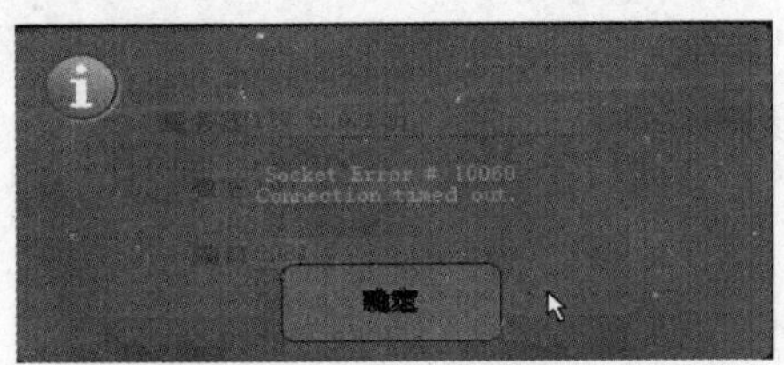

图 13-100　“1000 号错误”提示框

图 13-101　登录提示框架一

(4) 若出现如图 13-102 所示的情况，说明学生端程序“端口”一栏填写错误(超出计算机最大端口：65535)。

(5) 若出现 10061 号错误，如图 13-103 所示，则说明学生程序“教室”一栏与教师端程序使用的端口不一致。只有当教师控制端在线并保持网路畅通的前提下，学生端程序才能进入与教师端同一个教室，否则将出现如图 13-104 所示的情况。

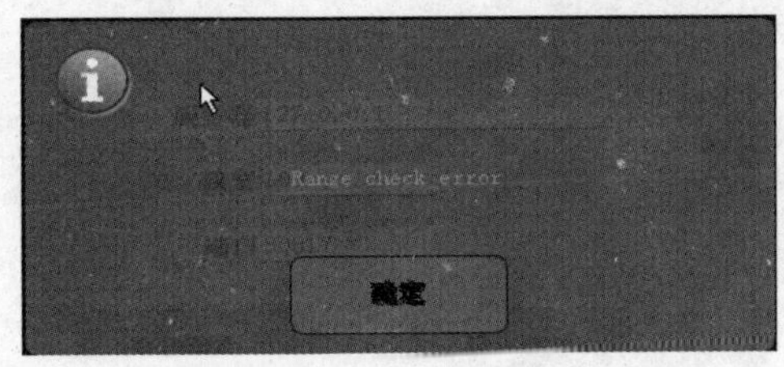

图 13-102　登录提示框二

图 13-103　“10061 号错误”提示框

若遇到此情况，请先登录教师端并检查网路是否畅通或教师端程序所使用的网络端口是否被其他程序占用。

图 13-104　登录提示框三

13.6.2　注册问题

(1) 问：注册用户时“小组”下拉列表框无选项？

答：出现此种情况是教师端还未建立小组，请告知老师在教师端建立小组后再重新打开本页面即可。

(2) 问：在注册新用户完成后，无法选择用户登录？

答：在学生端注册完成后需要得到教师端审核通过才可登录。

附　　录

附录 A　企业经营过程记录表

表 A-1　起始年

企业经营流程 请按顺序执行下列各项操作	每执行完一项操作，由 CEO 在相应的方格内打钩 而财务总监(助理)要在方格中填写现金收支情况			
新年度规划会议				
参加订货会/登记销售订单				
制定新年度计划				
支付应付税				
季初现金盘点(请填余额)				
更新短期贷款/还本付息/申请短期贷款(高利贷)				
更新应付款/归还应付款				
原材料入库/更新原料订单				
下原料订单				
更新生产/完工入库				
投资新生产线/变卖生产线/生产线转产				
向其他企业购买原材料/出售原材料				
开始下一批生产				
更新应收款/应收款收现				
出售厂房				
向其他企业购买成品/出售成品				
按订单交货				
产品研发投资				
支付行政管理费				
其他现金收支情况登记				
支付利息/更新长期贷款/申请长期贷款				
支付设备维护费				
支付租金/购买厂房				

续表

计提折旧				(　)
新市场开拓/ISO资格认证投资				
结账				
现金收入合计				
现金支出合计				
期末现金对账(请填余额)				

表 A-2　起始年订单登记表

订单号											合计
市场											
产品											
数量											
账期											
销售额											
成本											
毛利											
未售											

表 A-3　起始年产品核算统计表

	P1	P2	P3	P4	合　计
数量					
销售额					
成本					
毛利					

表 A-4　起始年综合管理费用明细表　　单位：百万元

项　目	金　额	备　注
管理费		
广告费		
保养费		
租　金		

续表

项目	金额	备注
转产费		
市场准入开拓		□区域 □国内 □亚洲 □国际
ISO 资格认证		□ISO9000 □1SO14000
产品研发		P2( ) P3( ) P4( )
其 他		
合 计		

表 A-5 起始年利润表

单位：百万元

项 目	上 年 数	本 年 数
销售收入	35	
直接成本	12	
毛利	23	
综合费用	11	
折旧前利润	12	
折旧	4	
支付利息前利润	8	
财务收入/支出	4	
其他收入/支出		
税前利润	4	
所得税	1	
净利润	3	

表 A-6 起始年资产负债表

单位：百万元

资 产	期 初 数	期 末 数	负债和所有者权益	期 初 数	期 末 数
流动资产：			负债：		
现金	20		长期负债	40	
应收款	15		短期负债		
在制品	8		应付账款		
成品	6		应交税金	1	
原料	3		一年内到期的长期负债		

续表

资　产	期初数	期末数	负债和所有者权益	期初数	期末数
流动资产合计	52		负债合计	41	
固定资产：			所有者权益：		
土地和建筑	40		股东资本	50	
机器与设备	13		利润留存	11	
在建工程			年度净利	3	
固定资产合计	53		所有者权益合计	64	
资产总计	105		负债和所有者权益总计	105	

表 A-7　第一年

企业经营流程 请按顺序执行下列各项操作	每执行完一项操作，由 CEO 在相应的方格内打钩 而财务总监(助理)要在方格中填写现金收支情况			
新年度规划会议				
参加订货会/登记销售订单				
制定新年度计划				
支付应付税				
季初现金盘点(请填余额)				
更新短期贷款/还本付息/申请短期贷款(高利贷)				
更新应付款/归还应付款				
原材料入库/更新原料订单				
下原料订单				
更新生产/完工入库				
投资新生产线/变卖生产线/生产线转产				
向其他企业购买原材料/出售原材料				
开始下一批生产				
更新应收款/应收款收现				
出售厂房				
向其他企业购买成品/出售成品				
按订单交货				
产品研发投资				
支付行政管理费				
其他现金收支情况登记				

续表

支付利息/更新长期贷款/中请长期贷款				
支付设备维护费				
支付租金/购买厂房				
计提折旧				( )
新市场开拓/ISO 资格认证投资				
结账				
现金收入合计				
现金支出合计				
期末现金对账(请填余额)				

表 A-8　现金预算表

单位：百万元

	1	2	3	4
期初库存现金				
支付上年应交税				
市场广告投入				
贴现费用				
利息(短期贷款)				
支付到期短期贷款				
原料采购支付现金				
转产费用				
生产线投资				
工人工资				
产品研发投资				
收到现金前的所有支出				
应收款到期				
支付管理费用				
利息(长期贷款)				
支付到期长期贷款				
设备维护费用				
租金				
购买新建筑				

续表

	1	2	3	4
市场开拓投资				
ISO 认证投资				
其他				
库存现金余额				

要点记录

第一季度：

第二季度：

第三季度：

第四季度：

年底小结：

表 A-9　第一年订单登记表

订单号											合计
市场											
产品											
数量											
账期											
销售额											
成本											
毛利											
未售											

表 A-10　第一年产品核算统计表

	P1	P2	P3	P4	合计
数量					
销售额					
成本					
毛利					

表 A-11　第一年综合管理费用明细表

单位：百万元

项　目	金　额	备　注
管理费		
广告费		
保养费		
租　金		
转产费		
市场准入开拓		□区域　□国内　□亚洲　□国际
ISO 资格认证		□ISO9000　□1SO14000
产品研发		P2(　　)　P3(　　)　P4(　　)
其　他		
合　计		

表 A-12　第一年利润表

单位：百万元

项　目	上 年 数	本 年 数
销售收入		
直接成本		
毛利		
综合费用		
折旧前利润		
折旧		
支付利息前利润		
财务收入/支出		
其他收入/支出		
税前利润		
所得税		
净利润		

表 A-13　第一年资产负债表

单位：百万元

资　产	期 初 数	期 末 数	负债和所有者权益	期 初 数	期 末 数
流动资产：			负债：		
现金			长期负债		

续表

资　产	期初数	期末数	负债和所有者权益	期初数	期末数
应收款			短期负债		
在制品			应付账款		
成品			应交税金		
原料			一年内到期的长期负债		
流动资产合计			负债合计		
固定资产：			所有者权益：		
土地和建筑			股东资本		
机器与设备			利润留存		
在建工程			年度净利		
固定资产合计			所有者权益合计		
资产总计			负债和所有者权益总计		

表 A-14　第二年

企业经营流程 请按顺序执行下列各项操作	每执行完一项操作，由 CEO 在相应的方格内打钩 而财务总监(助理)要在方格中填写现金收支情况			
新年度规划会议				
参加订货会/登记销售订单				
制定新年度计划				
支付应付税				
季初现金盘点(请填余额)				
更新短期贷款/还本付息/申请短期贷款(高利贷)				
更新应付款/归还应付款				
原材料入库/更新原料订单				
下原料订单				
更新生产/完工入库				
投资新生产线/变卖生产线/生产线转产				
向其他企业购买原材料/出售原材料				
开始下一批生产				
更新应收款/应收款收现				
出售厂房				
向其他企业购买成品/出售成品				
按订单交货				

续表

产品研发投资				
支付行政管理费				
其他现金收支情况登记				
支付利息/更新长期贷款/申请长期贷款				
支付设备维护费				
支付租金/购买厂房				
计提折旧				( )
新市场开拓/ISO 资格认证投资				
结账				
现金收入合计				
现金支出合计				
期末现金对账(请填余额)				

表 A-15 第二年现金预算表

	1	2	3	4
期初库存现金				
支付上年应交税				
市场广告投入				
贴现费用				
利息(短期贷款)				
支付到期短期贷款				
原料采购支付现金				
转产费用				
生产线投资				
工人工资				
产品研发投资				
收到现金前的所有支出				
应收款到期				
支付管理费用				
利息(长期贷款)				
支付到期长期贷款				

续表

	1	2	3	4
设备维护费用				
租金				
购买新建筑				
市场开拓投资				
ISO 认证投资				
其他				
库存现金余额				

要点记录

第一季度：

第二季度：

第三季度：

第四季度：

年底小结：

表 A-16　第二年订单登记表

订单号											合计
市场											
产品											
数量											
账期											
销售额											
成本											
毛利											
未售											

表 A-17　第二年产品核算统计表

	P1	P2	P3	P4	合　计
数量					
销售额					
成本					
毛利					

表 A-18　第二年综合管理费用明细表

单位：百万元

项　目	金　额	备　注
管理费		
广告费		
保养费		
租　金		
转产费		
市场准入开拓		□区域　□国内　□亚洲　□国际
ISO 资格认证		□ISO9000　□1SO14000
产品研发		P2(　　)　P3(　　)　P4(　　)
其　他		
合　计		

表 A-19　第二年利润表

单位：百万元

项　目	上 年 数	本 年 数
销售收入		
直接成本		
毛利		
综合费用		
折旧前利润		
折旧		
支付利息前利润		
财务收入/支出		
其他收入/支出		
税前利润		
所得税		
净利润		

表 A-20　第二年资产负债表

单位：百万元

资　产	期 初 数	期 末 数	负债和所有者权益	期 初 数	期 末 数
流动资产：			负债：		
现金			长期负债		

续表

资　产	期 初 数	期 末 数	负债和所有者权益	期 初 数	期 末 数
应收款			短期负债		
在制品			应付账款		
成品			应交税金		
原料			一年内到期的长期负债		
流动资产合计			负债合计		
固定资产：			所有者权益：		
土地和建筑			股东资本		
机器与设备			利润留存		
在建工程			年度净利		
固定资产合计			所有者权益合计		
资产总计			负债和所有者权益总计		

表 A-21　第三年

企业经营流程 请按顺序执行下列各项操作	每执行完一项操作，由 CEO 在相应的方格内打钩 而财务总监(助理)要在方格中填写现金收支情况			
新年度规划会议				
参加订货会/登记销售订单				
制定新年度计划				
支付应付税				
季初现金盘点(请填余额)				
更新短期贷款/还本付息/申请短期贷款(高利贷)				
更新应付款/归还应付款				
原材料入库/更新原料订单				
下原料订单				
更新生产/完工入库				
投资新生产线/变卖生产线/生产线转产				
向其他企业购买原材料/出售原材料				
开始下一批生产				
更新应收款/应收款收现				
出售厂房				
向其他企业购买成品/出售成品				

续表

按订单交货			
产品研发投资			
支付行政管理费			
其他现金收支情况登记			
支付利息/更新长期贷款/申请长期贷款			
支付设备维护费			
支付租金/购买厂房			
计提折旧			( )
新市场开拓/ISO 资格认证投资			
结账			
现金收入合计			
现金支出合计			
期末现金对账(请填余额)			

表 A-22　第三年现金预算表

单位：百万元

	1	2	3	4
期初库存现金				
支付上年应交税				
市场广告投入				
贴现费用				
利息(短期贷款)				
支付到期短期贷款				
原料采购支付现金				
转产费用				
生产线投资				
工人工资				
产品研发投资				
收到现金前的所有支出				
应收款到期				
支付管理费用				
利息(长期贷款)				

续表

	1	2	3	4
支付到期长期贷款				
设备维护费用				
租金				
购买新建筑				
市场开拓投资				
ISO 认证投资				
其他				
库存现金余额				

要点记录

第一季度：________________________________

第二季度：________________________________

第三季度：________________________________

第四季度：________________________________

年底小结：________________________________

____

表 A-23　第三年订单登记表

订单号											合　计
市场											
产品											
数量											
账期											
销售额											
成本											
毛利											
未售											

表 A-24　第三年产品核算统计表

	P1	P2	P3	P4	合　计
数量					
销售额					

续表

	P1	P2	P3	P4	合　计
成本					
毛利					

表 A-25　第三年综合管理费用明细表　　单位：百万元

项　目	金　额	备　注
管理费		
广告费		
保养费		
租　金		
转产费		
市场准入开拓		□区域　□国内　□亚洲　□国际
ISO 资格认证		□ISO9000　□1SO14000
产品研发		P2(　　)　P3(　　)　P4(　　)
其　他		
合　计		

表 A-26　第三年利润表　　单位：百万元

项　目	上 年 数	本 年 数
销售收入		
直接成本		
毛利		
综合费用		
折旧前利润		
折旧		
支付利息前利润		
财务收入/支出		
其他收入/支出		
税前利润		
所得税		
净利润		

表 A-27　第三年资产负债表

单位：百万元

资　产	期初数	期末数	负债和所有者权益	期初数	期末数
流动资产：			负债：		
现金			长期负债		
应收款			短期负债		
在制品			应付账款		
成品			应交税金		
原料			一年内到期的长期负债		
流动资产合计			负债合计		
固定资产：			所有者权益：		
土地和建筑			股东资本		
机器与设备			利润留存		
在建工程			年度净利		
固定资产合计			所有者权益合计		
资产总计			负债和所有者权益总计		

表 A-28　第四年

企业经营流程 请按顺序执行下列各项操作	每执行完一项操作，由 CEO 在相应的方格内打钩 而财务总监(助理)要在方格中填写现金收支情况			
新年度规划会议				
参加订货会/登记销售订单				
制定新年度计划				
支付应付税				
季初现金盘点(请填余额)				
更新短期贷款/还本付息/申请短期贷款(高利贷)				
更新应付款/归还应付款				
原材料入库/更新原料订单				
下原料订单				
更新生产/完工入库				
投资新生产线/变卖生产线/生产线转产				
向其他企业购买原材料/出售原材料				
开始下一批生产				
更新应收款/应收款收现				

续表

出售厂房				
向其他企业购买成品/出售成品				
按订单交货				
产品研发投资				
支付行政管理费				
其他现金收支情况登记				
支付利息/更新长期贷款/申请长期贷款				
支付设备维护费				
支付租金/购买厂房				
计提折旧				( )
新市场开拓/ISO 资格认证投资				
结账				
现金收入合计				
现金支出合计				
期末现金对账(请填余额)				

表 A-29 第四年现金预算表

单位：百万元

	1	2	3	4
期初库存现金				
支付上年应交税				
市场广告投入				
贴现费用				
利息(短期贷款)				
支付到期短期贷款				
原料采购支付现金				
转产费用				
生产线投资				
工人工资				
产品研发投资				
收到现金前的所有支出				
应收款到期				

续表

	1	2	3	4
支付管理费用				
利息(长期贷款)				
支付到期长期贷款				
设备维护费用				
租金				
购买新建筑				
市场开拓投资				
ISO 认证投资				
其他				
库存现金余额				

要点记录

第一季度：____________________

第二季度：____________________

第三季度：____________________

第四季度：____________________

年底小结：____________________

____

表 A-30　第四年订单登记表

订单号											合　计
市场											
产品											
数量											
账期											
销售额											
成本											
毛利											
未售											

表 A-31　第四年产品核算统计表

	P1	P2	P3	P4	合　计
数量					
销售额					
成本					
毛利					

表 A-32　第四年综合管理费用明细表　　单位：百万元

项　目	金　额	备　注
管理费		
广告费		
保养费		
租　金		
转产费		
市场准入开拓		□区域　□国内　□亚洲　□国际
ISO 资格认证		□ISO9000　□1SO14000
产品研发		P2(　)　P3(　)　P4(　)
其　他		
合　计		

表 A-33　第四年利润表

项　目	上 年 数	本 年 数
销售收入		
直接成本		
毛利		
综合费用		
折旧前利润		
折旧		
支付利息前利润		
财务收入/支出		
其他收入/支出		
税前利润		
所得税		
净利润		

表 A-34　第四年资产负债表

单位：百万元

资　产	期 初 数	期 末 数	负债和所有者权益	期 初 数	期 末 数
流动资产：			负债：		
现金			长期负债		
应收款			短期负债		
在制品			应付账款		
成品			应交税金		
原料			一年内到期的长期负债		
流动资产合计			负债合计		
固定资产：			所有者权益：		
土地和建筑			股东资本		
机器与设备			利润留存		
在建工程			年度净利		
固定资产合计			所有者权益合计		
资产总计			负债和所有者权益总计		

表 A-35　第五年

企业经营流程 请按顺序执行下列各项操作	每执行完一项操作，由 CEO 在相应的方格内打钩 而财务总监(助理)要在方格中填写现金收支情况			
新年度规划会议				
参加订货会/登记销售订单				
制定新年度计划				
支付应付税				
季初现金盘点(请填余额)				
更新短期贷款/还本付息/申请短期贷款(高利贷)				
更新应付款/归还应付款				
原材料入库/更新原料订单				
下原料订单				
更新生产/完工入库				
投资新生产线/变卖生产线/生产线转产				
向其他企业购买原材料/出售原材料				
开始下一批生产				

续表

更新应收款/应收款收现				
出售厂房				
向其他企业购买成品/出售成品				
按订单交货				
产品研发投资				
支付行政管理费				
其他现金收支情况登记				
支付利息/更新长期贷款/申请长期贷款				
支付设备维护费				
支付租金/购买厂房				
计提折旧				(　)
新市场开拓/ISO 资格认证投资				
结账				
现金收入合计				
现金支出合计				
期末现金对账(请填余额)				

表 A-36　第五年现金预算表　　单位：百万元

	1	2	3	4
期初库存现金				
支付上年应交税				
市场广告投入				
贴现费用				
利息(短期贷款)				
支付到期短期贷款				
原料采购支付现金				
转产费用				
生产线投资				
工人工资				
产品研发投资				

续表

	1	2	3	4
收到现金前的所有支出				
应收款到期				
支付管理费用				
利息(长期贷款)				
支付到期长期贷款				
设备维护费用				
租金				
购买新建筑				
市场开拓投资				
ISO 认证投资				
其他				
库存现金余额				

要点记录

第一季度：______________________________

第二季度：______________________________

第三季度：______________________________

第四季度：______________________________

年底小结：______________________________

表 A-37　第五年订单登记表

订单号											合计
市场											
产品											
数量											
账期											
销售额											
成本											
毛利											
未售											

表 A-38　第五年产品核算统计表

	P1	P2	P3	P4	合　计
数量					
销售额					
成本					
毛利					

表 A-39　第五年综合管理费用明细表

单位：百万元

项　目	金　额	备　注
管理费		
广告费		
保养费		
租　金		
转产费		
市场准入开拓		□区域　□国内　□亚洲　□国际
ISO 资格认证		□ISO9000　□1SO14000
产品研发		P2(　　)　P3(　　)　P4(　　)
其　他		
合　计		

表 A-40　第五年利润表

单位：百万元

项　目	上 年 数	本 年 数
销售收入		
直接成本		
毛利		
综合费用		
折旧前利润		
折旧		
支付利息前利润		
财务收入/支出		
其他收入/支出		

续表

项　目	上 年 数	本 年 数
税前利润		
所得税		
净利润		

表 A-41　第五年资产负债表　　　单位：百万元

资　产	期 初 数	期 末 数	负债和所有者权益	期 初 数	期 末 数
流动资产：			负债：		
现金			长期负债		
应收款			短期负债		
在制品			应付账款		
成品			应交税金		
原料			一年内到期的长期负债		
流动资产合计			负债合计		
固定资产：			所有者权益：		
土地和建筑			股东资本		
机器与设备			利润留存		
在建工程			年度净利		
固定资产合计			所有者权益合计		
资产总计			负债和所有者权益总计		

表 A-42　第六年

企业经营流程 请按顺序执行下列各项操作	每执行完一项操作，由 CEO 在相应的方格内打钩 而财务总监(助理)要在方格中填写现金收支情况			
新年度规划会议				
参加订货会/登记销售订单				
制定新年度计划				
支付应付税				
季初现金盘点(请填余额)				
更新短期贷款/还本付息/申请短期贷款(高利贷)				
更新应付款/归还应付款				
原材料入库/更新原料订单				

续表

下原料订单				
更新生产/完工入库				
投资新生产线/变卖生产线/生产线转产				
向其他企业购买原材料/出售原材料				
开始下一批生产				
更新应收款/应收款收现				
出售厂房				
向其他企业购买成品/出售成品				
按订单交货				
产品研发投资				
支付行政管理费				
其他现金收支情况登记				
支付利息/更新长期贷款/申请长期贷款				
支付设备维护费				
支付租金/购买厂房				
计提折旧				( )
新市场开拓/ISO 资格认证投资				
结账				
现金收入合计				
现金支出合计				
期末现金对账(请填余额)				

表 A-43　第六年现金预算表

单位：百万元

	1	2	3	4
期初库存现金				
支付上年应交税				
市场广告投入				
贴现费用				
利息(短期贷款)				
支付到期短期贷款				

续表

	1	2	3	4
原料采购支付现金				
转产费用				
生产线投资				
工人工资				
产品研发投资				
收到现金前的所有支出				
应收款到期				
支付管理费用				
利息(长期贷款)				
支付到期长期贷款				
设备维护费用				
租金				
购买新建筑				
市场开拓投资				
ISO 认证投资				
其他				
库存现金余额				

要点记录

第一季度：________

第二季度：________

第三季度：________

第四季度：________

年底小结：________

表 A-44　第六年订单登记表

订单号										合计
市场										
产品										
数量										
账期										

续表

销售额											
成本											
毛利											
未售											

表 A-45　第六年产品核算统计表

	P1	P2	P3	P4	合　计
数量					
销售额					
成本					
毛利					

表 A-46　第六年综合管理费用明细表　　单位：百万元

项　目	金　额	备　注
管理费		
广告费		
保养费		
租　金		
转产费		
市场准入开拓		□区域　□国内　□亚洲　□国际
ISO 资格认证		□ISO9000　□ISO14000
产品研发		P2(　　)　P3(　　)　P4(　　)
其　他		
合　计		

表 A-47　第六年利润表　　单位：百万元

项　目	上 年 数	本 年 数
销售收入		
直接成本		
毛利		

续表

项 目	上 年 数	本 年 数
综合费用		
折旧前利润		
折旧		
支付利息前利润		
财务收入/支出		
其他收入/支出		
税前利润		
所得税		
净利润		

表 A-48 第六年资产负债表

单位：百万元

资 产	期 初 数	期 末 数	负债和所有者权益	期 初 数	期 末 数
流动资产：			负债：		
现金			长期负债		
应收款			短期负债		
在制品			应付账款		
成品			应交税金		
原料			一年内到期的长期负债		
流动资产合计			负债合计		
固定资产：			所有者权益：		
土地和建筑			股东资本		
机器与设备			利润留存		
在建工程			年度净利		
固定资产合计			所有者权益合计		
资产总计			负债和所有者权益总计		

附录 B　生产计划及采购计划

表 B-1　生产计划及采购计划编制举例

生产线		第一年				第二年				第三年			
		一季度	二季度	三季度	四季度	一季度	二季度	三季度	四季度	一季度	二季度	三季度	四季度
1 手工	产品			P1			P1					P2	P2
	材料		R1										
2 手工	产品		P1			P1							
	材料	R1			R1								
3 手工	产品	P1			P1								
	材料												
4 半自动	产品		P1		P1								
	材料	R1											
5	产品												
	材料												
……	产品												
	材料												
合计	产品	1P1	2P1	1P1	2P1								
	材料	2R1	1R1		1R1								

表 B-2　生产计划及采购计划编制(1～3 年)

生产线		第一年				第二年				第三年			
		一季度	二季度	三季度	四季度	一季度	二季度	三季度	四季度	一季度	二季度	三季度	四季度
1	产品												
	材料												
2	产品												
	材料												
3	产品												
	材料												
4	产品												
	材料												
5	产品												
	材料												
6	产品												
	材料												
7	产品												
	材料												
8	产品												
	材料												
合计	产品												
	材料												

表 B-3　生产计划及采购计划编制(4～6 年)

生产线		第四年				第五年				第六年			
		一季度	二季度	三季度	四季度	一季度	二季度	三季度	四季度	一季度	二季度	三季度	四季度
1	产品												
	材料												
2	产品												
	材料												
3	产品												
	材料												
4	产品												
	材料												
5	产品												
	材料												
6	产品												
	材料												
7	产品												
	材料												
8	产品												
	材料												
合计	产品												
	材料												

附录C 开工计划

表C-1 开工计划表

产品	第一年				第二年				第三年			
	一季度	二季度	三季度	四季度	一季度	二季度	三季度	四季度	一季度	二季度	三季度	四季度
P1												
P2												
P3												
P4												
人工付款												

产品	第四年				第五年				第六年			
	一季度	二季度	三季度	四季度	一季度	二季度	三季度	四季度	一季度	二季度	三季度	四季度
P1												
P2												
P3												
P4												
人工付款												

产品	第七年				第八年				第九年			
	一季度	二季度	三季度	四季度	一季度	二季度	三季度	四季度	一季度	二季度	三季度	四季度
P1												
P2												
P3												
P4												
人工付款												

附录D 采购及材料付款计划

表 D-1 采购及材料付款计划表

产品	第一年				第二年				第三年			
	一季度	二季度	三季度	四季度	一季度	二季度	三季度	四季度	一季度	二季度	三季度	四季度
R1												
R2												
R3												
R4												
材料												
付款												

产品	第四年				第五年				第六年			
	一季度	二季度	三季度	四季度	一季度	二季度	三季度	四季度	一季度	二季度	三季度	四季度
R1												
R2												
R3												
R4												
材料												
付款												

产品	第七年				第八年				第九年			
	一季度	二季度	三季度	四季度	一季度	二季度	三季度	四季度	一季度	二季度	三季度	四季度
R1												
R2												
R3												
R4												
材料												
付款												

附录E 广告登记表

公司名称:

第一年本地				第二年本地				第三年本地				第四年本地				第五年本地				第六年本地				第七年本地				第八年本地			
产品	广告	9K	14K	产品	广告	9K	14K	产品	广告	9K	14K	产品	广告	9K	14K	产品	广告	9K	14K	产品	广告	9K	14K	产品	广告	9K	14K	产品	广告	9K	14K
P1				P1				P1				P1				P1				P1				P1				P1			
P2				P2				P2				P2				P2				P2				P2				P2			
P3				P3				P3				P3				P3				P3				P3				P3			
P4				P4				P4				P4				P4				P4				P4				P4			

第一年区域				第二年区域				第三年区域				第四年区域				第五年区域				第六年区域				第七年区域				第八年区域			
产品	广告	9K	14K	产品	广告	9K	14K	产品	广告	9K	14K	产品	广告	9K	14K	产品	广告	9K	14K	产品	广告	9K	14K	产品	广告	9K	14K	产品	广告	9K	14K
P1				P1				P1				P1				P1				P1				P1				P1			
P2				P2				P2				P2				P2				P2				P2				P2			
P3				P3				P3				P3				P3				P3				P3				P3			
P4				P4				P4				P4				P4				P4				P4				P4			

第一年国内				第二年国内				第三年国内				第四年国内				第五年国内				第六年国内				第七年国内				第八年国内			
产品	广告	9K	14K	产品	广告	9K	14K	产品	广告	9K	14K	产品	广告	9K	14K	产品	广告	9K	14K	产品	广告	9K	14K	产品	广告	9K	14K	产品	广告	9K	14K
P1				P1				P1				P1				P1				P1				P1				P1			
P2				P2				P2				P2				P2				P2				P2				P2			
P3				P3				P3				P3				P3				P3				P3				P3			
P4				P4				P4				P4				P4				P4				P4				P4			

第一年亚洲				第二年亚洲				第三年亚洲				第四年亚洲				第五年亚洲				第六年亚洲				第七年亚洲				第八年亚洲			
产品	广告	9K	14K	产品	广告	9K	14K	产品	广告	9K	14K	产品	广告	9K	14K	产品	广告	9K	14K	产品	广告	9K	14K	产品	广告	9K	14K	产品	广告	9K	14K
P1				P1				P1				P1				P1				P1				P1				P1			
P2				P2				P2				P2				P2				P2				P2				P2			
P3				P3				P3				P3				P3				P3				P3				P3			
P4				P4				P4				P4				P4				P4				P4				P4			

续表

第一年国际				第二年国际				第三年国际				第四年国际				第五年国际				第六年国际				第七年国际				第八年国际			
产品	广告	9K	14K	产品	广告	9K	14K	产品	广告	9K	14K	产品	广告	9K	14K	产品	广告	9K	14K	产品	广告	9K	14K	产品	广告	9K	14K	产品	广告	9K	14K
P1				P1				P1				P1				P1				P1				P1				P1			
P2				P2				P2				P2				P2				P2				P2				P2			
P3				P3				P3				P3				P3				P3				P3				P3			
P4				P4				P4				P4				P4				P4				P4				P4			

附录F　ERP 沙盘模拟实验报告范本

20_______级____________专业

_________组沙盘模拟实验报告

首席执行官：　姓名　　学号

生 产 总 监：　姓名　　学号

采 购 总 监：　姓名　　学号

营 销 总 监：　姓名　　学号

财 务 总 监：　姓名　　学号

20　　年　月　日

实验报告

年级：_____级

学号：_____

姓名：_____

实验时间：_____年_____月_____日

一、实验目的

在ERP沙盘模拟实习中，了解真实企业的运营过程。通过模拟企业经营运作的全过程，了解经营本质，使学生知道企业的战略规划对企业发展的重要性，分别做出发展战略、生产、产品研发、营销等方面的决策；了解各个岗位在企业中的作用，使学生知道企业经营的困难，对知识的运用是何种层次的要求，让学生了解自身的不足，努力使自己与社会要求相适应。

二、实验内容

由4～6个学生组成一个公司，分别担任公司的首席执行官、生产总监、采购总监、财务总监、营销总监，模拟公司六年的经营，总结在模拟中的经验教训。

三、实验器材

四、实验步骤

五、实验结果

六、实验教材

模拟沙盘总结报告

一、概述

二、企业战略及实际执行状况

第一年：

第二年：

第三年：

第四年：

第五年：

第六年：

三、总结经验教训

沙盘模拟实验报告之CEO篇

姓名_____学号_____

沙盘模拟实验报告之生产总监篇

姓名_____学号_____

沙盘模拟实验报告之采购总监篇

姓名_____学号_____

沙盘模拟实验报告之营销总监篇

姓名_____学号_____

沙盘模拟实验报告之财务总监篇

姓名_____学号_____

沙盘模拟实验报告之采购CEO助理篇

参 考 文 献

[1]王新玲，柯明，耿锡润. ERP 沙盘模拟学习指导书[M]. 北京，电子工业出版社，2006.

[2]王新玲，郑文昭，马雪. ERP 沙盘模拟高级指导教程[M]. 北京，清华大学出版社，2009.

[3]刘树良. 企业沙盘模拟决策理论与实战[M]. 北京，电子工业出版社，2008.

[4]徐君. 企业战略管理[M]. 北京，清华大学出版社，2008.

[5]王勇. 市场营销理论与实务[M]. 重庆，重庆大学出版社，2010.

[6]李国强，苗杰.市场调查与市场分析[M]. 北京，中国人民大学出版社，2005.

[7]陈荣秋，马士华.生产运作管理[M]. 北京，高等教育出版社，2001.

[8]马士华. 供应链管理[M]. 北京，机械工业出版社，2000.

[9]利恩德斯. 采购与供应管理[M]. 张杰，张群，译，北京，机械工业出版社，2001.

[10]瓦霍维奇. 财务管理基础[M]. 刘曙光，译，北京，清华大学出版社，2009.

[11]王化成. 财务管理[M]. 北京，中国人民大学出版社，2010.

[12]包昌火，谢新洲. 竞争情报与企业竞争力[M]. 北京，华夏出版社，2001.

[13]缪其浩. 市场竞争和竞争情报[M]. 北京：军事医学科学出版社，1996.

[14]王知津. 竞争情报[M]. 北京，科学技术出版社，2004.

[15]彭靖里. 论企业竞争情报研究与竞争情报示范工程[J]. 情报杂志，2004.